사회통합
프로그램
종합평가

실전 모의고사

영주용·귀화용

시대에듀

머리말

법무부가 발표한 2023년도 출입국 통계 자료에 따르면 한국에 체류하는 외국인이 250만 명을 넘었습니다. 짧은 기간 동안 한국에 방문한 외국인 관광객, 한국 사람과 결혼하여 영구 거주하게 될 결혼이민자, 꿈과 목표를 위해 한국에 일하러 온 외국인 근로자, 한국어와 한국 문화를 배우기 위해 한국에 유학을 온 외국인 유학생 등 한국에 오게 된 동기도 다양합니다.

법무부에서는 여러 가지 목적으로 한국에 체류하게 된 외국인이 한국 사회에 안정적으로 적응하고 정착할 수 있도록 '사회통합프로그램'이라는 교육 프로그램을 운영하고 있습니다. 한국에 거주하는 외국인이라면 누구나 사회통합프로그램 '한국어와 한국 문화' 교육과 '한국 사회 이해' 교육을 받을 수 있습니다. 사회통합프로그램을 이수하면 영주 자격 신청이나 귀화 신청 시 혜택을 받을 수 있기 때문에 많은 외국인이 사회통합프로그램에 참여하여 공부하고 있습니다.

현장에서 외국인들을 만나 보니 수업은 즐거워하지만, 종합평가에는 큰 부담을 가지고 있다는 점을 알게 되었습니다. 그리고 필기시험뿐만 아니라 작문형 시험과 구술형 시험을 어떻게 준비해야 할지 몰라 고민하는 외국인들도 자주 보았습니다.

이에 영주 자격 신청자와 귀화 신청자들이 사회통합프로그램 종합평가에 대한 어려움과 두려움을 극복하고 성공적인 이민 생활을 할 수 있도록 『사회통합프로그램 종합평가 실전 모의고사』를 출간하였습니다. 이 책의 특징은 다음과 같습니다.

첫째 '한국 사회 이해'의 기본 과정과 심화 과정에서 자주 출제되는 영역별 연습 문제를 수록하여 체계적으로 각 영역의 핵심 내용을 숙지하고 연습해 볼 수 있습니다.

둘째 법무부 공인 교재를 반영하여 5회분의 모의고사를 수록하였습니다. 실제 시험처럼 문제를 풀어 보며 자신의 실력을 평가해 볼 수 있습니다. 또한 실제 시험과 동일하게 1~16번에는 1~4단계의 한국어 문제를 수록하였고, 17~36번에는 한국 사회 이해의 기본 과정(5단계) 문제를 수록하였습니다. 귀화용 종합평가도 대비할 수 있도록 한국 사회 이해의 심화 과정(5단계) 문제는 별도로 수록하였습니다.

셋째 수험생들이 가장 어려워하는 작문형 문제와 구술형 문제를 꼼꼼히 준비하여 수록하였습니다. 출제 기준에 맞추어 제시된 모범 답안을 보고 자신의 부족한 부분을 보충할 수 있습니다.

넷째 수험생들이 혼자서도 준비할 수 있도록 모든 문제에 자세한 해설을 수록하였습니다. 문제를 풀면서 필요한 어휘나 문법을 정리할 수 있고, 의문점도 해결할 수 있습니다.

다섯째 작문형 시험인 '200자 원고지 쓰기'를 대비할 수 있도록 원고지 작성법과 문어체 사용법을 자세하게 수록하였습니다.

여섯째 사회통합프로그램 종합평가에 대해서 전반적으로 이해할 수 있도록 자세한 안내 사항을 수록하였습니다.

끝으로 이 책으로 공부하는 모든 예비 대한민국 국민들의 합격과 건강을 기원합니다.

편저자 씀

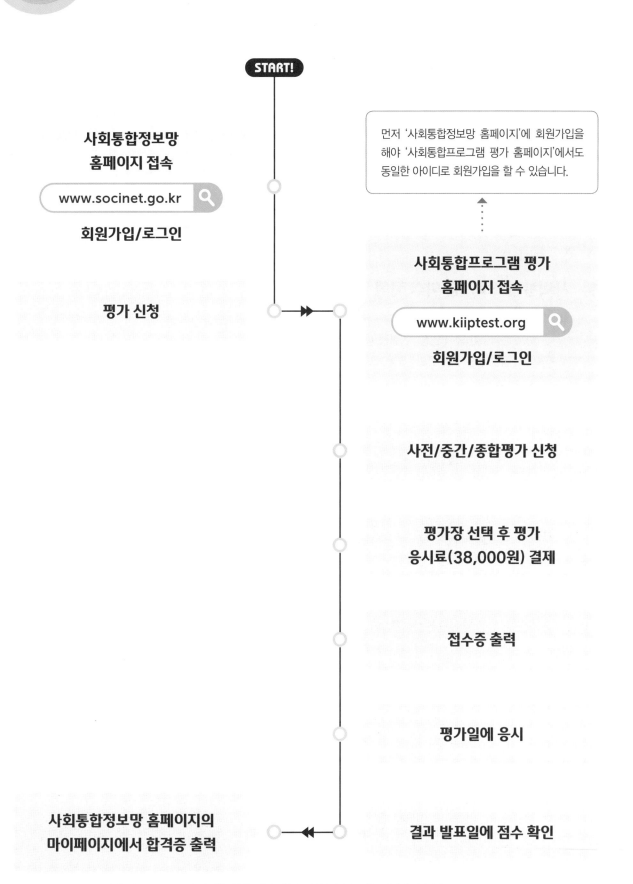

START!

**사회통합정보망
홈페이지 접속**

www.socinet.go.kr

회원가입/로그인

먼저 '사회통합정보망 홈페이지'에 회원가입을 해야 '사회통합프로그램 평가 홈페이지'에서도 동일한 아이디로 회원가입을 할 수 있습니다.

평가 신청

**사회통합프로그램 평가
홈페이지 접속**

www.kiiptest.org

회원가입/로그인

사전/중간/종합평가 신청

**평가장 선택 후 평가
응시료(38,000원) 결제**

접수증 출력

평가일에 응시

**사회통합정보망 홈페이지의
마이페이지에서 합격증 출력**

결과 발표일에 점수 확인

※ 관련 규정과 세부 내용은 변경될 수 있으며, 자세한 사항은 사회통합정보망 홈페이지를 참고하시기 바랍니다.

사회통합프로그램 안내

사회통합프로그램이란?

❶ 대한민국에 체류하는 이민자가 한국 사회의 구성원으로 적응·자립하는 데 필요한 기본 소양을 체계적으로 함양할 수 있도록 마련한 교육임.

❷ 법무부 장관이 지정한 운영기관에서 소정의 교육을 이수한 이민자에게 체류허가와 영주권·국적 부여 등 이민정책과 연계한 혜택을 제공하여 이민자 사회통합 정책의 핵심적인 역할을 수행하도록 함.

사회통합프로그램 이수 혜택

❶ 귀화 신청 시 혜택
- 귀화용 종합평가 합격 인정: 귀화용 종합평가 합격자
- 귀화 면접심사 면제: 2018년 3월 1일 이후부터 귀화용 종합평가 합격자만 해당

❷ 영주자격 신청 시 혜택
- 기본 소양 요건 충족 인정
- 실태조사 면제

❸ 그 외 체류자격 신청 시 혜택
- 가점 등 점수 부여
- 한국어 능력 등 입증 면제

❹ 사증(VISA) 신청 시 혜택
- 한국어 능력 등 입증 면제

※ 이수한 교육 단계 또는 합격한 평가에 따라 혜택의 범위가 다르므로 자세한 사항은 하이코리아 홈페이지 '체류자격별 안내매뉴얼'을 참고하시기 바랍니다.

참여 대상

❶ 외국인등록증 또는 거소신고증을 소지한 합법 체류 외국인 또는 귀화자

❷ 국적 취득일로부터 3년이 경과하지 않은 귀화자

🌼 사회통합프로그램 교육 과정 및 이수 시간

❶ 한국어와 한국 문화(0~4단계)

- 사전평가 결과에 따라 교육 단계 배정, 한국어능력시험(TOPIK) 등급 소지자는 프로그램에서 동일 수준의 단계를 인정받아 교육 단계 배정
- 0단계(기초), 1단계(초급1), 2단계(초급2), 3단계(중급1), 4단계(중급2)로 구성

❷ 한국 사회 이해(5단계)

- 기본 과정, 심화 과정 2단계로 구성
- 각 과정 이수 후 영주용 종합평가, 귀화용 종합평가 응시

단계	한국어와 한국 문화					한국 사회 이해	
	0단계	1단계	2단계	3단계	4단계	5단계	
과정	기초	초급1	초급2	중급1	중급2	기본	심화
이수 시간	15시간	100시간	100시간	100시간	100시간	70시간	30시간
평가	없음	1단계 평가	2단계 평가	3단계 평가	중간평가	영주용 종합평가	귀화용 종합평가
사전 평가 점수	구술시험 3점 미만 (필기점수 무관)	3~20점	21~40점	41~60점	61~80점	81~100점	–

※ 2018년 9월 21일부터 사전평가 85점 이상 득점자는 바로 영주용 종합평가 신청이 가능합니다.(단, 5단계 기본 과정 수료 없이 영주용 종합평가에 합격하더라도 이수 완료로는 인정되지 않음)

※ 2021년 8월 16일부터 이수 시간이 변경되어 위와 같이 진행되며, 변경 이전의 교육 과정과 이수 시간은 사회통합정보망으로 문의하시기 바랍니다.

❸ 그 외 교육

- 시민 교육: 이민자의 사회적응을 위하여 각 분야별 전문기관이 개발한 맞춤형 교육(생활 법률 교육, 마약 예방 교육, 범죄 예방 교육 등 총 7개)이 운영되고 있으며, 법무부 사전 승인을 받아 다양한 시민 교육이 추가될 수 있습니다.
- 지자체 연계 프로그램: 각 지방자치단체의 이민자 대상 문화, 교육, 체험 프로그램 중 사회통합에 기여하는 우수 프로그램을 사회통합프로그램 지자체 연계 프로그램으로 지정하여 참여가 가능합니다.
- 이민자 멘토 교육: 한국에 성공적으로 정착한 이민자가 사회통합프로그램에 참여 중인 이민자의 멘토가 되어 한국 사회 적응을 위한 경험을 공유하는 강연 형식의 상호 소통 교육입니다.

※ 교육은 참여 시 사회통합프로그램 교육 단계의 출석 시간으로 인정됩니다.

사회통합프로그램 교육 단계별 신청 방법

참여 신청

사회통합정보망(www.socinet.go.kr)에서 로그인 후 사회통합프로그램 신청

단계 배정

❶ 0단계부터 시작
  사회통합정보망 ➡ '단계 배정' 메뉴에서 '0단계부터 시작' 선택하여 신청

❷ 사전평가를 통한 단계 배정
  사회통합정보망 ➡ '단계 배정' 메뉴에서 '사전평가를 통한 단계 배정' 신청 ➡
  사회통합프로그램 평가(www.kiiptest.org)로 자동 연결 ➡ 로그인 ➡
  사전평가 신청 ➡ 평가 응시료 결제 ➡ 접수증 출력 ➡ 평가 응시 ➡ 단계 배정

❸ 연계를 통한 단계 배정
  • 결혼이민사증 연계
  • 한국어 교육 중급 연계
  • TOPIK 등급 보유자 연계

과정 신청

과정 신청 기간 내에 사회통합정보망 '과정 신청' 메뉴에서 배정 단계 수업을 선택하여 수강신청

※ 사회통합프로그램 교육 신청은 온라인으로만 가능합니다.
※ 사회통합프로그램 과정 신청 기간 등 자세한 사항은 사회통합정보망 홈페이지를 참고하시기 바랍니다.

사회통합프로그램 평가 단계

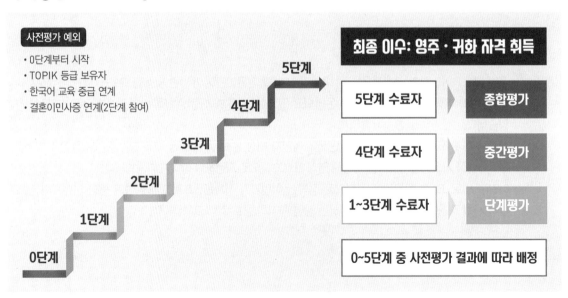

사회통합프로그램 종합평가 안내

종합평가 종류

❶ 영주용 종합평가(KIPRAT)
❷ 귀화용 종합평가(KINAT)

종합평가 신청 대상

❶ 영주용 종합평가
- 사회통합프로그램 5단계 기본 과정(70시간)을 수료한 사람
- 사회통합프로그램 5단계 기본 과정(70시간)을 수료하지 않았으나, 사전평가 85점 이상 득점한 날로부터 2년 이내인 사람

❷ 귀화용 종합평가
- 사회통합프로그램 5단계 전체 과정(기본 + 심화)을 수료한 사람
- 2016년 7월 17일 이전 반복 수료에 의한 이수 완료자
- 2018년 3월 1일 이후 귀화 허가를 신청한 사람

평가 방법(PBT · CBT 동일)

시험 종류 \ 구분	문항 유형	문항 수	배점(총 100점)	답안지
필기시험 (40문항, 60분)	객관식(50분)	36문항	65점★	OMR카드
	작문형(10분)	4문항(통합하여 1문항)	10점(4문항×2.5점)	200자 원고지
구술시험 (5문항, 약 10분)	구술형	5문항	25점(5문항×5점)	구술시험 채점표

★ 객관식 배점 구분은 변경될 수 있습니다.(14문항×1.5점, 22문항×2점 등)

합격 기준 및 평가 결과 확인

❶ 합격 기준: 100점 만점에 60점 이상 득점
❷ 평가 결과 확인: 평가 후 사회통합정보망(마이페이지) 또는 사회통합프로그램 평가(성적조회)에서 점수와 합격 여부 확인

⠿ CBT 답안 작성 방법

수험생은 반드시 자신의 시험 접수증(수험표)과 신분증을 지참해야 합니다.

❶ 접수한 평가 일자와 평가 장소에서 응시하시기 바랍니다. 평가 당일 시작 20분 전까지는 반드시 입실해야 하며, 감독관의 안내를 듣고 배정된 좌석에 앉아 지시를 따라야 합니다.

※ 시험 시작 이후에는 시험장에 들어갈 수 없습니다.

❷ CBT 객관식 답안은 화면에 나오는 번호를 클릭(❶)하거나 오른쪽에 보이는 번호를 클릭(❷)하여 입력할 수 있습니다.

※ 개인의 부주의로 입력되지 않은 문항에 대한 책임은 본인에게 있습니다.

❸ CBT 주관식 답안과 구술시험 답안은 컴퓨터 키보드를 이용하여 직접 입력할 수 있습니다.

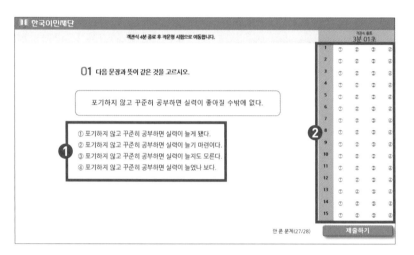

⠿ PBT 답안 작성 방법

수험생은 반드시 자신의 시험 접수증(수험표), 신분증, 필기구(컴퓨터용 검은색 사인펜, 수정테이프 등)를 지참해야 합니다.

❶ 접수한 평가 일자와 평가 장소에서 응시하시기 바랍니다. 평가 당일 지정된 좌석에 앉아 감독관의 지시에 따라야 합니다.

※ 입실 마감(12시 30분) 이후에는 평가장에 들어갈 수 없습니다.

❷ 답안지의 모든 표기 사항은 평가 당일 감독관이 지급하는 컴퓨터용 검은색 사인펜으로만 작성해야 합니다.

❸ 올바른 OMR 답안지 기재 방법을 숙지하여 답안을 작성해야 합니다.

※ 잘못된 필기구 사용과 답안지의 불완전한 마킹으로 인한 답안 작성 오류는 본인에게 책임이 있습니다.

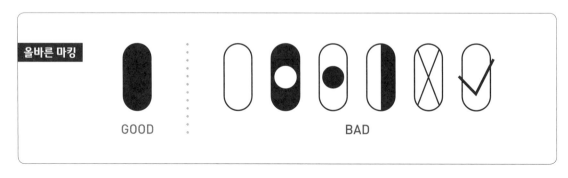

❹ 평가 종료 후 감독관의 지시가 있을 때까지 퇴실할 수 없으며, 지급된 모든 문제지와 답안지는 반드시 제출해야 합니다.

🍀 주의사항

❶ 신분증(외국인등록증, 주민등록증, 여권, 한국 운전면허증, 사진이 첨부된 체류허가 신청확인서)을 지참하지 않으면 평가에 응시할 수 없습니다.

※ 신분증 사본, 사진 촬영본 등 원본이 아닐 경우 응시할 수 없습니다.

❷ 시험 시간 중에는 화장실을 이용할 수 없으므로 유의하시기 바랍니다.

❸ 전자기기(휴대폰, 스마트 워치 등)를 사용하거나 대리 응시 등 감독관의 지시를 따르지 않고 부정행위를 할 경우 퇴실해야 하며, 1년 동안 사회통합프로그램에 참여할 수 없습니다.

🍀 구술시험 안내

❶ 구술시험은 필기시험과 같은 날, 필기시험이 끝난 후 실시됩니다.

❷ 구술시험은 약 10분 동안 진행됩니다.

❸ 구술시험 대기실에서 구술시험 채점표 2장을 받습니다.

❹ 받은 채점표에 자신의 이름을 영어로 정확하게 적고, 외국인등록번호, 일시, 지역을 바른 글씨로 적습니다.

구술시험 채점표

☐ 평가구분: 종합평가

성명	Hong Gil Dong	일시	20○○.○○.○○.	구술 시험관	성명	
외국인등록번호	91○○○○○-5○○○○○○○	지역	서울		성명	

※ 제시된 그림은 예시입니다. 실제 평가장의 상황에 따라 자세한 내용은 달라질 수 있습니다.

❺ 구술시험 채점표를 작성한 뒤, 채점표와 외국인등록증을 가지고 순서가 될 때까지 기다립니다.

❻ 순서가 되면 구술시험 채점표와 외국인등록증을 들고 평가장에 들어갑니다.

❼ 평가장에 들어갈 때는 예의 바르게 인사를 하고, 감독관에게 구술시험 채점표와 외국인등록증을 제출합니다.

❽ 정해진 자리에 앉아 감독관의 지시에 따라 문제지를 읽고, 질문에 대답합니다.

❾ 구술시험이 끝난 뒤에는 감독관에게 인사를 합니다.

❿ 평가장을 나올 때 외국인등록증을 반드시 돌려받아야 합니다.

유형으로 보는 '한국어와 한국 문화'

총 16문항(영주용 기준)

※ 영주용 종합평가와 귀화용 종합평가의 유형별 문항 수는 서로 다릅니다.

1 문맥에 맞는 어휘 찾기

※ 다음 (   )에 가장 알맞은 것을 고르시오.

친구들 모두 이번 시험에 (   ).

① 발견했다　　　　　② 도착했다　　　　　③ 저장했다　　　　　④ 합격했다

| 이렇게 풀어요 | 먼저 빈칸 앞뒤의 단어를 보고 빈칸에 어떤 어휘가 와야 할지 생각한 뒤에, 선택지에서 알맞은 단어를 찾습니다. |
| 이렇게 대비해요 | 평소에 다양한 동사와 형용사, 부사와 명사의 뜻을 잘 알아 놓으세요. |

2 문맥에 맞는 조사나 어미 찾기

※ 다음 (   )에 가장 알맞은 것을 고르시오.

가: 내일도 친구를 만나요?
나: 내일은 (   ) 못 만날 것 같아요.

① 비가 와서　　　　　② 비가 올수록　　　　　③ 비가 오는데　　　　　④ 비가 왔다가

| 이렇게 풀어요 | 먼저 빈칸 앞뒤 내용을 잘 읽고 그 내용이 빈칸의 내용과 어떤 관계가 있을지 생각합니다. 선택지의 어휘는 같고 조사나 어미만 달라지므로 문맥에 알맞은 조사나 어미를 찾습니다. |
| 이렇게 대비해요 | 평소에 다양한 조사와 연결어미, 종결어미 등의 쓰임을 잘 알아 놓으세요. |

3 알맞은 어미를 넣어 문장 완성하기

※ 다음을 한 문장으로 알맞게 연결한 것을 고르시오.

포기하다 / 꿈을 이룰 수 없다

② 포기한다면 꿈을 이룰 수 없을 것이다.

| 이렇게 풀어요 | 주어진 표현들을 읽고 어떤 어미와 결합해야 자연스럽게 하나의 문장이 될 수 있을지 생각해 봅니다. 잘 모르겠다면 선택지를 순서대로 읽고 가장 자연스러운 문장을 골라도 좋습니다. |
| 이렇게 대비해요 | 평소에 다양한 조사와 연결어미, 종결어미 등의 쓰임을 잘 알아 놓으세요. |

4 빈칸에 들어갈 문장 찾기

13 다음 ( )에 가장 알맞은 것을 고르시오. [아침에 '나'에게 일어났던 일 제시]

① 발목을 다치면 고생을 심하게 한다.

② 벌을 받은 것 같기도 하고 마음이 복잡했다.

③ 저녁 시간에는 다칠 수 있으므로 항상 조심해야 한다.

④ 성격이 급하면 남들보다 다칠 수 있는 일이 많이 생긴다.

5 광고/포스터/그래프 등의 그림을 보고 맞는/틀린 정보 찾기

14 다음 광고를 보고 알맞은 것을 고르시오. [신입사원 모집 안내 광고 제시]

① 업무 내용

② 접수 방법

③ 접수 기간

④ 지원 자격

6 읽기 문항(제목 찾기, 글의 내용과 같은/다른 것 찾기 등)

15 윗글의 제목으로 가장 알맞은 것을 고르시오.

① 노키즈존 식당의 문제점

② 공공장소에서 예절 지키기

③ 노키즈존 확산에 대한 불평

④ 다른 사람을 배려하기

영역으로 보는 '한국 사회 이해'

총 20문항(영주용 기준)

※ 영주용 종합평가와 귀화용 종합평가의 영역별 문항 수는 서로 다릅니다.

1 사회

이렇게 풀어요

출제 문항 수가 가장 많은 영역입니다. 한국 사회의 여러 가지 모습을 정리해 두고, 외국인을 위한 사회제도에는 어떤 것들이 있는지도 알아 둡니다. 태극기나 무궁화와 같은 한국의 상징물은 중요하므로 꼭 정리해 두세요.

중요 키워드   키워드에 대한 내용을 머릿속으로 간단히 정리해 두세요.

태극기, 무궁화, 애국가, 국경일, 한글, 확대가족, 핵가족, 1인 가구, 워라밸, 대중교통, 스마트폰, 전세, 월세, 도시화, 귀농·귀촌, 집들이, 저출산(저출생)·고령화, 사회보험, 공공부조, 사회복지서비스, 건강보험제도

2 교육

이렇게 풀어요

한국의 교육과 관련된 여러 가지 제도와 사회 현상이 출제됩니다. 자녀 교육과 관련된 복지제도는 실생활에서도 꼭 알아 두어야 하는 내용이니 꼼꼼히 공부해 두세요.

중요 키워드   키워드에 대한 내용을 머릿속으로 간단히 정리해 두세요.

의무교육, 국민행복카드, 사교육, 무상교육, 평생교육, 어린이집, 유치원, 대학수학능력시험(수능), 교육열

3 문화

이렇게 풀어요

대중문화와 주거문화 등 한국만의 독특한 문화에는 어떤 점이 있는지 알아 둡니다. 전통 음식·가옥·의복, 설날·추석과 같은 명절, 전통 문화와 한국인들의 특징은 중요하므로 꼭 정리해 두세요.

중요 키워드   키워드에 대한 내용을 머릿속으로 간단히 정리해 두세요.

김치, 한옥, 한복, 한식, 명절(설날, 정월 대보름, 단오, 추석, 한식), 여가 문화, 종교, 결혼, 장례, 돌잔치, 환갑, 대중문화, 한류, 전통 가치(효, 예절, 상부상조, 공동체), 연고(학연, 지연, 혈연)

4 정치

이렇게 풀어요

선거와 정당, 정치 과정과 시민 참여의 중요성, 외교와 국제 관계, 남북통일 등 한국의 정치와 외교 관계를 알아 둡시다. 선거 제도와 지방자치제와 같은 정치 제도는 중요하므로 꼭 정리해 두세요.

중요 키워드   키워드에 대한 내용을 머릿속으로 간단히 정리해 두세요.

헌법 제1조, 민주주의, 4·19 혁명, 5·18 민주화 운동, 6월 민주 항쟁, 4대 선거원칙, 지방자치제, 사전 투표, 청와대, 행정부(정부), 입법부(국회), 사법부(법원), 헌법 재판소, 남북정상회담

⑤ 경제

출제 문항 수는 가장 적지만 내용이 낯설어 어려울 수 있습니다. 20-50클럽, 금융실명제, 예금자 보호 제도와 같은 한국의 경제 관련 용어는 꼭 정리해 두어 시험에 나왔을 때 당황하지 않도록 합니다. 또 한국의 경제 제도가 실생활에 어떻게 적용되고 있는지도 알아 둡니다. 한국의 경제 성장 과정과 부동산, 저축 상품 등은 중요하므로 꼭 정리해 두세요.

키워드에 대한 내용을 머릿속으로 간단히 정리해 두세요.

한강의 기적, 외환위기, 첨단 산업, OECD, 금융기관, 금융실명제, 예금자 보호 제도, 전통 시장, 상설 시장, 온라인 쇼핑, 실업률, 비정규직, 한국소비자원, 소비자상담센터

⑥ 법

범죄가 일어나거나 재산·가족과 관련해서 문제가 일어났을 때, 권리를 침해당했을 때 법을 통해 문제를 해결하는 방법을 상황별로 알아 둡니다. 대한민국 국민의 자격, 권리, 의무 등은 중요하므로 꼭 정리해 두세요.

키워드에 대한 내용을 머릿속으로 간단히 정리해 두세요.

체류, 권리, 의무, 외국인 등록, 영주권, 재한외국인처우기본법, 국적, 귀화, 국민선서, 혼인신고, 출생신고, 차용증, 등기부 등본, 경범죄, 민법과 형법, 재판, 삼심 제도, 검찰과 경찰, 이혼, 소송, 기본권, 대한법률구조공단, 국가인권위원회, 국민권익위원회

⑦ 역사

시대별로 골고루 출제될 수 있습니다. 고조선, 고구려, 백제, 신라, 고려, 조선의 시대별로 중요한 내용을 기억해 둡니다. 이순신, 유관순, 김구 등 역사적으로 위대한 인물들은 출제 가능성이 높으므로 인물이 활약한 시대 상황과 한일 등을 꼭 정리해 두세요.

키워드에 대한 내용을 머릿속으로 간단히 정리해 두세요.

고조선, 단군, 삼국(신라, 고구려, 백제), 광개토대왕, 통일 신라, 불국사, 발해, 고려, 팔만대장경판, 조선, 이성계, 훈민정음, 임진왜란, 병자호란, 대한제국, 일제강점기, 3·1절, 8·15 광복, 6·25 전쟁, 위인, 독립운동가, 이순신, 세종대왕, 유관순, 김구

⑧ 지리

비교적 출제 문항 수가 적지만, 소홀히 보아서는 안 되는 영역입니다. 수도권, 강원, 충청, 경상, 전라, 제주 등의 지역별 특징과 관광명소를 알아 두세요.

키워드에 대한 내용을 머릿속으로 간단히 정리해 두세요.

사계절, 미세 먼지, 장마, 태풍, 꽃샘추위, 수도권, 강원도, 충청도, 경상도, 전라도, 제주도, 독도, 관광명소, 지역축제, 문화유산, 동고서저

구성과 특징

영역별 연습 문제

'한국 사회 이해'에서 꼭 알아야 할 내용을 영역별로 수록하였습니다. 실전 모의고사를 풀기 전에 연습 문제를 먼저 풀어 보면서 실력을 다져 보세요.

제 1 장 기본 문제

01 사회

01 대한민국에 대한 설명으로 옳은 것은?

① 대한민국을 상징하는 꽃은 벚꽃이다.
② 대한민국의 국기는 애국가, 국가는 태극기이다.
③ 국기에 대한 경례를 할 때는 오른손을 왼쪽 가슴에 댄다.
④ 대한민국을 줄여서 한국이라고 하며, 영어로는 'Korea'라고 한다.

해설 ① 대한민국을 상징하는 꽃은 무궁화이다.
② 대한민국의 국기는 태극기, 국가는 애국가이다.
④ 영어로는 'Republic of Korea'라고 한다.

정답 ③

실전 모의고사

종합평가 문제와 동일한 유형의 실전 모의고사 5회분을 수록하였습니다. 귀화용의 경우 기본 문제와 심화 문제가 모두 출제되기 때문에 심화 문제(1~10번)를 추가하였습니다. 실제 시험처럼 시간을 재면서 풀어 보세요.

제 1 회 실전 모의고사

⏱ 시험 시간 60분/객관식

모바일 자동채점

모바일 OMR 자동채점 서비스 실시!

필기시험

객관식 01~36번

[01-10] 다음 (   )에 가장 알맞은 것을 고르시오.

01 우리 아이는 (   )이라서 혼자 조용히 있는 것을 좋아한다.

① 긍정적   ② 내성적
③ 외향적   ④ 적극적

정답 및 해설

친절하고 자세한 해설로 아는 부분은 한 번 더 확인하고, 모르는 부분은 다시 공부해 봅시다. 또한 관련 어휘와 문법 설명을 예시와 함께 볼 수 있어 확실하게 내 것으로 만들 수 있습니다.

제 1 회 정답 및 해설

실전 모의고사 p.67

※ 작문형과 구술형은 별도 표기하였습니다.

필기시험

객관식   (01~36번)

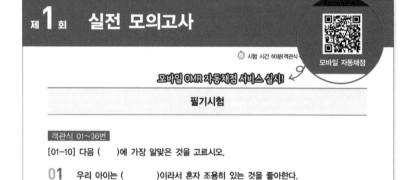

01	02	03	04	05	06	07	08	09	10
②	②	③	②	②	①	④	④	②	①
11	12	13	14	15	16	17	18	19	20
①	③	②	②	②	③	④	②	④	④
21	22	23	24	25	26	27	28	29	30
①	③	③	③	①	②	④	②	①	③

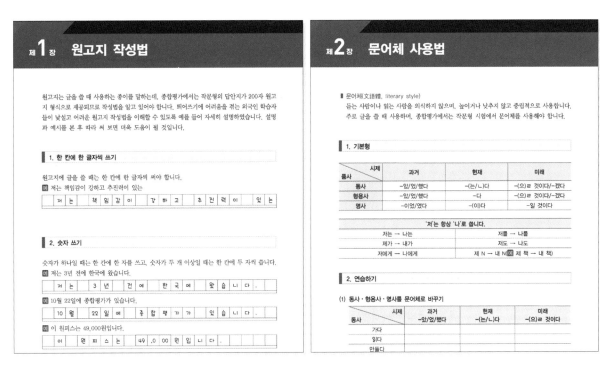

원고지 작성법 & 문어체 사용법

작문형 문제를 대비하기 위한 원고지 작성법과 문어체 사용법을 담았습니다.

'한눈에 보는 대한민국'과 구술시험 기출 복원 문제

꼭 알아야 할 대한민국의 정보를 한눈에 볼 수 있게 정리하였습니다. 또한 최신 구술시험 기출문제를 복원·수록하여 구술시험이 어떻게 출제되는지 미리 살펴볼 수 있습니다.

이 책의 차례

제1편	영역별 연습 문제

제1장 기본 문제
사회 · 3
교육 · 10
문화 · 13
정치 · 20
경제 · 27
법 · 34
역사 · 41
지리 · 48

제2장 심화 문제
대한민국의 국민 · 55
대한민국의 역사와 발전 · 57
대한민국의 정치와 외교 · 59
대한민국의 경제 · 61
대한민국의 법질서 · 63

제2편	실전 모의고사

제1회 실전 모의고사 · 67
제2회 실전 모의고사 · 84
제3회 실전 모의고사 · 102
제4회 실전 모의고사 · 120
제5회 실전 모의고사 · 138

제3편	정답 및 해설

제1회 정답 및 해설 · 159
제2회 정답 및 해설 · 182
제3회 정답 및 해설 · 207
제4회 정답 및 해설 · 232
제5회 정답 및 해설 · 254

부록

제1장 원고지 작성법 · 281
제2장 문어체 사용법 · 288

태극기

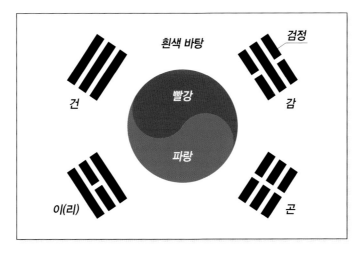

국기에 대한 맹세

나는 자랑스러운 태극기 앞에 자유롭고 정의로운 대한민국의
무궁한 영광을 위하여 충성을 다할 것을 굳게 다짐합니다.

애국가

보통빠르게

작곡 안익태

1. 동해물과 백두산이 마르고닳도록
2. 남산위에 저소나무 철갑을두른 듯
3. 가을하늘 공활한데 높고구름없이
4. 이기상과 이맘으로 충성을다하여

하느님이 보우하사 우리나라만 세
바람서리 불변함은 우리기상일 세
밝은달은 우리가슴 일편단심일 세
괴로우나 즐거우나 나라사랑하 세

(후렴) 무 궁화 삼 천 리 화려강 산

대 한사람 대 한 으로 길이보전하 세

QR코드를 핸드폰으로 찍어 보세요.
애국가를 들으실 수 있습니다.

한눈에 보는 대한민국

정식 국호	대한민국(Republic of Korea)
국기	태극기　※ 구성: 흰색 바탕에 중앙의 태극문양과 가장자리의 건곤감리의 4괘로 이루어짐
국가	애국가　※ 작곡가: 안익태
국화	무궁화　※ 의미: 영원히 피고 또 피어서 지지 않는 꽃
문자	한글　※ 옛이름: 훈민정음(백성을 가르치는 바른 소리)
수도	서울특별시
화폐	• 단위: 원(WON) • 동전: 　　10원　　50원　　100원　　500원 • 지폐: 　　1,000원　　　5,000원 　　10,000원　　50,000원
국보 제1호	숭례문(남대문)
보물 제1호	흥인지문(동대문)
정치 체제	대통령제(국민이 선출한 대통령이 나라를 이끎), 민주공화국
국가 조직	국가의 권력을 행정부(정부), 입법부(국회), 사법부(법원)의 3권으로 분리
행정 구역	• 특별시(1): 서울특별시 • 광역시(6): 부산광역시, 대구광역시, 인천광역시, 대전광역시, 광주광역시, 　　　　　　　울산광역시 • 도(6): 경기도, 충청북도, 충청남도, 전라남도, 경상북도, 경상남도 • 특별자치시(1): 세종특별자치시 • 특별자치도(3): 제주특별자치도, 강원특별자치도, 전북특별자치도
민주선거의 4대 원칙	보통선거, 직접선거, 평등선거, 비밀선거
국민의 4대 의무	국방의 의무, 납세의 의무, 교육의 의무, 근로의 의무

제 1 편
영역별 연습 문제

제1장 기본 문제

제2장 심화 문제

01 대한민국에 대한 설명으로 옳은 것은?

① 대한민국을 상징하는 꽃은 벚꽃이다.

② 대한민국의 국기는 애국가, 국가는 태극기이다.

③ 국기에 대한 경례를 할 때는 오른손을 왼쪽 가슴에 댄다.

④ 대한민국을 줄여서 한국이라고 하며, 영어로는 'Korea'라고 한다.

해설 ① 대한민국을 상징하는 꽃은 무궁화이다.

② 대한민국의 국기는 태극기, 국가는 애국가이다.

④ 영어로는 'Republic of Korea'라고 한다.

정답 ③

02 애국가와 태극기의 설명으로 옳은 것은?

① 애국가 1절에는 남산과 무궁화가 나온다.

② 태극기의 4괘는 밝음, 순수, 평화, 조화를 의미한다.

③ 국경일이나 국가기념일에만 태극기를 집 안이나 창문에 단다.

④ 애국가는 4절로 구성되어 있으며, '나라를 사랑하는 노래'라는 뜻이다.

해설 ① '남산'은 2절에 나온다.

② 태극기의 4괘는 하늘(건), 땅(곤), 물(감), 불(이)을 의미한다.

③ 태극기는 매일 달아도 되지만, 보통은 국경일(3·1절, 제헌절, 광복절, 개천절, 한글날)이나 국가기념일(현충일, 국군의 날)을 맞아 대문이나 창문에 단다.

정답 ④

03 한국의 가족에 대한 설명으로 옳은 것은?

① 부모와 미혼 자녀가 같이 사는 것을 확대가족이라고 한다.

② 산업화가 이루어지면서 부모와 함께 사는 가족이 늘고 있다.

③ 1인 가구가 늘고 있으며 최근 결혼 연령이 점점 낮아지고 있다.

④ 과거에는 결혼한 후에도 부모님을 모시고 함께 사는 경우가 많았다.

> **해설** ① 부모와 미혼 자녀가 같이 사는 것을 핵가족이라고 한다.
> ② 산업화가 이루어지면서 부모와 함께 사는 가족이 줄었다.
> ③ 1인 가구가 늘면서 결혼 연령도 점점 높아지고 있다.

정답 ④

04 한국의 일터에 대한 설명으로 옳지 <u>않은</u> 것은?

① 한국에서는 만 15세 이상부터 일을 하는 것이 가능하다.

② 공기업이나 대기업에서 일하는 것을 선호하는 사람이 많다.

③ 여성들은 출산, 양육 문제로 재취업이 쉽지 않은 경우가 많다.

④ 개인적으로 회사나 가게를 만들어 사업을 하는 사람이 거의 없다.

> **해설** 한국에는 개인적으로 회사나 가게를 만들어 사업(자영업)을 하는 사람들이 많다.

정답 ④

05 한글에 대한 설명으로 옳지 <u>않은</u> 것은?

① 1443년 세종대왕이 만들었다.

② 한글을 만든 후 문맹이 많이 줄어들었다.

③ 자음은 하늘, 땅, 사람을 결합하여 만들었다.

④ 한글은 자음 14개와 모음 10개로 이루어져 있다.

> **해설** 모음은 하늘(·), 땅(ㅡ), 사람(ㅣ)을 결합해서 만들었고, 자음은 사람의 발음 기관을 보고 만들었다.
> ④ 한글에서 기본이 되는 자음과 모음은 각각 14개, 10개로 총 24개이다. 단, 글자로 표기하는 자음과 모음은 된소리 5개와 이중모음 11개까지 합해서 총 40개로 본다.

정답 ③

06 의미와 명칭을 알맞게 연결하시오.

① 부부가 모두 일하는 것 • • ⓐ 회식
② 같은 직장 사람들의 저녁 식사 모임 • • ⓑ 맞벌이
③ 퇴근 시간 후에 밤늦게까지 일하는 것 • • ⓒ 주 5일제
④ 월요일부터 금요일까지 5일만 일하는 것 • • ⓓ 시간 외 근무

정답 ①-ⓑ, ②-ⓐ, ③-ⓓ, ④-ⓒ

07 대중교통 이용을 장려하는 제도에 대한 설명으로 옳지 <u>않은</u> 것은?

① 환승 할인 제도
② 버스 전용 차로제
③ 버스 도착 알림 서비스
④ 자전거 무인 대여 시스템

해설 '자전거 무인 대여 시스템'은 누구나, 언제나, 어디에서나 편리하고 쉽게 자전거를 이용할 수 있는 제도이다.

정답 ④

08 오늘날의 인구 분포에 대한 설명으로 옳은 것은?

① 농촌 지역에 인구가 많다.
② 도시 지역에 인구가 적다.
③ 지역에 따른 인구 차이가 없어졌다.
④ 서울을 중심으로 수도권에 집중되어 있다.

해설 ① 농촌 지역의 인구는 적다. (전체 인구의 4% 정도)
② 도시 지역은 인구가 많다.
③ 지역에 따른 인구 차이가 심하다.

정답 ④

09 다음 중 도시 문제에 해당하지 <u>않는</u> 것은?

① 환경 오염이 심해진다.

② 교통 체증이 심해진다.

③ 도시에 노동력이 부족해진다.

④ 사람들이 살 집이 부족해진다.

해설 노동력이 부족한 곳은 농촌 지역이다.

정답 ③

10 도시화 현상이 나타난 이유로 가장 적절한 것은?

① 주말농장

② 빠른 산업화

③ 높은 교육열

④ 신도시 개발

해설 1960년대 이후 빠른 산업화가 진행되어 사람들이 일자리를 찾아 도시로 이동하면서 도시화 현상이 나타났다.

정답 ②

11 한국의 농촌에 대한 설명으로 옳지 <u>않은</u> 것은?

① 고령화 현상은 농촌 지역의 대표적인 문제다.

② 농촌 지역 특산물을 이용하여 지역 축제를 연다.

③ 혼잡 통행료 등의 새로운 제도를 시행하고 있다.

④ 1960년대에는 도시 인구보다 농촌 인구가 더 많았다.

해설 혼잡 통행료는 도시에서 교통 혼잡 지역을 지나가는 자가용을 대상으로 통행료를 받는 제도이다. 한국에서는 남산 1·3호 터널을 통과하는 차에 두 명 이상이 타면 혼잡 통행료를 낸다.

정답 ③

12 한국의 사회보험에 대한 설명으로 옳은 것은?

① 병원에 갈 때 국민연금으로 의료비를 지원받을 수 있다.

② 건강보험은 회사에서 일을 하다가 다치면 보상해 주는 것이다.

③ 산업재해보상보험은 정년퇴임 이후의 생활비를 지원해 주는 것이다.

④ 고용보험에 가입하면 회사에서 해고된 후 일정 기간 동안 도움을 받을 수 있다.

해설 ① 병원에 갈 때 의료비를 지원받을 수 있는 것은 건강보험이다.
② 회사에서 다치면 보상을 해 주는 것은 산업재해보상보험이다.
③ 정년퇴임을 했을 때 생활비를 지원해 주는 것은 국민연금이다.

정답 ④

13 공공부조에 대한 설명으로 옳은 것은?

① 모든 외국인은 공공부조를 받을 수 없다.

② 한국어 교육은 공공부조의 대표적인 혜택이다.

③ 원칙적으로 공공부조는 한국 국민들에게만 적용된다.

④ 한국 사람이라면 소득에 상관없이 지원받을 수 있다.

해설 ① 한국에 살고 있는 외국인 중 한국 국민과 혼인한 사람, 한국 국적을 가진 부모나 자녀를 돌보고 있는 사람, 법에 따라 난민으로 인정된 사람 등은 소득이 최저 생계비보다 적은 경우 공공부조 혜택을 받을 수 있다.
② 공공부조에는 국민기초생활보장제도와 의료급여제도 등이 있다.
④ 공공부조는 소득이 최저 생계비보다 적은 저소득층 국민을 대상으로 한다.

정답 ③

14 안전한 생활을 위한 방법으로 옳지 않은 것은?

① 국가 재난 관리를 담당하는 기관은 법무부이다.

② 재난대응 안전한국훈련에 적극적으로 참여한다.

③ 재난이나 사고가 발생했을 때는 긴급신고전화로 신고한다.

④ 평소에 위험한 시설을 발견하면 안전신문고에 신고할 수 있다.

해설 국가 재난 관리를 담당하는 기관은 행정안전부이다.

정답 ①

15 한국에서 집을 구하는 방법으로 옳지 <u>않은</u> 것은?

① 전세로 집을 구하는 방식은 한국에서만 사용된다.

② 최근에는 반전세라는 방식으로 집을 구하기도 한다.

③ 집을 구할 때는 친한 친구와 직접 거래하는 것이 좋다.

④ 보증금을 안전하게 돌려받기 위해서 확정일자를 받는 것이 좋다.

> **해설** 집을 사거나 전세, 월세 등으로 집을 구할 때는 부동산 중개업자(공인중개사)를 통하는 것이 안전하다.
>
> **정답** ③

16 한국에서 사용되는 통신 수단에 대한 내용으로 옳은 것은?

① 퀵서비스는 택배보다 저렴하게 사용할 수 있다.

② 한국에서 유선 전화는 더 이상 사용하지 않게 되었다.

③ 택배 회사나 편의점을 통해 택배 서비스를 이용할 수 있다.

④ 스마트폰은 도시를 중심으로 보급되어 사용하는 데 제한이 있다.

> **해설** ① 퀵서비스는 택배보다 가격은 비싸지만 당일 배송을 할 수 있다.
> ② 아직까지 집이나 사무실에서 유선 전화를 사용하는 곳이 있다.
> ④ 스마트폰이 널리 보급되어 자유롭게 사용할 수 있다.
>
> **정답** ③

17 한국의 의료기관의 종류와 이용 방법으로 옳은 것은?

① 보건소는 국가가 운영하는 공공 보건 기관이다.

② 병이 심하지 않은 경우에는 우선 종합 병원에 간다.

③ 갑자기 크게 다쳤을 때는 빨리 택시를 타고 병원에 간다.

④ 한의원과 한방 병원을 이용할 때는 진료 의뢰서가 필요하다.

> **해설** ② 보통 병이 심하지 않은 경우에는 우선 동네 의원에 간다.
> ③ 갑자기 크게 아프거나 다쳤을 때는 119에 전화할 수 있다.
> ④ 진료 의뢰서는 종합 병원에서 진료를 받아야 할 때, 동네 의원이나 보건소에서 받을 수 있다.
>
> **정답** ①

18 제시된 상황과 관련된 전화번호를 알맞게 연결하시오.

① 화재가 났을 때   •   • ⓐ 112
② 도둑이 들었을 때   •   • ⓑ 118
③ 인터넷에서 범죄가 발생했을 때 •   • ⓒ 119

정답 ①-ⓒ, ②-ⓐ, ③-ⓑ

19 공공부조의 한 형태로 갑작스럽게 어려운 일을 당해 생계유지가 어려운 저소득층 가구를 지원하는 제도는?

(   )

정답 긴급 복지 지원 제도

20 유네스코가 문맹퇴치사업에 세계적으로 큰 공을 세운 사람이나 단체에게 주는 상은?

(   )

정답 세종대왕상

01 한국의 교육열에 대한 설명으로 옳지 <u>않은</u> 것은?

① 한국의 높은 교육열로 경제가 크게 발전했다.

② 높은 교육열로 인해서 부작용도 나타나고 있다.

③ 대학교에 진학하기 위해서 대학수학능력시험을 치른다.

④ 한국에서는 의무 교육만 받으면 거의 모든 교육이 끝난다.

해설 한국에서 의무 교육은 초등학교 과정과 중학교 과정이지만 대부분의 학생들이 고등학교에 진학하고 고등학교 졸업생 중 70%가 대학교에 진학한다.

정답 ④

02 한국의 고등 교육기관에 대한 설명으로 옳지 <u>않은</u> 것은?

① 한국의 고등 교육기관은 고등학교와 대학교이다.

② 교육대학교는 초등학교 교원 양성을 목적으로 한다.

③ 직업과 관련된 기술을 가르치는 학교는 전문대학교이다.

④ 요즘은 방송통신대학교나 사이버대학교 등도 인기가 높다.

해설 한국의 고등 교육기관은 대학교와 대학원이다. 대학교에서는 학사 학위, 대학원에서는 석사 학위와 박사 학위를 받을 수 있다.

정답 ①

03 한국의 초 · 중등 교육 제도와 교육 일정에 대한 설명으로 옳은 것은?

① 한국의 초 · 중등 교육은 무상 교육이다.

② 한국의 초 · 중등 교육은 모두 의무 교육이다.

③ 1년을 2학기로 나누어 1학기는 9월에 시작한다.

④ 학생을 집에서 가까운 사립 교육기관에 배정한다.

해설 ② 한국의 초 · 중등 교육은 초등학교 6년, 중학교 3년, 고등학교 3년으로 되어 있으며, 그중 초등학교와 중학교 과정이 의무 교육이다.
　　③ 1학기는 3월, 2학기는 8월 말이나 9월에 시작된다.
　　④ 초 · 중등 교육기관은 국립, 공립, 사립 학교가 있으며, 공립은 집에서 가까운 학교에 학생을 배정하고, 국립이나 사립은 학생을 특정 기준으로 선별하거나 추첨하기도 한다.

정답 ①

04 어린이집과 유치원에 대한 설명으로 옳은 것은?

① 어린이집은 만 3세부터, 유치원은 만 0세부터 다닐 수 있다.

② 어린이집은 교육부에서, 유치원은 보건복지부에서 관할한다.

③ 어린이집은 보통 평일 오전 9시~오후 2시 정도까지 운영한다.

④ 유치원 교육비는 일반적으로 국공립이 사립보다 저렴한 편이다.

해설 ① 어린이집은 만 0세부터 만 5세까지, 유치원은 만 3세부터 만 5세까지 다닐 수 있다.
② 어린이집은 보건복지부에서, 유치원은 교육부에서 관할한다.
③ 어린이집은 보통 평일 오전 9시~오후 4시까지의 기본 보육과 오후 4시~오후 7시 30분까지의 연장 보육으로 이루어진다.

정답 ④

05 사회통합프로그램에 대한 설명으로 옳지 <u>않은</u> 것은?

① 이 과정을 신청하면 국적을 취득할 수 있다.

② 이수하면 체류자격을 변경할 때 이점이 있다.

③ 이민자의 한국 사회 적응을 지원하기 위해 만들어졌다.

④ 한국어와 한국 문화 및 한국 사회의 이해 교육으로 이루어져 있다.

해설 사회통합프로그램을 이수하면 국적을 취득할 때 혜택이 있다.

정답 ①

06 한국의 보육제도에 대한 설명 중 옳은 것은?

① 아이행복카드 신청은 인터넷에서만 할 수 있다.

② 아이행복카드로 유치원에 보육비를 낼 수 있다.

③ 자녀의 나이나 기관의 유형에 상관없이 지원 금액이 같다.

④ 집에서 취학 전 자녀를 양육하는 경우 지원을 받을 수 없다.

해설 ① 아이행복카드는 은행 방문, 인터넷, 전화로 신청할 수 있다.
③ 자녀의 나이와 기관의 유형에 따라 지원하는 금액이 다르다.
④ 자녀를 어린이집이나 유치원에 보내지 않고 집에서 양육하면 나이에 따라 양육 수당을 받을 수 있다.
※ 기존에는 사회서비스 이용권이 '국민행복카드'와 '아이행복카드'로 나뉘었으나, 2021년 4월부터 '국민행복카드'로 통합 운영되고 있습니다. 참고하여 주시기 바랍니다.

정답 ②

07 초·중등 교육기관의 교육 활동에 대한 설명으로 옳지 <u>않은</u> 것은?

① 초·중등 교육 과정은 교과와 창의적 체험 활동으로 구성된다.

② 학교 교육은 수업뿐만 아니라 현장 체험 학습으로도 이루어진다.

③ 방과 후 학교 프로그램은 학생들의 사교육비 부담을 줄일 수 있다.

④ 초등학교는 1개 차시 수업이 50분, 중학교는 45분, 고등학교는 40분이다.

해설 초등학교는 1개 차시 수업이 40분, 중학교는 45분, 고등학교는 50분이다.

정답 ④

08 다음 중 고등학교의 종류에 해당하지 <u>않는</u> 것은?

① 일반 고등학교

② 특성화 고등학교

③ 특수 목적 고등학교

④ 자유학년제 고등학교

해설 고등학교는 일반 고등학교, 특성화 고등학교, 특수 목적 고등학교, 자율형 고등학교 등이 있다.

정답 ④

09 평생교육 영역을 알맞게 연결하시오.

① 기초 문해 교육 •

② 학력 보완 교육 •

③ 직업 능력 교육 •

• ⓐ 실업자의 취업이나 창업 지원

• ⓑ 문자를 읽고 쓰고 셈하는 기초 능력 교육

• ⓒ 정규 학교에 진학하지 못한 성인에게 학습 기회 제공

정답 ①-ⓑ, ②-ⓒ, ③-ⓐ

10 여러 기관에서 다양하게 이루어지고 있으며, 누구든지 본인이 관심 있는 분야에 대해 언제, 어디서나 원할 때 계속적으로 배울 수 있음을 의미하는 교육 활동은?

(   )

정답 평생교육

01 추석 전에 조상의 묘를 찾아가 무덤과 그 주위의 풀을 베어서 깨끗하게 하는 것은?

① 귀성 ② 벌초

③ 성묘 ④ 차례

> **해설** ① 귀성은 명절에 부모를 뵙기 위해 고향에 찾아가는 것을 말한다.
> ③ 성묘는 조상의 묘를 찾아가서 차례를 지내는 것을 말한다.
> ④ 차례는 명절에 지내는 제사를 말한다.
>
> **정답** ②

02 한옥에 대한 설명으로 옳지 <u>않은</u> 것은?

① 한국의 전통적인 집을 말하며 주로 남향집을 선호했다.

② 냉방 장치인 대청마루와 난방 장치인 온돌을 가지고 있다.

③ 전통적으로 배산임수의 환경에 지은 집을 좋은 집으로 본다.

④ 주로 신분이 높은 사람이 살던 초가집과 서민이 살던 기와집이 있다.

> **해설** 한옥은 지붕의 재료에 따라 구분되는데 기와를 얹어 만든 기와집에는 양반처럼 신분이 높은 사람들이 살았
> 고 서민들은 주로 지붕을 볏짚으로 만든 초가집에서 살았다.
> ③ 배산임수: 집 뒤에는 바람을 막아 주는 산이 있고, 집 앞에는 물을 구할 수 있는 강이 있는 위치
>
> **정답** ④

03 한국의 여가 문화에 대한 설명으로 옳은 것은?

① 한국인이 가장 많이 하는 휴식 활동은 여행이다.

② 한국에서는 동호회 활동을 하는 것이 쉽지 않다.

③ 스포츠·문화 예술 관람은 일부 사람들만 할 수 있다.

④ 국민여가활성화기본법으로 여가가 있는 삶을 보장한다.

> **해설** ① 여가 활동 중 한국인이 가장 많이 하는 휴식 활동은 TV 시청, 낮잠 자기, 산책, 찜질방 가기 등이 있다.
> ② 한국에서는 동호회 활동이 활성화되어 있어서 자신이 좋아하는 활동이나 배우고 싶은 것을 다른 사람들
> 과 함께할 수 있다.
> ③ 스포츠·문화 예술 관람은 모든 사람들이 할 수 있어 인기 있는 여가 활동이다.
>
> **정답** ④

04 솟대와 장승에 대한 설명으로 옳은 것은?

① 솟대와 장승은 한국의 전통 신앙을 보여준다.
② 지금도 도시 곳곳에서 장승과 솟대를 볼 수 있다.
③ 사람들은 장승이 풍년과 행운을 가져온다고 생각했다.
④ 사람들은 사람 머리 모양의 솟대가 마을을 지켜준다고 믿었다.

> **해설** ② 시골에 가면 지금도 장승과 솟대를 볼 수 있다.
> ③ 사람들은 솟대가 풍년과 행운을 가져오고, 마을을 보호한다고 생각했다.
> ④ 사람들은 사람 머리 모양으로 만든 장승을 마을에 세워두면 장승이 마을을 지켜준다고 믿었다.

> **정답** ①

05 다음 중 한국의 종교에 대한 설명으로 옳지 <u>않은</u> 것은?

① 한국은 종교의 자유를 인정하는 나라이다.
② 개신교는 전파되는 과정에서 병원, 학교를 많이 설립하였다.
③ 한국의 고유 종교인 천도교, 대종교, 원불교는 꾸준히 이어지고 있다.
④ 유교는 14세기에 한국에 들어와 한국인의 생활과 사고방식에 큰 영향을 주었다.

> **해설** 유교는 삼국 시대에 전파되어 지금까지도 한국인의 생활과 사고방식에 영향을 주고 있다.

> **정답** ④

06 한국의 효에 대한 설명으로 옳지 <u>않은</u> 것은?

① 불교의 영향으로 부모에 대한 효를 중시한다.
② 버스나 지하철에서 노인에게 자리를 양보한다.
③ 명절이나 부모님의 생신이 되면 부모님을 찾아뵙는다.
④ 명절이 되면 돌아가신 조상의 묘나 봉안당을 찾아가 추모한다.

> **해설** 부모를 잘 섬기고 기쁘게 해 드리는 효는 유교의 영향을 받은 것이다.

> **정답** ①

07 한국의 생일 문화에 대한 설명 중 옳은 것은?

① 한국의 특별한 생일로는 백일, 환갑, 칠순 등이 있다.

② 60번째 생일을 칠순이라고 하며 잔치를 열기도 한다.

③ 아기가 태어나서 백일이 되는 날에 돌잡이 행사를 한다.

④ 생일에는 미역국을 먹으며 가족, 친구들과 생일을 축하한다.

> **해설** ① 백일은 생일이 아니라 아기가 태어난 지 100일이 된 것을 축하하는 날이다.
> ② 칠순은 70세 생일이고, 환갑은 61세(60번째) 생일이다.
> ③ 돌잡이 행사는 돌잔치에 한다.

정답 ④

08 한국의 주요 의례에 관한 설명 중 옳은 것은?

① 문상객은 죽은 사람의 사진에 한 번, 유족에게 두 번 절을 한다.

② 조상이 돌아가신 날이나 명절에 조상을 추모하는 것을 제사라고 한다.

③ 결혼식에 초대받은 사람들은 조의금을 내고 결혼식이 끝난 후 음식을 먹는다.

④ 유족들은 모두 검은색 옷만 입어야 하고, 문상객도 대부분 검은색 옷을 입는다.

> **해설** ① 죽은 사람의 사진에 두 번, 유족에게는 한 번 절을 한다.
> ③ 결혼식에 초대받은 사람들은 축의금을 낸다.
> ④ 보통 유족들 중 남자는 검은색 양복을 입고 여자는 검은색이나 흰색 한복을 입는다.

정답 ②

09 다음 중 한류와 관계가 <u>없는</u> 것은?

① 케이팝

② 한국 대중

③ 한국 드라마

④ 한국 스포츠

> **해설** 한류는 한국의 대중문화가 세계 여러 나라에 퍼져 많은 관심과 사랑을 받는 것을 말한다. 한국 대중은 많은 한국 사람을 뜻한다.

정답 ②

10 연고에 대한 설명으로 옳지 <u>않은</u> 것은?

① 가족이나 친척 등 핏줄로 연결된 인간관계는 혈연이다.

② 한국인이 연고를 중시하는 것은 나이를 중시하는 것에서 비롯되었다.

③ 고등학교 동문회, 대학교 동문회에서 한국 사회의 학연을 엿볼 수 있다.

④ 고향이 같은 사람들이 모여서 향우회를 조직하는 것을 쉽게 볼 수 있다.

해설 한국인이 연고를 중요하게 생각하는 이유는 공동체를 중요하게 생각하기 때문이다.

정답 ②

11 다음 중 예절에 대한 설명으로 옳은 것은?

① 예절에는 높임말과 웃어른에 대한 인사가 포함된다.

② 웃어른에 대한 높임말은 가정에서만 사용되고 있다.

③ 식사를 할 때는 웃어른과 같이 수저를 들고 식사한다.

④ 공적인 자리에서는 지위나 나이에 따라 높임말을 사용한다.

해설 ② 웃어른에 대한 높임말은 인간관계의 가장 기본적인 것으로 가정이나 학교에서 아이가 어릴 때부터 높임말을 가르친다.

③ 식사를 할 때는 웃어른이 먼저 수저를 들고 식사를 시작해야 한다.

④ 공적인 자리에서는 지위나 나이에 관계없이 서로 높임말을 사용해야 한다.

정답 ①

12 공동체 의식과 관련이 <u>없는</u> 것은?

① 제사와 차례

② 두레와 품앗이

③ 금 모으기 운동

④ '우리'라는 표현

해설 제사와 차례는 돌아가신 조상을 기리는 것으로, 이는 효와 관련이 깊다.

정답 ①

13 한국의 음식과 한복에 대한 설명으로 옳은 것은?

① 한국 음식에는 김치, 된장, 새우젓, 불고기 등 발효 음식이 많다.

② 여자는 바지, 저고리, 조끼를 입고 외출할 때는 두루마기를 입는다.

③ 요즘은 보통 결혼식, 돌잔치 등 특별한 행사가 있을 때 한복을 입는다.

④ 한국 밥상의 반찬은 고기, 생선, 채소 등을 넣고 끓여서 먹는 음식이다.

해설 ① 불고기는 발효 음식이 아니다.
　　② 바지, 저고리, 조끼, 두루마기는 남자가 입는 한복이다.
　　④ 고기, 생선, 채소를 넣고 끓여서 먹는 음식은 반찬이 아닌 국이다.

정답 ③

14 한국의 명절에 관한 설명으로 옳지 <u>않은</u> 것은?

① 설날에는 햇곡식과 햇과일로 조상께 차례를 지내고 성묘를 한다.

② 명절에는 많은 사람들이 고향에 가기 때문에 교통 체증이 심하다.

③ 한국의 전통 놀이에는 윷놀이, 달맞이, 강강술래, 연날리기 등이 있다.

④ 한가위는 추석이라고도 하며 일 년 중에 가장 먹을 것이 많은 시기이다.

해설 햇곡식과 햇과일로 차례를 지내고 성묘를 하는 것은 추석에 대한 설명이다. 햇곡식과 햇과일은 그해 수확한 곡식과 과일을 뜻한다.

정답 ①

15 세계인들이 좋아하는 한국 대중문화가 <u>아닌</u> 것은?

① 한식

② 케이팝

③ 여가 문화

④ 한국 영화

정답 ③

16 종교 간의 상호 배려와 존중에 대한 설명으로 옳지 <u>않은</u> 것은?

① 서로 다른 종교의 기념일을 축하해 준다.

② 불교와 기독교의 기념일이 각각 휴일로 지정되어 있다.

③ 대통령은 종교 지도자들과 만나서 국정 운영을 결정한다.

④ 종교는 각자가 선택한 삶의 방식이라는 점을 인식해야 한다.

> **해설** 대통령이 여러 종교 지도자들과 만나서 사회통합에 대한 논의와 국정 운영에 대한 지혜를 구하는 경우도 종종 있다.
>
> **정답** ③

17 제사에 대한 설명으로 옳은 것은?

① 최근에는 제사를 드리는 방법이 더 복잡해지고 있다.

② 제사를 마친 후에는 가족들이 함께 모여 음복을 한다.

③ 조상이 돌아가신 날에는 차례, 명절에는 기제사를 지낸다.

④ 제사를 지낼 때는 제사 음식 앞에서 조상에게 절을 한 번 한다.

> **해설** ① 최근에는 제사를 드리는 방법이 점차 간소화되고 있다.
> ③ 조상이 돌아가신 날에는 기제사, 명절에는 차례를 지낸다.
> ④ 제사를 지낼 때는 제사 음식 앞에서 조상에게 절을 두 번 한다.
>
> **정답** ②

18 남녀가 법적으로 부부가 되기 위해서 시청·군청·구청에 가서 해야 하는 것은?

① 문상

② 결혼식

③ 청첩장

④ 혼인 신고

> **해설** 부부가 되는 의례는 결혼식이고 결혼한 사실을 법적으로 보호받으려면 혼인 신고를 해야 한다.
>
> **정답** ④

19 대중이 형성하여 즐기고 소비하는 문화는?

(   )

정답 대중문화

20 휴식이 있는 삶에 대한 요구가 높아지면서 '일과 삶의 균형'이라는 뜻으로 사용되는 말은?

(   )

정답 워라밸

01 대한민국 헌법 제1장 제1조의 내용이 <u>아닌</u> 것은?

① 대한민국은 민주공화국이다.

② 대한민국의 주권은 국민에게 있다.

③ 모든 권력은 국민으로부터 나온다.

④ 국민의 의견을 다수결의 원칙에 따라서 정한다.

해설 다수결의 원칙은 일상생활과 연관된 민주주의 원칙으로 민주주의 사회의 의사 결정 방식이다.

정답 ④

02 4·19 혁명의 원인이 된 사건은?

① 외환 위기

② 8·15 광복

③ 6·25 전쟁

④ 3·15 부정 선거

해설 1960년 3월 15일 정·부통령 선거가 부정 선거로 밝혀지면서 4·19 혁명이 일어났다.

정답 ④

03 지방자치제가 필요한 이유로 옳지 <u>않은</u> 것은?

① 각 지역마다 상황이나 문제점이 다르다.

② 국민이 정치에 참여하는 기본적인 방법이다.

③ 지역 주민이 정치에 일상적으로 참여할 수 있다.

④ 중앙 정부가 권력을 함부로 사용하는 것을 막는다.

해설 민주주의 국가에서 국민이 정치에 참여하는 기본적인 방법은 선거이다.

정답 ②

04 6월 민주 항쟁의 결과로 옳은 것은?

① 초대 대통령이 선출되었다.

② 대통령의 권한이 강화되었다.

③ 군부 세력이 정권을 장악하였다.

④ 국민이 직접 대통령을 선출하게 되었다.

해설 1987년 6월 민주 항쟁으로 국민이 직접 대통령을 뽑는 대통령 직선제가 실시되었다.

정답 ④

05 다음 중 행정부가 하는 일은?

① 법에 따라 재판을 한다.

② 국민을 위한 법을 만든다.

③ 법률에 따라 국가를 운영한다.

④ 정책을 잘 집행하는지 살펴본다.

해설 ① 재판을 하는 곳은 사법부(법원)이다.
② 법을 만드는 곳은 입법부(국회)이다.
④ 입법부는 법을 만드는 일 이외에 행정부나 사법부가 일을 잘 하는지 감시하는 일도 한다.

정답 ③

06 국회에서 하는 일이 아닌 것은?

① 법을 만든다.

② 1년 예산을 확정한다.

③ 국정 감사를 실시한다.

④ 법을 해석하고 적용한다.

해설 법을 해석하고 적용하는 곳은 사법부이다.

정답 ④

07 정부에 대한 설명으로 옳은 것은?

① 대통령은 정부의 최고 책임자이다.

② 국무총리는 국민의 직접 선거로 선출된다.

③ 대통령의 임기는 5년이며, 중임을 할 수 있다.

④ 국무회의는 최고 의사 결정 기구로 의장은 국무총리이다.

> **해설** ② 국무총리는 국회의 동의를 받아 대통령이 임명한다.
> ③ 대통령의 임기는 5년이며, 중임은 할 수 없다.
> ④ 국무회의는 최고 의사 결정 기구로 의장은 대통령이며, 부의장은 국무총리이다.

정답 ①

08 영주권을 받은 후 3년이 지난 만 18세 이상의 외국인이 참여할 수 있는 선거는?

① 국민 투표

② 시장 선거

③ 대통령 선거

④ 국회의원 선거

> **해설** 영주권을 받은 후 3년이 지나고, 선거일을 기준으로 만 18세 이상이며, 지방자치단체의 외국인등록대장에 등록되어 있는 외국인은 지방 선거(도지사, 시장, 군수, 교육감, 지방의회의원을 뽑는 선거)에 참여할 수 있다.

정답 ②

09 대통령의 권한으로 옳지 않은 것은?

① 국군을 지휘하는 권한

② 공무원을 임명하는 권한

③ 외국과 조약을 맺을 수 있는 권한

④ 범죄자의 형량을 늘릴 수 있는 권한

> **해설** 대통령은 범죄를 저지른 사람의 형벌을 줄여 주거나, 면제해 줄 수 있는 권한이 있다.

정답 ④

10 선거에 대한 설명으로 옳은 것은?

① 보통 선거 – 조건에 관계없이 공평하게 한 표씩 투표한다.

② 평등 선거 – 어떤 후보에 투표했는지 다른 사람이 모르게 한다.

③ 직접 선거 – 다른 사람이 대신할 수 없고 자신이 직접 투표한다.

④ 비밀 선거 – 만 18세 이상 한국 국민은 누구나 선거에 참여한다.

해설 ① 평등 선거에 대한 설명이다.
② 비밀 선거에 대한 설명이다.
④ 보통 선거에 대한 설명이다.

정답 ③

11 공정한 재판을 위한 제도로 옳지 <u>않은</u> 것은?

① 사법부의 독립을 헌법으로 보장한다.

② 법원은 국회가 만든 법안을 거부할 수 있다.

③ 특별한 이유가 없으면 재판 과정을 공개한다.

④ 한 사건에 대해 세 번까지 재판을 받을 수 있다.

해설 국회가 만든 법안을 거부할 수 있는 것은 대통령의 권한이다.

정답 ②

12 법원의 구성에 대한 설명으로 옳은 것은?

① 대법원, 고등법원, 지방법원의 세 종류가 있다.

② 고등법원은 18개로 전국의 주요 지방에 설치되어 있다.

③ 대법원은 대법원장 13명과 대법관 1명으로 구성되어 있다.

④ 대법원에서 판결한 내용은 최종 판단이므로 변경할 수 없다.

해설 ① 대법원, 고등법원, 지방법원, 가정법원 등이 있다.
② 고등법원은 6개로 서울, 부산, 대구, 광주, 대전, 수원에 있다.
③ 대법원은 대법원장 1명과 대법관 13명으로 구성되어 있다.

정답 ④

13 정부의 역할에 대한 설명으로 옳지 <u>않은</u> 것은?

① 고용노동부는 취업과 노동 등에 관한 일을 한다.

② 법무부는 법질서와 이민 정책 등에 관한 일을 한다.

③ 교육부는 각종 질병, 전염병 관리와 검역에 관한 일을 한다.

④ 여성가족부는 여성과 청소년, 가족 정책 등에 관한 일을 한다.

해설 교육부는 초·중·고, 대학 및 평생교육 등에 관한 일을 한다. 각종 질병, 전염병 관리와 검역에 관한 일을 하는 정부 부서는 보건복지부이다.

정답 ③

14 한국에서 외국인의 선거 참여에 대한 설명으로 옳은 것은?

① 외국인은 한국에서 선거에 참여할 수 없다.

② 외국인은 선거의 4대 원칙과 관계없이 선거에 참여한다.

③ 일정한 자격이 있는 외국인은 지방 선거에 참여할 수 있다.

④ 외국인은 각 지역의 지방자치단체장 선거에만 투표권을 행사할 수 있다.

해설 일정한 자격이 있는 외국인(영주권을 받은 후 3년이 지난 만 18세 이상의 외국인, 외국인등록대장에 등록되어 있는 외국인)은 지방 선거에는 참여할 수 있지만 대통령 선거와 국회의원 선거에는 참여할 수 없다.

정답 ③

15 지방의 행정을 지방 주민이 선출한 기관을 통하여 처리하는 제도는?

① 신분제

② 대통령제

③ 삼권 분립

④ 지방자치제

정답 ④

16 1980년 5·18 민주화 운동의 주된 장소가 되었던 도시는?

① 경주

② 광주

③ 인천

④ 부산

해설 5·18 민주화 운동은 광주에서 광주 시민이 중심이 되어 일어났다.

정답 ②

17 국가 권력을 입법부·행정부·사법부로 나누고, 각각의 기관에 권력을 분담시켜 국가 권력의 집중과 남용을 방지하려는 통치 조직 원리는?

① 삼심 제도

② 삼권 분립

③ 지방자치제

④ 헌법 재판소

해설 ① 삼심 제도는 공정한 재판을 위해 한 사건을 대상으로 세 번까지 재판받을 수 있도록 하는 제도이다.
③ 지방자치제는 자기 지역의 대표를 지역 주민이 직접 뽑아서 그 지역의 정치를 하도록 하는 제도이다.
④ 헌법 재판소는 법률, 정책 등이 헌법에 위반되지 않도록 헌법을 해석하고 판단하는 기관이다.

정답 ②

18 민주정치의 발전에 영향을 미친 사건들을 발생 순서대로 배열한 것은?

① 4·19 혁명 – 5·18 민주화 운동 – 6월 민주 항쟁 – 대한민국 정부 수립

② 4·19 혁명 – 6월 민주 항쟁 – 대한민국 정부 수립 – 5·18 민주화 운동

③ 대한민국 정부 수립 – 6월 민주 항쟁 – 5·18 민주화 운동 – 4·19 혁명

④ 대한민국 정부 수립 – 4·19 혁명 – 5·18 민주화 운동 – 6월 민주 항쟁

해설 대한민국 정부 수립(1948년 8월 15일) → 4·19 혁명(1960년 4월 19일) → 5·18 민주화 운동(1980년 5월 18일) → 6월 민주 항쟁(1987년 6월)

정답 ④

19 국가를 다스리는 기본 원칙을 담고 있는 최고법은?

(   )

정답 헌법

20 결혼, 이혼, 재산 상속, 자녀 양육 등과 관련된 분쟁을 해결하기 위한 재판은?

(   )

정답 가사 재판

01 한국 경제가 빠르게 성장할 수 있었던 요인에 해당하지 <u>않는</u> 것은?

① 풍부한 노동력

② 뜨거운 교육열

③ 풍부한 자본과 기술

④ 경제 위기를 극복하겠다는 의지

해설 한국은 영토가 좁고 자원, 기술, 자본이 많지 않았지만 풍부한 노동력과 뜨거운 교육열, 그리고 경제 위기를 극복하겠다는 의지로 경제 성장을 빠르게 이루었다.

정답 ③

02 1980년대 한국의 대표적인 수출 품목은?

① 가발

② 자동차

③ 반도체

④ 휴대폰

해설 1970~1980년대에는 중화학 공업이 발달했는데, 1970년대에는 기계, 배, 철강 등을 많이 수출하였고, 1980년대에는 자동차, 전기, 전자 제품 등의 수출이 증가했다.

정답 ②

03 '한강의 기적'에 대한 설명으로 옳은 것은?

① 한강을 이용해 경제 성장을 이루었다.

② 한강이 없었다면 경제 성장을 할 수 없었다.

③ 세계가 놀랄 정도로 빠르게 경제 성장이 이루어졌다.

④ 다른 나라의 도움을 받아 빠른 경제 발전을 이루었다.

해설 한강의 기적은 6·25 전쟁(1950년 6월 25일) 이후 50여 년만의 급격한 경제 성장을 의미한다.

정답 ③

04 다음 중 상설 시장에 해당하지 <u>않는</u> 것은?

① 5일장
② 백화점
③ 전통 시장
④ 대형 마트

해설 매일 열리는 시장을 상설 시장이라고 하는데 전통 시장, 대형 마트, 백화점 등이 상설 시장에 속한다. 5일장은 5일에 한 번씩 열리는 정기 시장이다. 정기 시장에서는 직접 키운 농산물이나 그 지역의 특산품을 사고 팔 수 있다.

정답 ①

05 한국에서 화폐를 발행하는 은행은?

① 국민은행
② 우리은행
③ 농협은행
④ 한국은행

해설 한국의 화폐를 발행하는 은행은 한국은행이다.

정답 ④

06 24시간 문을 열며 식료품과 간단한 생활용품을 파는 곳은?

① 3일장
② 편의점
③ 백화점
④ 슈퍼마켓

해설 식료품과 간단한 생활용품을 파는 곳으로는 슈퍼마켓과 편의점이 있는데, 그중에서 24시간 문을 여는 곳은 편의점이다.

정답 ②

07 은행에 대한 설명으로 옳지 <u>않은</u> 것은?

① 시중은행에는 신한은행, 국민은행, 제주은행이 있다.
② 은행이란 일반적으로 시중은행과 지방은행을 말한다.
③ 대표적인 상품으로 보통예금, 정기적금, 정기예금이 있다.
④ 인터넷, 스마트폰, 현금 인출기에서도 금융 거래를 할 수 있다.

> **해설** 경남은행, 광주은행, 대구은행, 부산은행, 전북은행, 제주은행 등의 은행은 지역 경제 발전을 위해 만들어진 지방은행이다.

정답 ①

08 최근 스마트폰 사용 증가와 함께 사용이 늘고 있는 결제 수단은?

① 수표
② 신용카드
③ 체크카드
④ 모바일 간편 결제

> **해설** 스마트폰 활성화로 모바일 간편 결제를 이용하는 사람이 크게 늘고 있다. 모바일 간편 결제는 플라스틱 카드가 없어도 온·오프라인에서 스마트폰으로 결제할 수 있는 서비스로, 주로 '○○ 페이'라고 부른다.

정답 ④

09 다음 빈칸에 알맞은 단어는?

> 한국에서는 금융 기관이 망해도 예금자 보호법에 따라 원금과 이자를 합쳐 1인당 최고 (   )까지는 보호받을 수 있다.

① 3천만 원
② 4천만 원
③ 5천만 원
④ 1억 원

> **해설** 예금자 보호제도는 사람들이 안심하고 예금할 수 있도록 시행하는 제도로 금융 기관별로 원금과 이자를 합쳐서 1인당 최고 5천만 원까지 보호해 준다.

정답 ③

10 일정한 금액을 정기적으로 입금하고 만기일에 원금과 이자를 한꺼번에 받는 상품은?

① 주식

② 정기예금

③ 정기적금

④ 보통예금

해설 ① 증권회사에 계좌를 만들면 주식이나 채권에 투자할 수 있다.

② 큰 금액을 기간을 정해 놓고 한꺼번에 은행에 예금하는 상품이다.

④ 자유롭게 은행과 거래하는 상품으로서 이자율이 낮다.

정답 ③

11 시대별로 주요 수출 품목이 바르게 연결된 것은?

① 1960년대 – 철강, 배

② 1970년대 – 가발, 신발

③ 1980년대 – 자동차, 신소재

④ 2000년대 – 반도체, 휴대폰

해설 한국의 주요 수출 품목은 다음과 같다. 1950~1960년대: 옷, 신발, 가방, 가발 → 1970년대: 배, 기계, 철강 → 1980년대: 자동차, 전기, 전자 제품 → 1990~2010년대: 신소재, 반도체, 휴대폰 등

정답 ④

12 과거에는 국제사회의 원조를 받는 나라였다가 이제는 다른 나라를 원조하게 된 최초의 나라라고 평가를 받는 나라는?

① 중국

② 한국

③ 베트남

④ 우즈베키스탄

해설 한국은 과거에 원조를 받는 나라였지만 지금은 원조를 하게 된 최초의 나라로 경제협력개발기구(OECD)의 개발원조위원회(DAC)에 가입하여 저개발국가의 경제 성장을 지원하고 있다.

정답 ②

13 물건을 구입하는 도중에나 그 후에 피해를 입은 소비자를 도와주는 전문기관은?

① 금융실명제

② 한국소비자원

③ 예금자 보호제도

④ 외국인근로자지원센터

> **해설** 한국소비자원은 상품이나 서비스를 거래하면서 피해를 입은 소비자를 도와주고 소비자의 권리와 이익을 보호하기 위해 만들어진 곳이다.
>
> **정답** ②

14 수출이나 수입을 할 때 관세를 줄이거나 없애서 무역을 활발하게 하도록 하는 것은?

① 자유무역협정

② 제조물 책임법

③ 예금자 보호제도

④ 경제협력개발기구

> **해설** 한국은 2004년 칠레와의 자유무역협정(FTA)을 시작으로 50개 이상의 국가와 자유무역협정을 체결했다. 이로 인해 한국 제품을 수출할 수 있는 해외 시장을 확보하여 한국 경제의 경쟁력이 강화되고 있다.
>
> **정답** ①

15 한국의 실업률이 미국이나 유럽에 비해서 낮은 이유는?

① 비정규직 노동자의 비율이 점점 낮아지고 있기 때문이다.

② 실업에 대한 사회보장제도가 잘 이루어져 있기 때문이다.

③ 여성의 경제 활동 참여율이 적고 자영업자가 많기 때문이다.

④ 예전에 비하여 근로 조건이 좋은 일자리가 늘어났기 때문이다.

> **해설** ① 한국은 비정규직 비율이 점점 증가하고 있다.
> ② 한국은 실업에 대한 사회보장제도가 선진국에 비해 부족하다.
> ④ 비정규직 노동자가 늘어나면서 근로 조건이 상대적으로 안 좋아졌다.
>
> **정답** ③

16 취업 준비를 하는 자세로 옳지 <u>않은</u> 것은?

① 전문성을 갖추기 위해 자격증을 취득한다.
② 구직이나 구인 정보에 많은 관심을 가진다.
③ 구직 중 문제가 발생하면 출입국·외국인청과 상담한다.
④ 원하는 직업을 찾고 필요한 능력을 갖추기 위해 노력한다.

해설 외국인과 이민자들은 일자리와 관련하여 문제가 생기면 고용노동부나 한국산업인력공단 등에서 도움을 받을 수 있다.

정답 ③

17 대표적인 저축 상품에 대한 설명으로 옳지 <u>않은</u> 것은?

① 자유롭게 돈을 넣고 빼서 쓸 수 있는 것은 보통예금이다.
② 매달 일정 금액을 일정 기간 동안 적립하는 것은 정기적금이다.
③ 은행보다 안전하고 많은 이익을 얻을 수 있는 것은 보험예금이다.
④ 일정 기간 동안 돌려받지 않을 것을 약속하고 돈을 맡기는 것은 정기예금이다.

해설 은행보다 더 많은 이익을 얻고 싶으면 주식이나 채권에 투자할 수 있지만, 잘못 투자하면 손해를 볼 수도 있으므로 조심해야 한다.

정답 ③

18 제도의 이름과 설명을 알맞게 연결하시오.

① 리콜제도　　·

② 의무표시제　·

③ 제조물 책임법 ·

· ⓐ 상품에 대한 책임을 제조업체가 진다.

· ⓑ 생산자가 소비자에게 상품의 문제를 알려주고 수리, 교환해 준다.

· ⓒ 원산지 표시, 유통 기한, 영양 성분 표시 등 소비자의 안전에 중요한 표시를 반드시 하도록 한다.

정답 ①-ⓑ, ②-ⓒ, ③-ⓐ

19 경제와 관련된 용어와 설명을 알맞게 연결하시오.

① 재화　　•　　　　　　• ⓐ 물건 배달, 의사의 진료 등
② 물가　　•　　　　　　• ⓑ 가치를 종합하여 계산한 평균 가격
③ 서비스　•　　　　　　• ⓒ 스마트폰, 화장품 등과 같은 상품

정답 ①-ⓒ, ②-ⓑ, ③-ⓐ

20 은행 계좌를 만들 때 본인이 은행을 직접 방문해서 자신의 이름으로 금융 거래를 해야만 하는 제도는?

(　　　　　　　　　　)

정답 금융실명제

01 개인 간에 발생하는 문제를 해결하기 위한 재판은?

① 민사 재판

② 형사 재판

③ 가사 재판

④ 행정 재판

해설 개인 간의 문제를 해결하기 위해 민법을 적용하여 재판하는 것을 민사 재판이라고 한다.

정답 ①

02 검찰과 경찰의 공통점에 해당하는 것은?

① 범죄에 대한 수사를 한다.

② 재판 과정에 직접 참여한다.

③ 범죄자에 대한 재판을 청구한다.

④ 범죄자에 대한 처벌을 요구한다.

해설 경찰과 검찰 모두 범죄에 대한 수사를 할 수 있다. 그러나 범죄자에 대한 재판을 법원에 청구하고, 재판에 직접 참여하여 범죄자의 처벌을 요구하는 것은 검찰의 역할이다.

정답 ①

03 대한민국 국적법에서 국적 취득의 중요한 기준이 되는 것은?

① 태어난 곳

② 재산 정도

③ 출생증명서

④ 부모의 국적

해설 한국은 태어난 아이의 부모의 국적을 중요하게 생각하는 속인주의(혈통주의)를 따르고 있다.

정답 ④

04 학생을 대상으로 학교 안팎에서 신체적, 정신적, 재산상의 피해를 주는 행위는?

① 음주 운전
② 가정 폭력
③ 학교 폭력
④ 무단 투기

정답 ③

05 다음 빈칸에 알맞은 단어는?

> 외국인이 한국에서 3년 이상 계속 생활을 했고 부모 중 한쪽이 한국 국민이었다면 (   )를 신청할 수 있다. 또는 한국 국민의 배우자이며 2년 이상 한국에 거주한 경우에도 신청할 수 있다.

① 특별귀화
② 일반귀화
③ 간이귀화
④ 보통귀화

해설 간이귀화에 대한 설명이다. 간이귀화는 한국과 일정한 관계가 있는 외국인이 신청할 수 있는 귀화절차이다. 또한 혼인귀화도 간이귀화이다.

정답 ③

06 다음 빈칸에 공통으로 들어갈 단어는?

> 다른 사람에게 돈을 빌려주거나 빌릴 때에는 (   )을/를 작성하는 것이 좋은데, (   )에는 돈을 거래한 사람의 이름, 주소, 연락처, 원금, 이자, 거래한 날짜, 서명 등이 포함되어야 한다.

① 사증
② 차용증
③ 영수증
④ 보증서

해설 다른 사람에게 돈을 빌려주거나 빌릴 때는 차용증을 작성하는 것이 좋다. 차용증은 계약서의 한 종류이다.

정답 ②

07 부동산에 대한 권리 관계를 보여주는 문서는?

① 계약서
② 확인설명서
③ 등기부 등본
④ 주민 등록 등본

해설 등기부 등본에는 거래하는 건물이나 토지의 권리가 누구에게 있는지와 그동안 어떻게 거래되어 왔는지가 기록되어 있다. 또한 등기부 등본을 통해 은행에 빚이 얼마나 있는지도 확인할 수 있다.

정답 ③

08 부부가 각자 자신의 재산을 가질 수 있고 자신의 뜻에 따라 그 재산을 처분할 수 있는 권리는?

① 협의 이혼
② 재산 분할
③ 면접 교섭권
④ 부부 별산제

정답 ④

09 외국인이 한국에 체류하려고 할 때 옳지 않은 것은?

① 체류지를 변경했을 때는 반드시 체류지 변경 신고를 해야 한다.
② 외국인등록과 체류지 변경 신고는 출입국·외국인청에서 할 수 있다.
③ 한국에 머무르는 기간에 따라 단기체류자와 장기체류자로 나눌 수 있다.
④ 90일을 초과하여 한국에 체류하려면 입국하자마자 외국인등록을 해야 한다.

해설 외국인이 한국에 들어온 날로부터 90일을 초과하여 머무르려면 한국에 입국한 날로부터 90일 이내에 자신이 머무르는 주소지에 해당하는 출입국·외국인청에 직접 방문하여 외국인등록을 해야 한다.
※ 한국 사회 이해 기본 교재에는 체류지 변경 신고를 14일 이내에 해야 한다고 제시되어 있으나 2020년 12월 10일부터 15일 이내로 변경되었으니 참고바랍니다.

정답 ④

10 이혼에 대한 설명으로 옳은 것은?

① 이혼에는 협의 이혼과 재판상 이혼이 있다.

② 부부 간의 합의가 없을 경우에는 이혼할 수 없다.

③ 원인을 제공하고 잘못이 있는 배우자는 자녀를 만날 수 없다.

④ 부부 모두 이혼을 원하면 고등법원이나 대법원에서 이혼할 수 있다.

해설 ② 부부 간의 합의가 없더라도 재판으로 이혼을 할 수 있다.
③ 부모와 자녀의 관계는 이혼과 상관없이 지속되므로 자녀를 키우지 않는 부모도 제한된 범위 내에서 자녀와 만날 수 있는데, 이를 면접교섭권이라고 한다.
④ 이혼은 가정법원에서 이루어진다.

정답 ①

11 법을 통해 권리를 보장받는 소송에 대한 설명으로 옳지 <u>않은</u> 것은?

① 모든 분쟁을 재판으로 해결하는 것이 가장 바람직하다.

② 법원의 판사는 법률에 따라 공정하게 판결을 내려 분쟁을 해결한다.

③ 개인 간의 재산문제, 가족문제, 세금문제 등을 소송으로 해결할 수 있다.

④ 재판 과정에서는 변호사나 대한법률구조공단의 도움을 받는 것이 바람직하다.

해설 재판은 시간이 많이 걸리고 비용이 많이 들기 때문에 재판 전에 당사자끼리 대화나 타협으로 문제를 해결하는 것이 가장 좋다.

정답 ①

12 다음 기관과 기관에 대한 설명을 알맞게 연결하시오.

① 국가인권위원회 •   • ⓐ 이민자나 외국인의 권리 보호
② 국민권익위원회 •   • ⓑ 국가기관으로 인한 피해를 구제
③ 외국인지원센터 •   • ⓒ 기본적인 인권을 위한 국가기관

정답 ①-ⓒ, ②-ⓑ, ③-ⓐ

13

대안적 분쟁 해결 제도의 용어와 의미를 알맞게 연결하시오.

① 협상 •   • ⓐ 제3자가 모든 권한을 부여받아 강제로 해결함

② 조정 •   • ⓑ 자발적으로 합의하고 대화로 해결함

③ 중재 •   • ⓒ 제3자가 참여해서 조언이나 자문을 제공함

해설 모든 분쟁을 재판으로 해결할 경우 많은 비용과 시간, 관계자들의 고통이 따르기 때문에 재판까지 가지 않도록 대안적 분쟁 해결 제도를 마련해 두고 있다.

정답 ①-ⓑ, ②-ⓒ, ③-ⓐ

14

태어난 아이의 국적을 결정할 때 부모가 가진 국적을 기준으로 아이의 국적을 결정하는 것은?

① 속지주의

② 혈통주의

③ 출생지주의

④ 죄형법정주의

해설 한국은 부모의 국적을 기준으로 아이의 국적을 결정하는 혈통주의(속인주의)를 따르고 있다.

정답 ②

15

다음 중 가정 폭력의 예로 옳지 <u>않은</u> 것은?

① 가족에게 물건을 던지거나 때리는 것

② 가족에게 욕설을 하거나 협박하는 것

③ 어린이나 노인을 제대로 돌보지 않는 것

④ 청소, 빨래, 요리 등 가사노동을 하지 않는 것

정답 ④

16 법의식에 대한 설명으로 옳은 것은?

① 안전한 사회가 되면 법을 잘 지키게 된다.

② 법을 잘 지키는 정신을 준법정신이라고 한다.

③ 법은 지키는 것보다 잘 만드는 것이 더 중요하다.

④ 외국인은 한국의 법을 잘 모르므로 안 지켜도 된다.

> **해설**　① 먼저 법이 잘 지켜져야 안전한 사회가 된다.
> ③ 법을 만드는 것도 중요하고 지키는 것도 중요하다.
> ④ 외국인도 한국의 법을 잘 지켜야 한다.

정답 ②

17 정의로운 법을 만들도록 노력해야 하는 이유는?

① 외국인은 헌법소원을 청구할 수 없기 때문이다.

② 국회에서 국민의 뜻에 따라 법을 만들기 때문이다.

③ 국민의 기본권이나 인권이 자주 침해되기 때문이다.

④ 정의로운 법을 통해 정의로운 사회가 될 수 있기 때문이다.

정답 ④

18 다음 중 일반귀화의 조건이 <u>아닌</u> 것은?

① 한국에서 3년 이상 생활한 외국인

② 영주(F-5) 자격을 가지고 있는 외국인

③ 한국에 주소가 있는 만 19세 이상의 외국인

④ 품행이 단정하고 생계유지능력이 있는 외국인

> **해설**　일반귀화를 하려면 5년 이상 계속하여 한국에 주소가 있어야 하고, 한국어 능력 등 한국 국민으로서의 기본
> 소양을 갖추어야 한다.

정답 ①

19 한국에서는 외국인들이 한국 생활에 잘 적응하고 행복하게 생활할 수 있도록 2007년에 이 법을 제정하였다. 한국에 살고 있는 외국인들이 한국에서 불합리한 차별을 받지 않고 인권을 보장받도록 돕기 위해 제정한 이 법의 이름은?

(   )

정답 재한외국인처우기본법

20 2018년 12월 20일부터 국적법 개정에 따라 귀화나 국적 회복 허가를 받은 사람이 한국 국적을 가지기 위해서 국적증서 수여식에 참석하여 해야 하는 것은?

(   )

정답 국민선서

01 한국 역사에서 처음으로 등장한 나라는?

① 고려

② 신라

③ 조선

④ 고조선

해설 한국 최초의 국가는 기원전 2333년에 세워진 고조선이다.

정답 ④

02 삼국 중에 가장 늦게 발전하였으나 꾸준히 성장해서 삼국을 통일한 국가는?

① 고려

② 백제

③ 신라

④ 고구려

해설 신라는 삼국 중 가장 늦게 발전하였으나 676년에 삼국을 통일하였다.

정답 ③

03 '나라의 교육과 역사가 없어지지 아니하면 그 나라는 망하지 않는다'라고 말한 사람은?

① 김대중

② 박은식

③ 유관순

④ 허난설헌

해설 박은식은 한국의 역사학자이자 독립운동가이다.

정답 ②

04 나라 이름과 건국한 사람의 이름을 연결한 것으로 옳지 <u>않은</u> 것은?

① 고려 – 왕건

② 고조선 – 단군

③ 조선 – 이성계

④ 고구려 – 대조영

해설 고구려는 주몽이, 발해는 대조영이 세웠다.

정답 ④

05 세계 최초의 금속활자로 찍은 책의 이름은?

① 경국대전

② 삼강행실도

③ 팔만대장경판

④ 직지심체요절

해설 직지심체요절은 1955년 프랑스로 유학을 떠나 파리 국립 도서관에서 일하게 된 박병선이 서고에서 발견한 책으로, 세계에서 가장 오래된 금속활자로 찍은 책이다.

정답 ④

06 한국의 지폐와 관련된 인물의 이름과 특징을 알맞게 연결하시오.

① 천 원   •   • ⓐ 세종대왕 •   • ㉠ 조선의 4번째 왕

② 오천 원 •   • ⓑ 신사임당 •   • ㉡ 조선의 뛰어난 학자

③ 만 원   •   • ⓒ 율곡 이이 •   • ㉢ 조선의 예술가이며

④ 오만 원 •   • ⓓ 퇴계 이황 •   자녀를 훌륭하게 키움

정답 ①-ⓓ-㉡, ②-ⓒ-㉡, ③-ⓐ-㉠, ④-ⓑ-㉢

07 조선 시대 제주도에 심한 흉년이 들어 사람들이 굶어 죽게 되었을 때 자신의 돈으로 쌀을 사서 사람들에게 나누어 주어 백성을 구한 사람은?

① 김만덕
② 유관순
③ 신사임당
④ 허난설헌

해설 지금도 제주도에는 '김만덕상'을 만들어 김만덕처럼 선행을 베푼 사람들에게 매년 상을 주고 있다.

정답 ①

08 불교의 문화유산이 <u>아닌</u> 것은?

① 불국사
② 삼강행실도
③ 팔만대장경판
④ 정림사지 5층 석탑

해설 삼강행실도는 조선 시대에 한국과 중국의 충신, 효자 등의 이야기를 모아 놓은 책으로 유교의 이념이 담긴 책이다.

정답 ②

09 외교를 통해 거란과의 전쟁을 막아낸 고려의 장군은?

① 서희
② 김만덕
③ 이순신
④ 을지문덕

해설 서희는 한반도 북쪽의 거란이 내려와서 고려의 북쪽 땅을 내놓을 것과 송나라와 교류하지 말 것을 요구했을 때 외교를 통해 전쟁을 막았고 압록강 동쪽의 땅까지 차지하였다.

정답 ①

10 허난설헌에 대한 설명으로 옳지 <u>않은</u> 것은?

① 홍길동전을 지은 허균의 누나이다.

② 어렸을 때부터 글재주가 훌륭해서 시를 잘 지었다.

③ 허난설헌의 시는 중국과 일본에서 높은 평가를 받았다.

④ 허난설헌은 그림에 재능이 있었고 아들을 훌륭하게 키웠다.

해설 허난설헌의 결혼 생활은 불행했고 아버지와 두 자녀의 죽음으로 마음의 병에 걸려 27세에 세상을 떠났다. 허난설헌이 세상을 떠난 뒤, 동생 허균은 누나의 글을 모아 책으로 만들었다.

정답 ④

11 3·1 운동 이후 중국 상하이에 대한민국 임시정부를 세우고 독립운동을 이끌었던 인물은?

① 김구

② 유관순

③ 안중근

④ 윤봉길

해설 ② 유관순은 1919년 3월 1일 독립운동을 이끌었던 학생으로 감옥에서 목숨을 잃었다.
③ 안중근 의사는 일본의 총리 이토 히로부미를 죽였다.
④ 윤봉길 의사는 일본 고위 간부에게 폭탄을 던졌다.

정답 ①

12 백제에 대한 설명으로 옳지 <u>않은</u> 것은?

① 삼국 중 가장 먼저 발전하였다.

② 중국에 한자와 유교를 전하였다.

③ 중국과 일본까지 활발하게 무역을 하였다.

④ 대표적인 유적으로 부여 정림사지 5층 석탑이 있다.

해설 백제는 한강 유역에 있어서 중국으로부터 문화와 문물을 받아들이기 쉬웠고, 일본에 한자와 유교를 전하였다.

정답 ②

13 신라에 대한 설명으로 옳은 것은?

① 5세기에 영토를 크게 넓혔다.

② 한국 최초로 통일 국가를 이루었다.

③ 동양에서 가장 오래된 천문대인 혼천의를 만들었다.

④ 유교를 국가 이념으로 삼고 유교 문화를 발전시켰다.

> **해설** ① 5세기에 영토를 크게 넓힌 나라는 고구려이다.
> ③ 동양에서 가장 오래된 천문대는 첨성대이다. 혼천의는 조선 시대 세종대왕이 만든 천체관측기구이다.
> ④ 신라는 불교 국가로 불교 문화를 발전시켰다.

정답 ②

14 발해에 대한 설명으로 옳지 <u>않은</u> 것은?

① 대조영이 고구려 유민들과 함께 세웠다.

② 통일 신라와 함께 '남북국 시대'라고 한다.

③ 5세기에 가장 발전하여 영토를 크게 넓혔다.

④ 고구려인들이 옛 고구려 땅인 만주에 세운 나라이다.

> **해설** 발해는 9세기에 고구려의 옛 땅을 대부분 되찾으며 큰 영토를 갖게 되었다.

정답 ③

15 고려에 대한 설명으로 옳지 <u>않은</u> 것은?

① 벽란도로 아라비아 상인들도 들어와 무역하였다.

② 왕건은 발해 사람들까지 받아들여 고려를 건국했다.

③ 고구려의 영토를 회복하겠다는 뜻으로 고려라고 지었다.

④ 유교 이념으로 나라를 건국했으나 불교 행사도 많이 열었다.

> **해설** 고려는 불교 국가였으며, 국가에서 직접 불교 행사를 열기도 하였다.

정답 ④

16 조선 후기에 대한 설명으로 옳은 것은?

① 서양의 여러 나라와 적극적으로 교류하였다.

② 조선의 발달된 문물을 서양으로 수출하였다.

③ 쇄국정책을 실시하여 나라가 더욱 발전하였다.

④ 정약용이 거중기를 만들어 수원 화성을 완성했다.

> **해설** ① 조선 후기의 흥선대원군은 서양의 어느 나라와도 교류하지 않는 쇄국(배외)정책을 실시하였다.
> ② 실학의 영향으로 서양의 발달된 문물들이 조선으로 들어왔다.
> ③ 쇄국(배외)정책으로 중국이나 일본보다 발전이 늦어졌다.
>
> **정답** ④

17 세종대왕에 대한 설명으로 옳은 것은?

① 한글이라는 명칭은 세종대왕이 만들었다.

② 조선 시대의 법전인 경국대전을 완성하였다.

③ 훈민정음이란 널리 인간을 이롭게 한다는 뜻이다.

④ 조선의 네 번째 왕으로 과학 기술에 관심이 많았다.

> **해설** 과학 기술에 관심이 많았던 세종대왕은 앙부일구(해시계), 자격루(물시계), 혼천의(천체관측기구) 등을 만들었다.
> ① 한글이라는 명칭은 주시경이 만들었다.
> ② 경국대전은 세조 때 만들기 시작해서 성종 때 완성되었다.
> ③ 훈민정음은 백성을 가르치는 바른 소리라는 뜻이다. 널리 인간을 이롭게 한다는 것은 '홍익인간'의 뜻이다.
>
> **정답** ④

18 신사임당에 대한 설명으로 옳은 것은?

① 이황을 훌륭하게 키운 어머니이다.

② 한국 지폐에 있는 유일한 여성이다.

③ 고려 시대를 대표하는 훌륭한 여성이다.

④ 신사임당의 시가 중국과 일본에서 칭찬을 받았다.

> **해설** ① 오천 원권에 있는 이이의 어머니이다.
> ③ 조선 시대를 대표하는 여성이다.
> ④ 허난설헌에 대한 설명이다.
>
> **정답** ②

19 수나라가 큰 군대를 이끌고 쳐들어 왔을 때 평양 가까이 살수에서 크게 승리한 고구려의 장군은?

(   )

정답 을지문덕 (장군)

20 임진왜란 때 거북선을 만들어 일본과의 전쟁을 승리로 이끌었던 인물은?

(   )

정답 이순신 (장군)

01 한국의 기후와 계절에 대한 설명으로 옳은 것은?

① 한국의 봄은 꽃샘추위가 있지만 따뜻해지면서 꽃이 핀다.

② 여름은 무덥고 비가 많이 내리며 황사가 불어오는 날이 많다.

③ 한국의 가을은 비가 많이 오지만 화창한 날씨인 경우도 많다.

④ 한국의 겨울은 차가운 바람의 영향으로 춥고 눈이 와서 습하다.

> **해설** ② 황사는 봄에 중국으로부터 불어온다.
> ③ 가을은 비가 많이 오지 않아 건조한 편이다.
> ④ 겨울에는 북쪽(시베리아)으로부터 차가운 바람이 불어와서 춥고 건조하다.

> **정답** ①

02 한국의 지형에 대한 설명으로 옳지 <u>않은</u> 것은?

① 한국은 산이 국토의 약 65%를 차지하고 있는 나라다.

② 한국의 서쪽과 남쪽에는 강을 따라서 넓은 평야가 있다.

③ 한국은 사면이 바다로 둘러싸여 있고 다양한 지형을 볼 수 있다.

④ 한국의 남쪽에 있는 제주도에는 한국에서 제일 높은 산인 한라산이 있다.

> **해설** 한국은 삼면이 바다이며, 북쪽에는 바다가 없다.

> **정답** ③

03 서울에 대한 설명으로 옳지 <u>않은</u> 것은?

① 문화 시설과 편의 시설이 서울에 집중되어 있다.

② 서울에는 정부의 주요 기관들이 집중되어 있다.

③ 최근에는 관공서를 서울로 옮기는 경우가 많다.

④ 대한민국의 수도로 중앙에 좌우로 한강이 흐른다.

> **해설** 서울의 도시 문제를 해결하기 위해서 관공서를 지방(세종특별자치시)으로 옮기고 있다.

> **정답** ③

04 다음 빈칸에 알맞은 단어는?

> (   )는 한국의 9개 도 중에서 가장 인구가 많은 곳으로 서울의 넘쳐나는 인구를 수용하기 위해 신도시가 계속 생겨나고 있다. 그로 인해 주거 시설과 문화, 교육 시설이 잘 갖추어져 있으며 농업, 공업, 어업, 축산업 등 여러 산업이 골고루 발달하였다.

① 경기도 ② 경상북도
③ 충청북도 ④ 전라남도

정답 ①

05 인천에 대한 설명으로 옳지 <u>않은</u> 것은?

① 무역이 많이 이루어지고 있는 한국의 대표적인 항구 도시다.
② 서울과 경기도의 동쪽에 위치해 있으며 인천국제공항이 있다.
③ 2014년에는 인천 아시안게임을 주최하여 이름을 널리 알렸다.
④ 서울을 제외한 수도권의 도시 중 가장 큰 도시로 섬들이 많다.

해설 인천은 서울과 경기도의 서쪽에 있다.

정답 ②

06 한반도의 동쪽에 위치한 주요산맥으로 남북 방향으로 길게 뻗어있는 산맥의 이름은?

① 차령산맥
② 설악산맥
③ 호남산맥
④ 태백산맥

해설 ① 차령산맥은 태백산맥의 오대산 부근에서 시작되어 충청남도의 중앙부를 거쳐 서해안의 금강 하구인 서천에 이르는 산맥이다.

정답 ④

07 다음 빈칸에 알맞은 단어는?

> (   )는 해안선이 단조롭고 수많은 해수욕장이 발달해 있다. 그리고 근처에 설악산과 오대산 등 아름다운 국립공원들이 있어서 관광산업이 발달했다.

① 동해 　　　　　　　　　　② 서해

③ 남해 　　　　　　　　　　④ 다도해

해설　② 해안선이 복잡하고 갯벌이 발달했다.
　　　③ 크고 작은 섬이 많아 해안선이 복잡하다.
　　　④ 다도해는 섬이 많은 지역을 의미한다.

정답 ①

08 충청지역에 대한 설명으로 옳지 <u>않은</u> 것은?

① 수도권과 영남, 호남을 이어주며 교통의 중심지 역할을 한다.

② 충청남도는 남한에서 유일하게 바다를 접하지 않는 지역이다.

③ 이곳에는 국제공항이 있는 청주와 호수로 유명한 충주가 있다.

④ 충청남도에는 옛날 백제의 도읍지였던 공주와 부여 등이 있다.

해설　충청북도가 바다를 접하지 않는 지역이다.

정답 ②

09 다음 빈칸에 알맞은 단어는?

> (   )는 영남지역이라고 불리며, 공업 단지가 많이 들어서 있고 경주를 중심으로 신라의 불교 문화유산이, 안동을 중심으로 조선의 유교 문화유산이 자리잡고 있다. 또한 한국의 가장 동쪽에 있는 섬인 독도도 여기에 속한다.

① 강원지역 　　　　　　　　② 경상지역

③ 전라지역 　　　　　　　　④ 충청지역

정답 ②

10 한국의 지역별 특징으로 옳지 <u>않은</u> 것은?

① 제주지역은 바람, 여자, 돌이 많기로 유명하다.

② 호남지역은 다양한 식재료가 생산되는 곳으로 유명하다.

③ 전라지역의 동해안은 갯벌이 발달하여 조개류 등을 양식한다.

④ 경상지역은 한국의 동남쪽에 위치해 영남지역으로 불리기도 한다.

해설 전라지역은 서해안과 남해안에 접해 있다.

정답 ③

11 수도권의 인구 집중 문제를 해결하고 국가 균형 발전을 위해서 만들어진 도시는?

① 서울특별시

② 인천광역시

③ 제주특별자치도

④ 세종특별자치시

해설 세종특별자치시는 국무총리실, 기획재정부, 고용노동부, 교육부 등 중앙 행정 기관이 위치해 있어 국가 행정 기능의 일부를 담당한다.

정답 ④

12 도시와 관련 있는 문화유산을 연결한 것으로 옳은 것은?

① 상주 – 석굴암

② 영주 – 불국사

③ 안동 – 도산서원

④ 경주 – 하회마을

해설 ② 영주에는 부석사가 있다.
①·④ 경주에는 불국사와 석굴암이 있다. 하회마을은 안동에 위치해 있다.

정답 ③

13 다음 중 강원지역의 명소가 <u>아닌</u> 곳은?

① 설악산

② 오죽헌

③ 춘천 남이섬

④ 보성 녹차밭

해설 보성 녹차밭은 전라지역의 명소로 150만 평의 차밭으로 이루어져 있으며, 이곳에서 드라마나 광고 촬영도 많이 했다.

정답 ④

14 지역별 관광 명소로 옳지 <u>않은</u> 것은?

① 인천 – 강화도 갯벌

② 전라 – 창녕 우포늪

③ 서울 – 명동, 남대문, 경복궁

④ 강원 – 경포대, 낙산해수욕장

해설 창녕 우포늪은 국내 최대의 자연 늪지로 경상지역에 있다.

정답 ②

15 지역 축제에 대한 설명으로 옳지 <u>않은</u> 것은?

① 전라지역의 대표적인 축제로 전주 세계 소리 축제와 남원 춘향제가 있다.

② 충청지역의 대표적인 축제로 백제 문화제와 보령 머드 축제를 꼽을 수 있다.

③ 경기지역의 대표적인 축제로 이천 도자기 축제와 고양 국제 꽃 박람회가 있다.

④ 경상지역의 대표적인 축제로 평창 대관령 눈꽃 축제와 화천 산천어 축제가 있다.

해설 평창 대관령 눈꽃 축제와 화천 산천어 축제는 강원지역의 축제이다. 경상지역의 축제로는 안동 국제 탈춤 페스티벌, 진주 남강 유등 축제, 통영 한산대첩 축제, 진해 군항제, 대구 치맥 페스티벌, 부산 국제 영화제, 영덕 대게 축제가 있다.

정답 ④

16 제주도는 세 가지가 많기 때문에 '삼다도'라고 불리기도 했는데, 이 세 가지에 해당하지 <u>않는</u> 것은?

① 돌
② 대문
③ 여자
④ 바람

> 해설 제주도는 돌, 여자, 바람이 많기로 유명해 '삼다도'라고 불렸다. 그리고 대문, 도둑, 거지가 없기로 유명해 '삼무도'라고 불리기도 했다.
>
> 정답 ②

17 전라지역에 속해 있는 광역시는?

① 광주광역시
② 대전광역시
③ 울산광역시
④ 대구광역시

> 해설 대전광역시는 충청지역에 위치해 있고, 울산광역시와 대구광역시는 경상지역에 속해 있다.
>
> 정답 ①

18 다음 중 지역과 그 지역의 축제를 연결한 것으로 옳은 것은?

① 강원지역 – 강릉 단오제
② 전라지역 – 부산 국제 영화제
③ 충청지역 – 광주 디자인 비엔날레
④ 경상지역 – 대전 사이언스 페스티벌

> 해설 ② 부산 국제 영화제는 경상지역의 축제이다.
> ③ 광주 디자인 비엔날레는 전라지역의 축제이다.
> ④ 대전 사이언스 페스티벌은 충청지역의 축제이다.
>
> 정답 ①

19 한국은 전체적으로 동쪽에 산이 많아서 동쪽이 높고 서쪽은 낮다. 이러한 한국의 지형을 의미하는 말은?

(   )

해설 한국은 동쪽이 높고 서쪽은 낮은 '동고서저'의 지형이다.

정답 동고서저

20 국제적인 약속에 따라서 무장이 금지된 지역을 이르는 말로, 남한과 북한 사이에 있는 휴전선을 중심으로 남북으로 각각 2km, 좌우로는 250km를 차지하고 있는 곳은?

(   )

해설 비무장지대는 오랫동안 사람들의 발길이 닿지 않은 상태로 보존되어 있다. 자연 그대로의 생태계를 볼 수 있고 다양한 동물이 살고 있는 아시아 최대의 자연 보호 구역이라고 평가받는다.

정답 비무장지대(DMZ)

01 다음 빈칸에 알맞은 단어는?

> (   )은/는 국회에서 만든 법률이 헌법에 맞는지 판단하며, 국회에서 고위공무원의 파면을 요구할 때 심판하는 역할을 한다. 또한 국가 권력에 의해서 대한민국 국민의 기본권이 침해당했는지의 여부를 결정한다.

① 대법원
② 고등법원
③ 지방법원
④ 헌법 재판소

정답 ④

02 공공부조의 특징으로 옳은 것은?

① 공공부조는 사회보험으로, 반드시 가입해야 한다.
② 최소한의 생계가 어려운 국민에게 정부가 지원을 해 준다.
③ 세금을 내는 한국 국민은 모두 공공부조 혜택을 받을 수 있다.
④ 공공부조는 생활비만 지원되므로 의료비는 개인이 부담해야 한다.

해설 ① 공공부조는 사회보험이 아니다. 사회보험은 건강보험, 고용보험, 국민연금, 산업재해보상보험이 있다.
③ 공공부조는 소득이 최저 생계비보다 적은 국민들이 받을 수 있는 혜택이다.
④ 공공부조는 국민기초생활보장제도와 의료급여제도가 있어서 의료비도 지원받을 수 있다.

정답 ②

03 대한민국 국민의 기본적인 권리에 대한 설명으로 옳지 <u>않은</u> 것은?

① 청구권에는 청원권, 재판청구권, 국가배상청구권이 있다.

② 평등권은 모든 국민이 항상 똑같은 대우를 받는다는 것을 뜻한다.

③ 사회권에는 교육을 받을 권리, 깨끗한 환경에서 살 권리가 포함된다.

④ 참정권은 투표권을 행사하거나 자신이 직접 선거에 나갈 수 있는 권리이다.

해설 개인의 상황, 능력, 기여 정도 등을 고려하여 그에 맞도록 대우해야 한다.

정답 ②

04 대한민국 국민의 의무에 대한 설명으로 옳은 것은?

① 국방의 의무는 만 18세 이상의 한국 남성만 가진다.

② 회사의 규칙에 따라 세금을 내야 하는 납세의 의무가 있다.

③ 자신이 할 수 있는 일을 찾아서 일을 해야 하는 것이 근로의 의무이다.

④ 부모는 자녀가 만 3세 이상이 되면 유치원에 보내야 하는 교육의 의무가 있다.

해설 ① 국방의 의무란 평상시에 국방을 위해 다양한 활동을 해야 할 의무로서 국민 전체의 의무이다.
② 세금은 법률에 정해진 대로 부과해야 한다.
④ 한국에서는 자녀가 만 6세 이상이 되면 학교에 보내야 하고 초등학교 6년과 중학교 3년이 의무 교육이다.

정답 ③

05 다음은 헌법에 대한 내용이다. 옳은 것을 모두 고른 것은?

ㄱ. 헌법 재판소의 구성과 역할이 규정되어 있다.
ㄴ. 헌법은 최고법으로 매년 조금씩 바뀌고 있다.
ㄷ. 한국 국민이 지켜야 할 의무가 헌법에 나와 있다.
ㄹ. 헌법에는 법치주의, 평화통일, 경제 민주화가 명시되어 있다.
ㅁ. 다른 법률과 헌법이 다를 때는 좋은 점이 더 많은 법을 선택한다.
ㅂ. 3·1 운동과 5·18 민주화 운동의 민주이념을 이어받은 나라라고 쓰여 있다.
---

① ㄱ, ㄴ, ㅁ   ② ㄱ, ㄷ, ㄹ

③ ㄴ, ㄹ, ㅂ   ④ ㄷ, ㅁ, ㅂ

해설 ㄴ. 헌법은 1948년 7월 17일에 처음 제정되었고 지금까지 9번 개정되었다.
ㅁ. 다른 법률과 헌법이 충돌할 때는 최고법인 헌법이 우선 적용된다. 헌법과 맞지 않는 법률은 폐지되거나 고쳐진다.
ㅂ. 헌법 전문에는 3·1 운동과 4·19 민주이념을 이어받은 나라임이 명시되어 있다.

정답 ②

01 광복 후 한반도가 남과 북으로 분단될 것을 염려하여 '3천만 동포에게 읍고함'이라는 글을 쓴 사람은?

① 김구 　　　　　　　　　　　② 이승만

③ 유관순 　　　　　　　　　　④ 박정희

> **해설** 김구는 '3천만 동포에게 읍고함'이라는 글을 통해 남한에 단독 정부가 세워지는 것을 반대했고, 평양에 가서 북한 정치인들과 통일 정부 수립에 대해 의논하였으나 끝내 실현되지 못하였다.
>
> **정답** ①

02 한국의 민주주의 발전에 대한 설명으로 옳지 <u>않은</u> 것은?

① 4·19 혁명은 이승만 정권의 3·15 부정 선거 때문에 일어났다.

② 전두환이 대통령이 된 것에 반대하여 5·18 민주화 운동이 일어났다.

③ 6월 민주 항쟁의 결과로 국민들이 대통령을 직접 뽑을 수 있게 되었다.

④ 4·19 혁명 이후 정권을 잡은 박정희 대통령은 유신 헌법으로 대통령의 권한을 강화했다.

> **해설** 1976년 박정희 대통령이 암살당한 후(10·26 사태) 군인이었던 전두환과 노태우가 정권을 잡은 것에 대해 반발하여 광주 시민들이 민주주의 실현을 요구하면서 5·18 민주화 운동이 일어났다.
>
> **정답** ②

03 다음 빈칸에 알맞은 단어는?

> 　교통수단과 정보 통신 기술의 발달로 확산된 세계화의 흐름 속에서 한국 사회는 외국인 근로자, 재외동포, 외국인 유학생, 결혼이민자 등이 증가하면서 빠르게 (　　　　)로 진입하게 되었다.

① 고령화 사회 　　　　　　　　② 저출산 사회

③ 다문화 사회 　　　　　　　　④ 정보화 사회

> **정답** ③

04 한국전쟁의 과정을 순서대로 배열한 것은?

(가) 1·4 후퇴
(나) 정전 협정
(다) 인천상륙작전
(라) 북한의 남한 침공

---

① (가) – (나) – (다) – (라)
② (가) – (라) – (나) – (다)
③ (라) – (가) – (다) – (나)
④ (라) – (다) – (가) – (나)

해설 북한의 남한 침공(1950년 6월 25일) → 인천상륙작전(1950년 9월) → 1·4 후퇴(1951년 1월) → 정전 협정
(1953년 7월)

정답 ④

05 한국의 저출산 문제의 원인으로 옳은 것은?

① 청년 실업이 증가하고 자녀의 교육비 부담이 커졌다.
② 젊은 세대에서 일찍 결혼하려는 분위기가 형성되었다.
③ 사회 활동에 참여하는 여성의 비율이 점차 줄어들고 있다.
④ 최근 보건·의료 기술의 발달로 평균 기대 수명이 늘어났다.

해설 여성의 사회 활동 참여 비율이 늘고(③), 젊은 세대가 자아실현을 위해 결혼을 늦추는 현상이 나타났다(②).
그리고 청년 실업이 늘어나면서 결혼이나 출산을 꺼리는 현상이 나타났다. ④는 고령화 현상이 일어난 원
인이다.

정답 ①

01 한국에서 헌법을 개정하거나 국가의 중요한 정책을 결정할 때 꼭 실시하는 것은?

① 국민 투표　　　　　　　　　② 정당 가입

③ 헌법 소원　　　　　　　　　④ 집회 참여

정답 ①

02 다음 빈칸에 알맞은 단어는?

> (　　　　　)은/는 중립적인 국가기관으로 선거와 국민 투표를 관리한다. 특정 정당이나 개인의 편에 서지 않고 선거 운동, 투표, 개표 등을 관리한다.

① 시민단체

② 헌법 재판소

③ 한국소비자원

④ 선거관리위원회

해설 선거관리위원회에서는 선거법을 위반하는 행위가 발생하지 않는지 단속하고 선거 관련 정보를 제공하며 투표에 참여할 것을 독려하는 역할도 한다.

정답 ④

03 헌법을 통해 두 개 이상의 정당이 정치 활동을 할 수 있도록 보장하는 제도는?

① 국민 투표

② 여대 야소

③ 복수 정당제

④ 선거 공영제

해설 ① 국민 투표: 국가의 중요한 정책을 결정하거나 헌법을 개정할 때 실시한다.

② 여대 야소: 여당 국회의원 수가 야당 국회의원 수보다 많은 상황을 의미한다.

④ 선거 공영제: 공정한 선거를 위해 선거관리위원회가 선거의 모든 과정을 관리하고 국가나 지방자치단체가 선거 비용의 일부를 지원하는 제도를 말한다.

정답 ③

04 아시아인 최초로 국제연합(UN) 사무총장으로 일했던 사람은?

① 김용

② 김종양

③ 이종욱

④ 반기문

> **해설** ① 김용: 세계은행(World Bank) 총재
> ② 김종양: 인터폴(INTERPOL) 총재
> ③ 이종욱: 세계보건기구(WHO) 사무총장

정답 ④

05 남북통일의 장점으로 옳은 것은?

① 남북통일이 되면 국방비가 증가한다.

② 이산가족의 아픔을 금전적으로 보상할 수 있다.

③ 남북한의 이질화로 갈등이 심화되어 불안이 고조된다.

④ 원래 한민족이었던 남북한이 동질성을 회복할 수 있다.

> **해설** 남북통일이 되면 한반도의 평화와 세계 평화에 기여할 수 있다. 원래 한민족이었던 남북의 동질성을 회복
> 할 수 있으며, 이산가족이 서로 만나고 고향에 찾아갈 수도 있다. 또한 정치적 안정과 경제 발전을 이루어
> 국가 경쟁력을 높일 수 있고 국토를 효율적으로 이용할 수 있다는 장점이 있다.

정답 ④

01 시장경제체제에 대한 설명으로 옳지 <u>않은</u> 것은?

① 경제 활동을 정부가 계획하고 통제한다.

② 누구나 직업을 자유롭게 선택할 수 있다.

③ 개인의 사유 재산권을 인정하고 보장한다.

④ 개인의 자유가 보호되고 창의성이 존중된다.

> **해설** 경제체제에는 시장경제체제와 계획경제체제가 있는데, ②·③·④는 시장경제체제에 대한 설명이고, ①은 계획경제체제에 대한 설명이다.

정답 ①

02 환율이 오를 때에 대한 설명으로 옳은 것은?

① 환율이 오르면 한국의 수입에 유리하다.

② 해외여행을 갈 때 더 적은 한국 돈이 필요하다.

③ 고향으로 송금할 때 더 많은 한국 돈이 필요하다.

④ 해외 시장에서 한국 제품의 가격 경쟁력이 나빠진다.

> **해설** ① 환율이 오르면 한국의 수출에 유리하다.
> ② 환율이 오르면 해외여행을 갈 때 더 많은 한국 돈이 필요하고, 환율이 내려가면 한국 돈이 더 적게 필요하다.
> ④ 환율이 오르면 해외 시장에서 한국 제품의 가격 경쟁력이 높아진다.

정답 ③

03 노동 삼권에 대한 설명으로 옳지 <u>않은</u> 것은?

① 노동 삼권은 단결권, 단체교섭권, 단체행동권이 있다.

② 단결권이란 근로자가 노동조합을 결성할 수 있는 권리를 말한다.

③ 교섭이 잘 되지 않을 때 쟁의 행위를 할 수 있는 것이 단체행동권이다.

④ 노동조합이 사용자와 근로 조건에 관해 교섭할 수 없는 것이 단체교섭권이다.

> **해설** 단체교섭권은 노동조합이 사용자와 근로 조건에 대해 교섭(서로 의논하고 절충함)할 수 있는 권리이다.

정답 ④

04 다음 중 손해보험에 해당하는 것은?

① 암보험

② 생명보험

③ 자동차보험

④ 실손의료보험

해설 보험은 크게 손해보험과 생명보험으로 나뉘는데 손해보험은 물건이나 재산의 손해에 대비하는 보험으로 자동차보험이 대표적이다. 생명보험은 사람의 사망과 생존에 대비하는 보험이다. 또한 의료비 보장과 관련한 보험으로 암보험과 실손의료보험이 있는데, 암보험은 암 치료 비용의 상당 부분을 지급해 주고, 실손의료보험은 병원비나 약값을 지급해 주는 보험이다.

정답 ③

05 자산 관리 방법 중 예금에 대한 설명으로 옳은 것은?

① 가장 안전한 자산 관리 방법이다.

② 은행에서 돈을 빌리고 이자를 낸다.

③ 건물이나 토지를 빌려주어 임대료 수익을 얻을 수 있다.

④ 회사에 투자를 하는 개념으로, 수익이 높은 반면에 위험 부담이 있다.

해설 ② 은행에서 돈을 빌리고 이자를 내는 것은 대출이라고 한다.
③ 임대료 수익을 얻을 수 있는 것은 부동산 투자이다.
④ 수익이 높은 반면에 위험 부담이 있는 것은 주식 투자이다. 회사의 주식을 사서, 그 회사가 이익을 많이 남기면 수익을 얻을 수 있다.

정답 ①

01 이혼에 대한 설명으로 옳지 <u>않은</u> 것은?

① 배우자가 부정한 행위를 한 경우에는 이혼할 수 있다.

② 재판상 이혼의 경우 각 지방의 고등법원에서 담당한다.

③ 자녀가 있는 경우 자녀에 대한 양육비를 함께 부담한다.

④ 자녀를 키우지 않는 부모도 자녀와 만날 수 있는 권리가 있다.

해설 가정에 관련된 사건은 가정법원에서 재판을 담당한다.

정답 ②

02 한국에서의 상속에 대한 설명으로 옳지 <u>않은</u> 것은?

① 한국에서는 유언에 따른 상속을 인정하고 있다.

② 유언이 없을 때에는 법에 따라 상속이 이루어진다.

③ 배우자의 재산은 나머지 배우자가 모두 상속받는다.

④ 상속을 받을 때는 재산과 함께 빚도 상속받게 된다.

해설 배우자의 재산을 자녀와 함께 상속을 받을 때는 자녀 몫의 1.5배를 상속받을 수 있다.

정답 ③

03 내용증명에 대한 설명으로 옳지 <u>않은</u> 것은?

① 내용증명을 하면 모든 서류를 법원에서 보관한다.

② 최근에는 인터넷 우체국을 통한 내용증명도 가능하다.

③ 내용증명을 할 때는 동일한 내용의 편지를 세 통 작성한다.

④ 법적 분쟁에서 상대방에게 했던 의사표시를 내용증명으로 입증할 수 있다.

해설 내용증명을 할 때는 동일한 편지를 세 통 작성하여, 보내는 사람과 받는 사람이 각각 한 통씩 보관하고 나머지 한 통은 우체국에서 보관한다.

정답 ①

04 안전한 직장 생활에 대한 설명으로 옳은 것은?

① 보통 성희롱 피해자와 가해자는 여성이다.

② 아내가 출산을 하면 남편도 일주일의 휴가를 쓸 수 있다.

③ 성희롱 문제를 해결하기 위해서 고충처리기관에 신고해야 한다.

④ 임신 후부터 출산 때까지 1일 2시간씩 근로시간을 단축할 수 있다.

> 해설 ① 여성, 남성 모두 성희롱 피해자와 가해자가 될 수 있다.
>   ② 아내가 출산을 하면 남편은 10일(주말 제외)의 휴가를 쓸 수 있다.
>   ④ 임신 후 12주 이내, 36주 이후에는 1일 2시간씩 근로시간을 단축할 수 있다.

정답 ③

05 형사 재판 과정에서 권리 보장으로 옳지 <u>않은</u> 것은?

① 제한적으로 고문이 허용되는 경우가 있다.

② 유죄 판결이 나기 전까지는 무죄로 추정된다.

③ 체포, 구속, 압수, 수색할 때는 판사의 영장이 필요하다.

④ 모든 국민은 체포, 구속이 될 때 변호인의 도움을 받을 수 있다.

> 해설 피고인을 수사하는 과정에서 유죄를 밝히기 위해 고문을 하는 것은 어떤 경우에도 허용되지 않는다.

정답 ①

제 2 편
실전 모의고사

제1회 실전 모의고사
제2회 실전 모의고사
제3회 실전 모의고사
제4회 실전 모의고사
제5회 실전 모의고사

시험 시간 60분(객관식＋작문형) | 정답 및 해설 p.159

필기시험

객관식 01~36번

[01-10] 다음 (   )에 가장 알맞은 것을 고르시오.

01 우리 아이는 (   )이라서 혼자 조용히 있는 것을 좋아한다.

① 긍정적   ② 내성적
③ 외향적   ④ 적극적

02 싱크대가 (   ) 물이 안 내려가요.

① 새서   ② 막혀서
③ 열려서   ④ 쌓여서

03 연말에는 한 해를 돌아보며 회사 동료들이나 가족들과 모여서 (   )를 한다.

① 동창회   ② 반상회
③ 송년회   ④ 야유회

04 나는 시간이 있으면 예쁜 풍경 사진을 찍어서 블로그에 (   ).

① 보낸다   ② 올린다
③ 검색한다   ④ 구매한다

05 가: 이쪽으로 앉으세요. 머리를 어떻게 해 드릴까요?
　　나: 여름이니까 좀 (　　　　) 잘라 주세요.

① 짧은　　　　　　　　　　　　② 짧게
③ 짧지만　　　　　　　　　　　④ 짧아서

06 가: 어릴 때 어떤 음식을 좋아했어요?
　　나: 초콜릿과 같은 단 음식을 자주 (　　　　　).

① 먹곤 했어요　　　　　　　　② 먹기 마련이에요
③ 먹으려던 참이에요　　　　　④ 먹었을지도 몰라요

07 가: 의사 선생님께서 뭐라고 하셨어요?
　　나: 감기가 심하니까 약을 먹고 푹 (　　　　) 하셨어요.

① 쉬냐고　　　　　　　　　　② 쉰다고
③ 쉬자고　　　　　　　　　　④ 쉬라고

08 가: 어제 본 영화는 어땠어요?
　　나: 너무 재미있어서 배꼽이 (　　　　) 웃었어요.

① 빠지더니　　　　　　　　　② 빠지므로
③ 빠지기 전에　　　　　　　④ 빠질 정도로

09

친구가 기다리고 있어서 수업이 끝나자마자 (   ).

① 빨리 가곤 해요   ② 빨리 가야 돼요

③ 빨리 가지 못해요   ④ 빨리 가기 때문이에요

10

극장 앞에 사람이 많은 걸 보니 (   ).

① 저 영화가 재미있나 봐요

② 저 영화가 재미있을 뻔했어요

③ 저 영화가 재미있는 척했어요

④ 저 영화가 재미있는 법이에요

[11-12] 다음을 한 문장으로 알맞게 연결한 것을 고르시오.

11

대기업에 지원하다 / 열심히 준비하고 있다

① 대기업에 지원하기 위해서 열심히 준비하고 있어요.

② 대기업에 지원하면 열심히 준비하고 있을 것 같아요.

③ 대기업에 지원한 다음에 열심히 준비하고 있을 만해요.

④ 대기업에 지원할 정도로 열심히 준비하고 있는 척했어요.

12

주말에 근무하다 / 평일에 쉬다 / 괜찮다

① 주말에 근무하다가 평일에 쉬면 괜찮다.

② 주말에 근무하는 데다가 평일에 쉬면 괜찮다.

③ 주말에 근무하는 대신에 평일에 쉬니까 괜찮다.

④ 주말에 근무하기 위해서 평일에 쉬니까 괜찮다.

13 다음 (   )에 알맞은 것을 고르시오.

> 사회생활을 하면서 여러 사람을 만나다 보면 갈등이 생기기도 하고 생각하지 못한 문제가 생겨서 상처를 받는 일도 생긴다. 그래서 최근 들어 대하기 불편한 사람이나 오랫동안 연락을 하지 않는 사람과 (   ) 인맥 다이어트를 하는 사람이 늘고 있다고 한다. 그렇지만 이렇게 사람을 쉽게 정리하다 보면 곁에 남는 친구가 모두 없어져 버릴 수도 있다는 것을 기억해야 한다.

① 다시 연락하는 것을 뜻하는
② 관계를 정리하는 것을 의미하는
③ 새로운 관계를 만드는 것을 뜻하는
④ 갈등을 빨리 해결하는 방법을 의미하는

14 다음 구인 광고를 보고 알 수 없는 것은?

신입 사원 모집 안내
모든 사람이 일하고 싶어 하는 회사, 시대전자에서 직원을 모집합니다.

- 모집 분야: 생산직
- 모집 인원: 10명
- 지원 자격: 고졸, 운전면허증 소지자
- 근무 시간: 월~금
- 제출 서류: 이력서, 경력증명서
- 지원 방법: 방문 접수
- 접수 기간: 6월 1일(목)~6월 14일(수)
- 문의: 02-123-1234

① 업무 내용
② 온라인 접수 방법
③ 필요한 신입 사원 수
④ 제출 서류의 종류와 접수 기간

한 여론 조사 기관에서 직장인 100명을 대상으로 국제화 시대에 갖춰야 할 자세가 무엇인지 설문 조사를 실시했다. 조사 결과 외국어 능력을 갖춰야 한다는 대답이 56%로 가장 많았다. 직장인들은 '업무 수행 시 외국어를 꼭 사용하는 것은 아니지만 외국어 능력은 국제화 시대에 반드시 필요하다.' 라고 입을 모았다. 다음으로 서로의 문화를 존중하기 위하여 편견과 선입견을 버려야 한다는 응답이 23%로 뒤를 이었다. 이를 위해서는 어렸을 때부터 세계 시민 교육을 통해 (㉠   )고 덧붙였다. 마지막으로 국제화 시대에 갖춰야 할 것은 국제 사회에 대한 배경지식이라는 대답도 있었다. 이로써 직장인들은 국제화 시대를 맞아 외국어 능력, 세계 시민 의식, 국제 사회 지식을 중요하게 생각한다 는 것을 알 수 있었다.

15 윗글의 제목으로 가장 알맞은 것을 고르시오.

① 국제화 시대와 다문화 사회
② 국제화 시대에 필요한 능력
③ 국제화 시대를 위한 조기 교육
④ 국제화 시대를 살기 위한 노력

16 윗글의 ㉠에 들어갈 내용으로 알맞은 것을 고르시오.

① 외국어를 구사해야 한다
② 배경지식을 공부해야 한다
③ 다양한 문화를 경험해야 한다
④ 직장인에게 설문 조사를 해야 한다

[17-36] 다음 물음에 맞는 답을 고르시오.

17 한국 도시의 문제점으로 맞는 것을 〈보기〉에서 모두 고른 것은?

> ● 보 기 ●
>
> ㄱ. 일할 수 있는 노동력이 부족하다.
> ㄴ. 문화 시설, 의료 시설이 부족하다.
> ㄷ. 집값이 크게 오르거나 주택이 부족해진다.
> ㄹ. 대기 오염, 수질 오염과 같은 환경 문제가 있다.

① ㄱ, ㄴ   ② ㄱ, ㄷ
③ ㄴ, ㄹ   ④ ㄷ, ㄹ

18 한국의 가족에 대한 설명으로 옳지 <u>않은</u> 것은?

① 부모와 미혼 자녀가 같이 사는 것을 핵가족이라고 한다.
② 산업화가 진행되면서 부모와 함께 사는 가족이 늘고 있다.
③ 과거에는 결혼한 자녀가 부모님을 모시고 사는 경우가 많았다.
④ 1인 가구가 늘고 있으며 최근 결혼 연령이 점점 높아지고 있다.

19 한국에서 태극기를 달아야 하는 국경일에 해당하는 것을 〈보기〉에서 모두 고른 것은?

> ● 보 기 ●
>
> ㄱ. 설날   ㄴ. 어버이날
> ㄷ. 광복절   ㄹ. 제헌절
> ㅁ. 한글날   ㅂ. 성탄절

① ㄱ, ㄴ, ㅁ   ② ㄱ, ㄷ, ㅂ
③ ㄴ, ㄹ, ㅂ   ④ ㄷ, ㄹ, ㅁ

20 한국의 보육제도에 대한 설명 중 옳은 것은?

① 유치원은 보건복지부에서 지정한 보육 기관이다.

② 만 7세 이상의 아동이 있는 가정에 아동수당을 지원한다.

③ 취학 전 자녀를 집에서 양육하는 경우에는 지원받을 수 없다.

④ 어린이집은 만 0세부터 만 5세까지의 보육과 교육을 담당한다.

21 한국의 초·중등 교육기관에 대한 설명으로 옳지 <u>않은</u> 것은?

① 한국에서는 만 7세부터 초등학교에 입학할 수 있다.

② 각 학년은 2학기로 운영되며 1학기는 3월에 시작된다.

③ 중학교 3년 과정 중에서 1년은 자유학년제로 운영되고 있다.

④ 한국에서의 의무 교육 기간은 9년으로, 꼭 교육을 받아야 한다.

22 〈보기〉의 내용을 통해 알 수 있는 것으로 가장 적절한 것은?

> **● 보 기 ●**
> • 사회통합프로그램
> • 이민자 조기 적응 프로그램
> • 중도 입국 청소년과 외국인 학생을 위한 교육 지원

① 이 과정을 신청하여 이수하면 국적을 취득할 수 있다.

② 이주 배경 청소년의 자립을 지원하는 맞춤형 서비스다.

③ 이주민들의 적응과 정착을 지원하기 위한 프로그램이다.

④ 고용보험에 가입한 적이 있는 외국인만 신청할 수 있다.

23 〈보기〉에 해당하는 한국의 명절에 대한 설명으로 옳지 <u>않은</u> 것은?

┌─ • 보 기 • ─────────────────────────────────┐
│ • 한 해를 시작하는 날로 일 년 중에 가장 큰 명절이다. │
│ • 집집마다 가래떡을 납작하게 썰어서 끓인 음식을 먹는다. │
└──┘

① 이날에는 대체로 아이들에게 설빔을 입힌다.
② 집안의 어른들께 큰절을 올리고 덕담을 나눈다.
③ 일반적으로 이날 전에 미리 조상의 묘지를 벌초한다.
④ 가족과 친척들이 모두 함께 모여서 윷놀이를 즐긴다.

24 한옥에 대한 설명으로 옳은 것은?

① 냉방 장치인 온돌과 난방 장치인 대청마루를 가지고 있다.
② 햇볕이 잘 들어오도록 동쪽으로 바라보고 지은 집을 선호했다.
③ 집 뒤에 산이 있고, 집 앞에 강이 있는 집을 좋은 집이라고 생각했다.
④ 지붕의 재료에 따라 양반이 살던 초가집과 서민이 살던 기와집이 있다.

25 한국인이 가장 많이 참여하는 여가 활동인 휴식 활동에 해당하지 <u>않는</u> 것은?

① 낮잠   ② 쇼핑
③ 산책   ④ TV 시청

26 〈보기〉의 (   )에 공통으로 들어갈 말은?

┌─ • 보 기 • ─────────────────────────────────┐
│ **대한민국 헌법 제1조** │
│ 대한민국의 주권은 (   )에게 있고, 모든 권력은 (   )(으)로부터 나온다. │
└──┘

① 국민   ② 판사
③ 대통령   ④ 국회의원

27 다음 중 입법부에 대한 설명으로 옳은 것은?

① 한국의 입법부를 법원이라고 부른다.

② 국군을 지휘하는 권한을 가지고 있다.

③ 법을 만드는 것은 가능하지만 고칠 수 없다.

④ 국정 감사를 실시하여 정부를 견제하고 감시한다.

28 한국의 일자리 상황에 대한 설명으로 옳은 것을 〈보기〉에서 모두 고른 것은?

┌─ • 보 기 • ─────────────────────────────────────┐
│ ㄱ. 미국이나 유럽에 비해 실업률이 높은 편이다.   │
│ ㄴ. 비정규직 노동자가 차지하는 비중이 커지고 있다.   │
│ ㄷ. 선진국에 비해 여성의 경제 활동 참여 비율이 낮다.   │
│ ㄹ. 실업에 대한 사회보장제도가 선진국보다 잘 되어 있다.   │
└───┘

① ㄱ, ㄴ   ② ㄴ, ㄷ

③ ㄴ, ㄹ   ④ ㄷ, ㄹ

29 개발원조위원회 회원국이면서 다른 나라로부터 원조를 받던 나라에서 원조를 주는 나라로 바뀐 첫 번째 사례로 꼽히는 나라는?

① 한국   ② 미국

③ 중국   ④ 베트남

30 대한민국에서 외국인의 기본적인 지위와 권리를 보장해 주는 기준이 되는 것은?

① 민법   ② 형법

③ 국제법   ④ 근로기준법

31 〈보기〉의 (가), (나)에 들어갈 말로 알맞은 것은?

> **• 보기 •**
>
> 돈을 빌려줄 때는 돈을 빌려준 사람에게 (가)을/를 받는 것이 좋다. 또한 빌린 돈을 갚을 때에는 돈을 갚은 내용을 증명해 주는 (나)을/를 받아야 한다. (가)(이)나 (나)에는 돈을 거래한 사람의 이름, 주소, 연락처, 원금과 이자, 거래한 날짜, 서명 등을 기록해야 한다.

	(가)	(나)
①	차용증	영수증
②	계약서	영수증
③	차용증	확정일자
④	계약서	확정일자

32 고려의 왕건에 대한 설명으로 옳은 것은?

① 궁예와 함께 나라 이름을 고려로 바꾸었다.

② 고조선을 계승한다는 의미로 고려라고 지었다.

③ 후백제의 항복을 받은 뒤 신라를 공격하여 통일하였다.

④ 백성의 생활을 안정시키려고 세금을 10% 이상 거두지 못하게 했다.

33 〈보기〉의 내용 중 세종대왕에 대한 설명으로 옳은 것을 모두 고른 것은?

> **• 보기 •**
>
> ㄱ. 훈민정음을 창제하였다.
> ㄴ. 거북선을 만들어 일본군을 막았다.
> ㄷ. 나라를 다스리는 법전인 경국대전을 완성하였다.
> ㄹ. 과학 기술을 발전시켜 농사를 잘 지을 수 있게 하였다.

① ㄱ, ㄴ   ② ㄱ, ㄹ

③ ㄴ, ㄷ   ④ ㄷ, ㄹ

34 〈보기〉에 해당하는 지역에 대한 설명으로 옳지 <u>않은</u> 것은?

---• 보 기 •---

- 부석사
- 석굴암과 불국사
- 도산서원과 하회마을

① 이 지역에 위치한 창녕 우포늪은 국내 최대의 자연 늪지이다.

② 이 지역은 대구광역시, 울산광역시, 부산광역시를 포함하고 있다.

③ 이 지역은 한국의 중앙부 동쪽에 위치하고 있으며 눈이 많이 온다.

④ 이 지역에는 이순신 장군의 승리를 기념하기 위한 한산대첩 축제가 있다.

35 〈보기〉의 (가), (나)에 들어갈 말로 알맞은 것은?

---• 보 기 •---

(가)라고 불리던 작은 항구에서 시작한 인천은 오늘날 한국의 주요한 항구 도시가 되어 해외 여러 나라와 교류하고 무역하는 데 큰 역할을 담당하고 있다. 또한 한국에서 가장 큰 공항인 (나)은 현재 동아시아의 대표적인 국제공항으로 인정받고 있다.

	(가)	(나)
①	서귀포	김포국제공항
②	제물포	인천국제공항
③	서귀포	인천국제공항
④	제물포	김포국제공항

36 충청지역에 대한 설명으로 옳지 <u>않은</u> 것은?

① 단양팔경은 충청북도 단양의 여덟 곳의 명승지를 가리킨다.

② 대전 사이언스 페스티벌은 과학과 예술 문화가 공존하는 축제이다.

③ 보령 머드 축제는 진흙을 이용해 여러 가지 놀이를 즐기는 축제이다.

④ 백제 문화제는 청주와 충주에서 매년 개최되는 역사·문화 축제이다.

〈여기서부터는 귀화용(심화) 문제입니다.

귀화를 준비하시는 분들은 아래의 문제도 풀어 주시기 바랍니다.〉

모바일 자동채점

01 〈보기〉의 내용에 해당하는 의무는?

> ● 보 기 ●
>
> 만 18세 이상의 대한민국 국적을 가진 남성은 일정 기간 동안 군인으로 복무해야 한다. 국가의 독립을 유지하고 영토를 보전하기 위하여 나라를 지켜야 하는 의무로 국민 전체에게 해당되는 의무이기도 하다.

① 국방의 의무   ② 근로의 의무

③ 교육의 의무   ④ 납세의 의무

02 〈보기〉의 내용에 공통적으로 해당하는 것은?

> ● 보 기 ●
>
> • 금강산 관광
> • UN 동시 가입
> • 남북 정상 회담

① 전쟁 후 평화 협정이 체결되어 한반도의 전쟁이 끝났다.

② 남한과 북한은 긴장과 갈등을 유지하며 서로 대립하고 있다.

③ 남북 관계를 발전시키며 평화와 통일을 향해 나아가고 있다.

④ 남북 관계는 북한의 핵문제 등으로 여전히 어려움을 겪고 있다.

03 〈보기〉의 내용에 해당하는 제도는?

> ● 보 기 ●
>
> • 국가나 지방자치단체에서 선거 비용의 일부를 지원한다.
> • 선거 운동의 기회를 누구에게나 균등하게 보장할 수 있다.
> • 선거에서 15% 이상 득표하면 선거 비용 전부를 돌려받는다.

① 최저 임금제   ② 부부 별산제

③ 복수 정당제   ④ 선거 공영제

04 자산 관리 방법으로 옳은 것은?

① 예금은 가장 이익이 큰 자산 관리 방법이다.

② 주식이나 부동산에 투자하는 것이 가장 안전하다.

③ 주식은 채권보다 수익은 낮지만 좀 더 안전한 투자 방법이다.

④ 시간이나 지식이 부족하면 자산운용회사에서 펀드를 선택해도 좋다.

05 〈보기〉의 (가), (나)에 들어갈 말로 알맞은 것은?

> **• 보 기 •**
>
> 범죄는 (가)에 규정된 금지된 행위를 말하는데, 범죄 중에서 비교적 가벼운 위법 행위를 (나)라고 한다. (가)에 규정된 (나)에는 대표적으로 무임승차, 새치기, 무전취식, 금연장소에서의 흡연 등이 있다.

	(가)	(나)		(가)	(나)
①	민법	경범죄	②	형법	중범죄
③	형법	경범죄	④	민법	중범죄

06 〈보기〉의 내용에 해당하는 권리는?

> **• 보 기 •**
>
> 성별, 종교, 인종, 직업 등 어떠한 이유로든 부당하게 차별받지 않을 권리이다. 모든 국민은 이유 없이 특권을 누리거나 불이익을 받지 않는다. 모든 사람에게 기회를 균등하게 주어야 하지만 개인의 능력이나 기여 정도를 고려하여 그에 맞게 대우한다.

① 자유권　　　　　　　② 사회권

③ 참정권　　　　　　　④ 평등권

07 다문화 사회가 되면서 일어난 긍정적인 변화로 옳은 것은?

① 전반적으로 생활 수준이 높아지고 평균 기대 수명이 증가하였다.

② 외국인 근로자의 유입으로 한국의 노동력 부족 문제를 해결할 수 있었다.

③ 여성의 합계 출산율이 감소하고 사회 활동에 참여하는 여성의 비율이 늘었다.

④ 청년층의 인구가 줄고 노년층의 인구가 늘어나는 추세로 경제 성장이 둔화되었다.

08 환율이 오를 때의 현상으로 볼 수 <u>없는</u> 것은?

① 수출할 때 유리하다.
② 해외여행을 갈 때 불리하다.
③ 국내에서 판매하는 수입 상품의 가격이 오른다.
④ 동일한 상품을 수출할 때 더 비싸게 팔 수 있다.

09 국민이 정치에 참여할 때 〈보기〉가 필요한 이유로 옳은 것은?

─●보 기●─
- 공동의 이익을 배려
- 다른 사람의 의견 존중
- 주인 의식과 자발적인 태도

① 국민이 정치에 적극적으로 참여하기 위해서
② 정치 참여가 민주주의 발전으로 이어지기 위해서
③ 민주주의 국가에서 각자의 이익을 추구하기 위해서
④ 정책 결정이나 사회 문제 해결 과정에 영향을 주기 위해서

10 〈보기〉의 (가), (나)에 들어갈 말로 알맞은 것은?

─●보 기●─
(가)은 법적 분쟁 상황에서 상대방에게 했던 의사표시를 증명하는 방법으로, 동일한 내용의 문서를 3부 작성하여 (나)에 제출한다.

	(가)	(나)
①	내용증명	우체국
②	내용증명	법원
③	등기부 등본	우체국
④	등기부 등본	법원

다음 내용을 포함하여 '내가 좋아하는 가족의 형태'라는 제목으로 답안지에 200자 내로 글을 쓰시오.

- 여러분이 좋아하는 가족의 형태는 무엇입니까?
- 그 가족은 어떤 특징이 있습니까?
- 왜 그런 가족의 형태를 좋아합니까?

※ 작문시험 답안지에 제목은 생략하고 <u>본문만 쓰세요.</u> (수정 시 두 줄로 긋고 재기입 가능)

[01~03] 다음 글을 읽고 구술감독관의 질문에 답하여 주시기 바랍니다.

> 지구의 기온이 상승하는 지구 온난화 현상으로 여러 가지 환경 문제가 발생하고 있다. 대표적인 것이 이상 기후 현상이다. 2~3년 전 유럽에서는 여름 기온이 50℃가 넘고, 폭우까지 내린 적이 있다. 또 겨울에는 한파와 폭설로 기온이 영하 30℃까지 내려가서 사망자가 발생하기도 했다. 전문가들은 이런 이상 기후의 원인이 환경 오염 때문이라고 한다. 만약 앞으로도 지구 온난화가 심해진다면 지구상에 동물은 물론이고 사람도 살 수 없을 것이다. 그러므로 이를 해결하기 위해서는 석유와 석탄을 대신할 대체 에너지를 개발하고, 일회용품 사용을 줄이는 등 환경을 보호하기 위해 노력해야 한다. 나아가 환경 오염은 세계인이 함께 해결해야 할 문제임을 인식하고 지구 온난화에 더욱 관심을 가져야 할 것이다.

01 지구 온난화 때문에 어떤 문제가 생기고 있습니까?

02 지구 온난화 문제를 해결하기 위해서 어떤 노력을 하고 있습니까?

03 _____ 씨는 환경을 보호하기 위해 어떤 노력을 하고 있습니까?

04 _____ 씨는 도시와 농촌 중에서 어디에 살고 싶습니까?

왜 거기 살고 싶습니까?

_____ 씨가 살고 싶은 곳의 장점과 단점은 무엇입니까?

05 _____ 씨 고향의 날씨는 어떻습니까?

_____ 씨 고향으로 여행을 가는 친구에게 고향의 날씨와 주의할 점에 대해
말해 보세요.

⏱ 시험 시간 60분(객관식＋작문형) | 정답 및 해설 p.182

필기시험

객관식 01~36번

[01-10] 다음 (   )에 가장 알맞은 것을 고르시오.

01 아침에 출근하다가 가벼운 접촉 사고를 내서 (   )으로 10만 원을 주었다.

① 등록금 　　　　　　　　　② 조의금

③ 축의금 　　　　　　　　　④ 합의금

02 투이 씨는 대기업에 (   ) 위해서 이력서와 자기소개서를 준비하고 있다.

① 모집하기 　　　　　　　　② 작성하기

③ 졸업하기 　　　　　　　　④ 지원하기

03 아파트에 사는 사람들이 많아지면서 위층과 아래층 사이에 (   ) 문제가 많이 발생하고 있다.

① 무단 횡단 　　　　　　　　② 음주 운전

③ 불법 주차 　　　　　　　　④ 층간 소음

04 그 영화는 배우들이 연기도 잘하고 영상미도 (   ) 인기가 많다.

① 뛰어나서 　　　　　　　　② 평범해서

③ 부정확해서 　　　　　　　④ 흥미로워서

05 가: 여기에 쓰레기를 버려도 돼요?

　　나: 아니요, 여기에 쓰레기를 (　　　　　) 안 돼요.

① 버려도　　　　　　　　　② 버려서

③ 버려야　　　　　　　　　④ 버리면

06 가: 돈을 많이 (　　　　　) 뭘 하고 싶어요?

　　나: 새집으로 이사를 가고 싶어요.

① 벌면　　　　　　　　　　② 벌도록

③ 벌려면　　　　　　　　　④ 벌지만

07 가: 무슨 일 있었어요? 왜 이렇게 늦은 거예요?

　　나: 미안해요. 버스를 반대 방향으로 잘못 (　　　　　) 늦었어요.

① 타고　　　　　　　　　　② 타서

③ 타되　　　　　　　　　　④ 타다가

08 가: 영민 씨와 같은 회사에서 일한다면서요? 자주 만나지요?

　　나: 아니요, 같은 회사에서 (　　　　　) 자주 못 만나요.

① 일해서　　　　　　　　　② 일하더니

③ 일하는데　　　　　　　　④ 일하므로

09

청계천에서 하는 서울 빛초롱 축제에 갔는데 물 위에 띄운 유등이 아름답고 (   ).

① 구경할 뻔했다   ② 구경할 만했다
③ 구경할지도 모른다   ④ 구경하기 마련이다

10

선생님께서 공연이 9시에 시작하니까 8시 40분까지 (   ).

① 오냐고 하셨다   ② 오라고 하셨다
③ 온다고 하셨다   ④ 왔다고 하셨다

[11–12] 다음을 한 문장으로 알맞게 연결한 것을 고르시오.

11

열심히 준비하다 / 입사시험에 떨어지다

① 열심히 준비해서 입사시험에 떨어졌다.
② 열심히 준비했지만 입사시험에 떨어질 것 같다.
③ 열심히 준비했을 뿐만 아니라 입사시험에 떨어졌다.
④ 열심히 준비하기 위해서 입사시험에 떨어질 수 있다.

12

서울은 대중교통이 발달하다 / 자가용 없이 여행하다 / 가능하다

① 서울은 대중교통이 발달하더니 자가용 없이 여행하면 가능하다.
② 서울은 대중교통이 발달하든지 자가용 없이 여행하든지 가능하다.
③ 서울은 대중교통이 발달해서 자가용 없이 여행하는 것이 가능하다.
④ 서울은 대중교통이 발달한 것치고 자가용 없이 여행해야 가능하다.

13 다음 ( )에 알맞은 것을 고르시오.

> 지난주에 조카의 돌잔치가 있었다. 돌잔치에서 오랜만에 친척들도 만났다. 오랜만에 만나서 그런지 더 반가웠다. 조카의 돌잔치에서 가장 재미있었던 것은 ( ). 예를 들어 아기가 돈을 잡으면 부자가 되고 실을 잡으면 오래 산다고 생각한다. 또 연필을 잡으면 공부를 잘할 거라고 추측한다. 친척들은 조카가 돈을 잡기를 바랐는데 우리 조카는 마이크를 잡았다. 우리 조카가 커서 유명한 가수가 되면 좋겠다.

① 오랜만에 친척들을 만나는 것이었다
② 맛있는 음식을 마음껏 먹는 것이었다
③ 아기의 장래를 추측하는 돌잡이 행사였다
④ 친척들과 식사하면서 이야기하는 것이었다

14 다음 선거 포스터의 내용과 같은 것은?

전국 동시 지방 선거 실시 안내
우리 지역을 위한 공정한 선거

• 선거일: 6월 14일(수) 06:00~18:00
• 사전 투표일: 6월 9일(금)~6월 10일(토) 06:00~18:00

※ 준비물: 신분증 지참

– 중앙선거관리위원회 –

① 투표를 하려면 주민등록증을 가져가야 한다.
② 국회의원을 뽑는 선거를 안내하는 포스터이다.
③ 오전 6시부터 오후 8시까지 투표를 할 수 있다.
④ 선거일 전에 투표할 사람은 14일에 투표하면 된다.

현대인들은 스마트폰 없이는 하루도 살 수가 없다. 스마트폰 덕분에 (　　㉠　　). 우리는 스마트폰만 있으면 정보 검색, 사진이나 동영상 촬영, 인터넷 쇼핑, 게임, 인터넷 뱅킹 등 원하는 것은 쉽게 할 수 있다. 또한 스마트폰으로 다른 나라에 사는 사람에게 이메일을 보내거나 영상 통화도 할 수 있다.

하지만 스마트폰 사용이 늘면서 사람과 사람이 직접 만나기보다는 에스엔에스(SNS)로 연락하는 일이 많아졌다. 이로 인해 대화가 줄어들고 사람과 사람 사이의 소통이 단절되는 일도 생겼다. 게다가 스마트폰에 의지하는 정도(의존도)가 높아지면서 스마트폰 중독, 사생활 노출, 개인 정보 유출 등의 사회 문제도 심각해지고 있다.

15 윗글의 제목으로 가장 알맞은 것을 고르시오.

① 스마트폰의 장점과 단점
② 스마트폰의 긍정적인 역할
③ 스마트폰 중독을 예방하는 방법
④ 스마트폰 없이 살 수 없는 현대인

16 윗글의 ㉠에 들어갈 내용으로 알맞은 것을 고르시오.

① 다른 사람과 소통이 단절되었다
② 여러 가지 사회 문제가 발생하고 있다
③ 사람과 사람이 직접 만날 수 있게 되었다
④ 많은 일을 신속하고 편리하게 해결할 수 있게 되었다

[17-36] 다음 물음에 맞는 답을 고르시오.

17 한국의 주거 문화의 변화에 대한 설명으로 옳지 <u>않은</u> 것은?

① 과거와 달리 요즘 단독 주택이 대부분이다.
② 요즘은 많은 사람이 아파트에 사는 것을 선호한다.
③ 은퇴한 사람들이 전원주택을 짓고 사는 경우도 있다.
④ 최근에는 원룸이나 소형 주택에 대한 수요가 늘고 있다.

18 〈보기〉의 (가), (나)에 들어갈 용어로 적절한 것은?

> **• 보 기 •**
>
> 감기에 걸렸거나 소화가 잘 안 되는 등 병이 심하지 않은 경우에는 (가)에 가서 진료를 받을 수 있다. 그리고 (나)은/는 지역 주민의 건강과 질병 예방 및 관리를 위해 국가가 운영하는 공공 보건 기관이다. 예방 접종이나 각종 질병 검사를 받을 수 있으며 일반 병원보다 진료비가 싸다는 장점이 있다.

	(가)	(나)
①	동네 의원	보건소
②	동네 의원	국민건강보험공단
③	종합 병원	보건소
④	종합 병원	국민건강보험공단

19 〈보기〉의 내용과 가장 관계가 깊은 것은?

> **• 보 기 •**
>
> • 나이나 상황에 관계없이 관심이 있거나 필요한 분야를 찾아 계속 공부하는 것이다.
> • 기초 문해 교육, 학력 보완 교육, 직업 능력 교육 등이 있다.
> • 행정복지센터, 도서관, 문화 시설 등의 다양한 장소에서 실시되고 있다.

① 평생교육 ② 고등 교육
③ 중등 교육 ④ 학원 교육

20 한국의 교육에 대한 설명으로 옳은 것은?

① 한국의 대학 진학률은 OECD 국가 중 최고 수준으로 약 90%에 달한다.
② 한국에서는 교육이 사회적 지위를 상승시킬 수 있는 주요 방법으로 인식된다.
③ 고등학교는 의무 교육에 해당되므로 거의 모든 학생들이 고등학교에 진학한다.
④ 한국은 대학 등록금이 비싸지 않기 때문에 대학 진학률이 매우 높게 나타난다.

21 한국의 식사 예절에 대한 설명으로 옳은 것을 〈보기〉에서 모두 고른 것은?

> **• 보 기 •**
>
> ㄱ. 밥그릇이나 국그릇을 손으로 들고 먹어도 된다.
> ㄴ. 식사할 때는 윗사람이 수저를 들 때까지 기다려야 한다.
> ㄷ. 식사할 때는 큰 소리를 내며 먹고 대화를 많이 해야 한다.
> ㄹ. 기침이 날 때는 얼굴을 옆으로 돌리고 입을 가리고 해야 한다.

① ㄱ, ㄴ   ② ㄱ, ㄷ
③ ㄴ, ㄹ   ④ ㄷ, ㄹ

22 한국인이 중시하는 연고에 대한 설명으로 옳은 것을 〈보기〉에서 모두 고른 것은?

> **• 보 기 •**
>
> ㄱ. 지연이란 같은 학교 출신으로 맺어진 인연을 말한다.
> ㄴ. 학연이란 같은 고향이나 출신 지역으로 맺어진 인연을 말한다.
> ㄷ. 혈연이란 가족이나 친척 관계 등 핏줄로 맺어진 인연을 말한다.
> ㄹ. 한국인이 연고를 중시하는 것은 공동체를 중요시하는 것과 관계가 있다.

① ㄱ, ㄴ   ② ㄱ, ㄷ
③ ㄴ, ㄹ   ④ ㄷ, ㄹ

23 한국의 종교에 대한 설명으로 옳은 것은?

① 한국은 종교의 자유가 인정되는 나라로 모든 국민은 종교를 가지고 있다.
② 개신교는 19세기에 선교사들에 의해 들어왔고 학교, 병원을 많이 설립했다.
③ 불교는 한국인의 가치관에 큰 영향을 끼친 종교로 제사가 대표적인 의식이다.
④ 유교는 자비를 강조하는 종교로 삼국 시대에 들어와 문화유산을 많이 남겼다.

24 삼권 분립에 대한 설명으로 옳지 <u>않은</u> 것은?

① 국가 권력을 여러 기관이 나누어 갖는 것이다.

② 국민의 권리와 이익 보호에 도움이 될 수 있다.

③ 대통령이 모든 권력을 가지고 다른 기관들을 견제한다.

④ 한국은 국가 권력을 국회, 정부, 법원의 세 기관에 나누었다.

25 한국의 선거에 대한 설명으로 옳은 것을 〈보기〉에서 모두 고른 것은?

─ • 보 기 •─

ㄱ. 직접 선거는 선거권을 가진 국민들이 직접 투표해서 대표를 뽑는 것이다.

ㄴ. 보통 선거는 성별, 재산, 학력, 권력, 종교 등 조건에 관계없이 한 표씩 투표하는 것이다.

ㄷ. 비밀 선거는 투표한 사람이 어느 후보나 정당을 선택했는지 다른 사람이 알지 못하게 하는 것이다.

ㄹ. 평등 선거는 국민으로서 만 18세가 되면 성별, 재산, 학력, 권력, 종교 등에 관계없이 누구나 선거에 참여할 수 있다는 것이다.

① ㄱ, ㄴ   ② ㄱ, ㄷ

③ ㄴ, ㄹ   ④ ㄷ, ㄹ

26 〈보기〉는 한국의 수출 상품들이다. 이를 연도 순서대로 바르게 배열한 것은?

─ • 보 기 •─

(가) 기계, 배, 철강

(나) 옷, 신발, 가방, 가발

(다) 반도체, 휴대폰, 신소재

(라) 자동차, 전기, 전자 제품

① (다) - (라) - (나) - (가)

② (다) - (나) - (가) - (라)

③ (나) - (가) - (라) - (다)

④ (나) - (라) - (다) - (가)

27 〈보기〉의 (가), (나)에 해당하는 제도의 명칭으로 옳은 것은?

> **• 보 기 •**
>
> (가) 원산지 표시, 유통 기한, 영양 성분 표시 등 소비자 안전에 중요한 내용을 반드시 표시하게 하는 제도
>
> (나) 생산자가 소비자에게 상품의 문제점을 알려주고, 그 상품을 수리 또는 교환해 주는 제도

	(가)	(나)
①	제조물 책임법	리콜 제도
②	제조물 책임법	의무표시제
③	의무표시제	리콜 제도
④	의무표시제	제조물 책임법

28 〈보기〉의 (   )에 공통으로 들어갈 말은?

> **• 보 기 •**
>
> 한국에서는 결혼을 하는 두 사람이 시청, 구청, 군청 등에 (   )을/를 해야 한다. (   )을/를 하면 부부로 인정받을 수 있고 법의 보호를 받는다. 하지만 (   )을/를 하지 않은 부부는 재산, 자녀 양육 등과 관련하여 법의 보호를 받지 못할 수 있다.

① 결혼식   ② 출생 신고
③ 혼인 신고   ④ 협의 이혼

29 〈보기〉의 내용에 공통적으로 해당되는 것은?

> **• 보 기 •**
>
> • 국가인권위원회
> • 국민권익위원회

① 피해를 보게 한 국가기관을 상대로 소송을 제기할 수 있다.
② 한국에 거주하는 이민자가 한국 사회에 적응하도록 돕고 있다.
③ 외국인의 권리를 보호하며 도움을 주기 위한 전문기관이 존재한다.
④ 한국은 민주주의 국가로서 국민의 권리를 보호하기 위해 노력하고 있다.

30 〈보기〉의 설명에 해당하는 것은?

> **• 보 기 •**
>
> 한국 국민 배우자와 혼인 상태 외국인으로 한국에 2년 이상 계속 거주하는 경우, 이 절차에 따라 국적을 취득할 수 있다.

① 간이귀화
② 영주절차
③ 일반귀화
④ 특별귀화

31 나라의 이름과 나라를 건국한 사람을 바르게 연결한 것은?

① 신라 - 단군
② 발해 - 왕건
③ 고려 - 대조영
④ 조선 - 이성계

32 〈보기〉에 해당하는 나라에 대한 설명으로 옳지 <u>않은</u> 것은?

> **• 보 기 •**
>
> • 삼국을 통일하였다.
> • 삼국 중 가장 늦게 세워졌다.

① 유교 사상을 바탕으로 나라를 다스렸다.
② 화랑도를 만들어 삼국 통일의 기반을 마련하였다.
③ 동양에서 가장 오래된 천문대인 첨성대를 만들었다.
④ 석굴암, 불국사와 같은 불교 문화가 크게 발달하였다.

33 한국의 역사적인 인물에 대한 설명으로 옳은 것을 〈보기〉에서 모두 고른 것은?

> • 보 기 •
>
> ㄱ. 서희는 싸우지 않고 외교로 전쟁을 막았다.
> ㄴ. 허난설헌은 1919년 3·1 운동에 참여하였다.
> ㄷ. 이순신 장군은 거북선을 만들어서 일본군을 물리쳤다.
> ㄹ. 김만덕은 제주도에 심한 흉년이 들었을 때 이 사실을 왕에게 알렸다.

① ㄱ, ㄷ   ② ㄱ, ㄹ
③ ㄴ, ㄷ   ④ ㄴ, ㄹ

34 〈보기〉와 관련된 지역에 대한 설명으로 옳지 <u>않은</u> 것은?

> • 보 기 •
>
> • 2018년 동계 올림픽 개최
> • 설악산, 경포대, 낙산 해수욕장

① 산지가 많아 고랭지 농업과 목축업이 발달하였다.
② 이 지역에서 강릉 단오제와 대관령 눈꽃 축제가 열린다.
③ 태백산맥을 기준으로 영동지방과 영서지방으로 구분한다.
④ 과학 도시가 만들어져서 사이언스 페스티벌이 열리고 있다.

35 다음 중 각 지역의 축제에 대한 설명으로 옳지 <u>않은</u> 것은?

① 경상지역의 대표적인 축제로 안동 국제 탈춤 페스티벌이 있다.
② 전라지역의 대표적인 축제로 세계 도자기 엑스포를 들 수 있다.
③ 충청지역의 대표적인 축제로 보령 머드 축제, 백제 문화제가 있다.
④ 서울의 대표적인 축제로 서울 빛초롱 축제, 서울 거리 예술 축제가 있다.

36 (가), (나)에서 설명하는 계절의 현상에 알맞은 날씨는?

> (가) 사람들이 단풍 구경을 많이 한다.
> (나) 폭설과 같은 자연재해가 발생한다.

	(가)	(나)
①	따뜻한 날씨	덥고 습한 날씨
②	습하고 무더운 날씨	습하고 추운 날씨
③	화창하고 건조한 날씨	춥고 건조한 날씨
④	따뜻하고 건조한 날씨	따뜻하고 무더운 날씨

〈여기서부터는 귀화용(심화) 문제입니다.
귀화를 준비하시는 분들은 아래의 문제도 풀어 주시기 바랍니다.〉

모바일 자동채점

01 다음 중 대한민국 국민의 권리에 대한 설명으로 옳지 <u>않은</u> 것은?

① 사회권이란 인간다운 생활에 필요한 최소한의 수준을 보장받을 권리를 말한다.
② 평등권이란 조건이나 상황에 관계없이 무조건 똑같이 대우받을 권리를 말한다.
③ 참정권이란 정치에 참여할 수 있는 권리로 자신이 직접 후보자가 될 수도 있다.
④ 자유권이란 국가 권력에 의해 개인의 자유가 함부로 제한받지 않을 권리를 말한다.

02 〈보기〉의 내용으로 알 수 있는 것은?

> **• 보기 •**
> • 6·15 남북 공동 선언
> • 10·4 남북 공동 선언

① 유신 체제가 만들어졌다.
② 남북 관계가 개선되었다.
③ 평창 동계 올림픽을 개최하였다.
④ 한국의 민주화 발전에 영향을 주었다.

03 〈보기〉의 내용 중 통일 비용으로 옳은 것을 모두 고른 것은?

┌─ • 보 기 •───┐
│ ㄱ. 외교적 경쟁 비용   │
│ ㄴ. 경제적 투자 비용   │
│ ㄷ. 남북 제도 통합 비용   │
│ ㄹ. 남북 갈등에 대한 불안   │
└───┘

① ㄱ, ㄴ   ② ㄴ, ㄷ
③ ㄷ, ㄹ   ④ ㄱ, ㄹ

04 〈보기〉의 (가), (나), (다)에 들어갈 용어로 알맞은 것은?

┌─ • 보 기 •───┐
│   (가), (나), (다)은/는 재화와 서비스를 생산, 분배, 소비하는 경제 주체이 │
│ 다. (가)은/는 주로 재화와 서비스를 소비하는 역할을 하며, (나)의 가장 큰 역할 │
│ 은 생산의 역할이다. (가)은/는 (나)에 토지, 노동, 자본을 제공하고 그 대가로 지 │
│ 대, 임금, 이자를 받는다. (다)은/는 (가)와/과 (나)에게 받은 세금으로 사회 │
│ 전체의 이익을 위해 공공재나 사회간접자본을 제공한다.   │
└───┘

	(가)	(나)	(다)
①	기업	정부	가계
②	정부	가계	기업
③	가계	정부	기업
④	가계	기업	정부

05 〈보기〉의 (   )에 공통으로 들어갈 용어로 알맞은 것은?

> **• 보 기 •**
>
> • 형법, 관세법, 마약법처럼 많은 사람에게 피해를 줄 수 있는 범죄에 (   )이/가 적용된다.
> • 어린이 보호 구역에서 과속을 하다 교통사고를 내면 (   )(으)로 더 무거운 처벌을 받게 된다.

① 영장주의
② 무죄추정의 원칙
③ 특정범죄가중처벌법
④ 국선변호인 선정제도

06 6·25 전쟁이 시작된 후 3일 만에 서울을 뺏기고 대한민국 정부는 부산으로 내려갔는데, 유엔(UN)군의 이 사건 이후 전쟁의 분위기가 바뀌었다. 이 사건은?

① 1·4 후퇴
② 인천상륙작전
③ 정전 협정 체결
④ 광주 민주화 운동

07 국민의 권리이면서 의무인 것으로 옳지 <u>않은</u> 것은?

① 교육을 받을 권리와 자녀에게 교육을 받게 할 의무
② 세금을 선택할 수 있는 권리와 세금을 내야 하는 의무
③ 건강하고 쾌적한 환경에서 살 권리와 환경을 보호해야 할 의무
④ 일을 하고 임금을 받을 권리와 자신을 위해 일을 해야 할 의무

08 〈보기〉의 (가), (나)에 들어갈 말로 알맞은 것은?

> **• 보 기 •**
>
> (가)은 부부 중 한쪽이 이혼에 동의하지 않을 때 이혼하는 것을 말하는데, (나)의 재판을 통해서 이혼을 할 수 있다.

	(가)	(나)
①	협의 이혼	가정법원
②	협의 이혼	고등법원
③	재판상 이혼	가정법원
④	재판상 이혼	고등법원

09 〈보기〉의 ( )에 들어갈 용어로 알맞은 것은?

> **• 보 기 •**
>
> 독립운동가이자 대한민국 임시정부의 지도자였던 김구는 남한만의 총선거를 막고 남북한의 통일 정부 수립을 위해서 평양에 가서 ( )을 벌였으나 성과를 거두지 못했다.

① 독립운동
② 남북 협상
③ 정전 협정
④ 인천상륙작전

10 다음 중 국제연합(UN)에서 사무총장으로 일했던 사람은?

① 김종양
② 이종욱
③ 이회성
④ 반기문

다음 내용을 포함하여 '한국의 문화유산'이라는 제목으로 답안지에 200자 내로 글을 쓰시오.

- 한국에는 어떤 문화유산이 있습니까?
- 그 문화유산의 특징은 무엇입니까?
- 그 문화유산에는 어떤 가치가 있습니까?

※ 작문시험 답안지에 제목은 생략하고 본문만 쓰세요. (수정 시 두 줄로 긋고 재기입 가능)

구술시험

[01-03] 다음 글을 읽고 구술감독관의 질문에 답하여 주시기 바랍니다.

> 한국 사람들이 사회생활을 하면서 친목을 도모하기 위해 참석하는 대표적인 모임으로는 '동창회'와 '동호회'가 있다. 동창회는 같은 학교를 졸업한 사람들이 모여서 친목을 도모하는 모임으로 연말이면 송년회를 개최하고, 체육 대회나 단체 여행을 가기도 한다. 한편 동호회는 사진 촬영, 악기 연주, 등산, 스포츠, 영어 공부 등 같은 취미를 가진 사람들이 모여서 함께 즐기는 모임으로 인터넷 커뮤니티나 지역을 중심으로 만들어지며 학교나 직장에서 만들어지기도 한다. 보통은 온라인에서 정보를 공유하는 모임이 먼저 만들어진 다음에 오프라인 모임으로 연결된다. 사람들은 동호회에 가입하여 취미와 관련된 다양한 정보를 공유하거나 새로운 사람을 만나기도 한다.

01 동창회는 어떤 모임이고 동호회는 어떤 모임입니까?

02 동호회에 가입하면 어떤 점이 좋습니까?

03 _____ 씨는 어떤 동호회에 가입하고 싶습니까?

그 이유는 무엇입니까?

04 '교육열'이 무엇입니까? 한국에서 교육열이 높은 이유는 무엇입니까?

한국은 교육열이 높은 편인데 이것의 장점과 단점은 무엇입니까?

05 '저출산'의 의미를 설명해 보세요. '고령화'의 의미를 설명해 보세요.

저출산과 고령화의 문제를 해결할 수 있는 방법에는 어떤 것이 있습니까?

⏱ 시험 시간 60분(객관식＋작문형) ┃ 정답 및 해설 p.207

필기시험

[01-10] 다음 (　　)에 가장 알맞은 것을 고르시오.

01 제인 씨와 수잔 씨가 (　　　　) 학교에 안 온 것 같다.

① 금방　　　　　　　　　② 먼저

③ 아직　　　　　　　　　④ 일찍

02 3년 전에 (　　　　) 사고로 남편을 잃었다.

① 답답한　　　　　　　　② 어색한

③ 시끄러운　　　　　　　④ 안타까운

03 요즘 젊은 사람들은 주택보다 아파트를 (　　　　).

① 독립한다　　　　　　　② 분가한다

③ 선호한다　　　　　　　④ 전담한다

04 한국어 실력이 부족해서 의사소통에 (　　　　)이/가 있다.

① 고충　　　　　　　　　② 이익

③ 이해　　　　　　　　　④ 적응

05 가: 인터넷이 왜 이렇게 느릴까요?

나: 지하에 (   ) 와이파이 연결이 잘 안 되는 것 같아요.

① 있어야

② 있어도

③ 있는 데다가

④ 있어서 그런지

06 가: 지금 밥 먹으러 갈래요?

나: 아니요, 이 일을 (   ) 갑시다.

① 끝내려면

② 끝낸 다음에

③ 끝내고 해서

④ 끝내 가지고

07 가: 포도를 왜 이렇게 많이 샀어요?

나: 집에 오다가 (   ) 많이 샀어요.

① 맛있더니

② 맛있는 한

③ 맛있어 보여서

④ 맛있는 대신에

08 가: 안젤라 씨는 매일 운동을 하세요?

나: 네, 늦게 (   ) 아침 6시에 일어나서 집 앞 공원을 달려요.

① 자도

② 자면

③ 자면서

④ 자니까

09

나는 작년에 한국어 말하기 대회에 ( ).

① 나갈 것이다   ② 나간 적이 있다

③ 나가기 때문이다   ④ 나가고 싶어 한다

10

꼼꼼한 사람이라도 서두르면 ( ).

① 실수해 간다   ② 실수할 수 없다

③ 실수하는 법이다   ④ 실수하기로 했다

[11-12] 다음을 한 문장으로 알맞게 연결한 것을 고르시오.

11

동생은 매일 열심히 운동하다 / 건강이 좋아지다

① 동생은 매일 열심히 운동해도 건강이 좋아졌다.

② 동생은 매일 열심히 운동하더니 건강이 좋아졌다.

③ 동생은 매일 열심히 운동하느라고 건강이 좋아졌다.

④ 동생은 매일 열심히 운동하기는커녕 건강이 좋아졌다.

12

게임을 계속하다 / 중독되다 / 못 하게 하다

① 게임을 계속해서 중독된 다음에 못 하게 하면 된다.

② 게임을 계속하려면 중독된 적이 있어서 못 하게 한다.

③ 게임을 계속할수록 중독된 것 같아 못 하게 할 뻔했다.

④ 게임을 계속하면 중독될 수 있으니까 못 하게 해야 한다.

13 다음 중 재활용품 분리배출 방법으로 옳지 <u>않은</u> 것은?

① 상자는 테이프나 스티커를 제거하고 펼쳐서 배출한다.

② 스티로폼은 모든 이물질을 없애고 분리배출 해야 한다.

③ 음료수병은 배출하기 전에 내용물을 모두 비워야 한다.

④ 투명 페트병은 유색 페트병과 함께 전용 수거함에 배출한다.

14 다음 (　　) 에 알맞은 것을 고르시오.

외국인들이 한국에 살다 보면 문화 차이나 의사소통 문제로 스트레스를 받을 때가 많다. 보통 이럴 때 스트레스를 해소하기 위해서 아무것도 하지 않고 휴식을 취한다고 한다. 그렇지만 휴식을 취하는 것보다 조금 더 (　　　　　　　　　　) 스트레스를 풀어 보는 것이 좋다. 실내나 야외에서 취미 활동을 하면 스트레스를 더 잘 해소할 수 있을 것이다.

① 쉬운 방법으로

② 열심히 일하면서

③ 적극적인 방법으로

④ 한국어를 공부하면서

한국의 학교는 초등학교 6년, 중학교 3년, 고등학교 3년, 대학교 4년으로 이루어져 있다. 초등학교와 중학교는 의무 교육이며, 일반 고등학교와 대안 학교로 이루어진 고등학교는 무상 교육이다. 또한 학교 교육 이외에 검정고시에 합격하면 초, 중, 고등학교를 졸업한 것과 같은 자격을 얻기도 한다. 한국의 대학은 2년제 또는 3년제 전문대학과 4년제 대학이 있다. 대학 입시 유형에는 수시 모집과 정시 모집이 있으며 그 외 (㉠   )와 같이 특별한 조건을 갖춘 학생만 지원할 수 있는 전형도 있다. 한국은 대학 진학률이 70%로 경제협력개발기구(OECD) 국가 중 1위를 할 만큼 교육열이 높다. 그 때문에 생긴 부작용도 있지만, 덕분에 다양한 분야에서 빠르게 발전할 수 있었다.

15 윗글의 제목으로 가장 알맞은 것을 고르시오.

① 대학 입시 방법

② 한국의 교육 제도

③ 검정고시 신청 자격

④ 교육열의 장점과 단점

16 윗글의 ㉠에 들어갈 내용으로 알맞은 깃을 고르시오.

① 일반 고등학교 학생

② 교육열이 높은 부모의 자녀

③ 외국인이나 다문화 가정 자녀

④ 수시나 정시 모집에 합격한 학생

[17-36] 다음 물음에 맞는 답을 고르시오.

17 한국의 직장 문화에 대한 설명으로 옳은 것을 〈보기〉에서 모두 고른 것은?

> **• 보 기 •**
>
> ㄱ. 오전 9시부터 오후 6시까지 9시간 정도 일한다.
> ㄴ. 대부분의 직장에서는 주 5일제를 적용하고 있다.
> ㄷ. 회식은 회사 직원들끼리 회사 근처에서 일하는 모임이다.
> ㄹ. 저녁을 먹고 밤늦게까지 일하는 것을 '시간 외 근무'라고 한다.

① ㄱ, ㄴ   ② ㄱ, ㄷ
③ ㄴ, ㄹ   ④ ㄷ, ㄹ

18 한국의 교통수단에 대한 설명으로 옳은 것을 〈보기〉에서 모두 고른 것은?

> **• 보 기 •**
>
> ㄱ. 최근에는 시내버스의 도착 시간을 미리 알 수 있다.
> ㄴ. 고속철도는 한국에서 가장 빠른 기차로 다른 기차보다 비싸다.
> ㄷ. 지하철은 전국 어디에서나 이용할 수 있고, 환승도 할 수 있다.
> ㄹ. 도로의 일부 중 자가용만 이용할 수 있는 전용 차로를 운영한다.

① ㄱ, ㄴ   ② ㄱ, ㄹ
③ ㄴ, ㄷ   ④ ㄷ, ㄹ

19 한국의 초 · 중등 교육에 대한 설명으로 옳지 <u>않은</u> 것은?

① 의무 교육 기간은 9년으로 초등학교와 중학교에서 이루어진다.
② 행정복지센터에 신청하면 자녀의 초등학교 입학을 미룰 수 있다.
③ 각 학년은 1학기와 2학기가 있으며 매년 9월에 1학기가 시작된다.
④ 가정통신문과 알림장을 보내 학부모에게 각종 교육 정보를 제공한다.

20 한국에서의 대학 입학 방법으로 옳은 것은?

① 수시 모집은 수능 성적을 중심으로 학생을 뽑는 방법이다.

② 정시 모집은 학교 생활 기록부를 중심으로 학생을 뽑는 방법이다.

③ 대학교마다 모집 요강이 있지만 학생 선발 방법이 모두 동일하다.

④ 수능 시험은 매년 11월에 실시되며 대학 진학을 위한 중요한 시험이다.

21 〈보기〉의 내용에 공통적으로 해당하는 설명은?

> •보 기•
>
> • '우리'라는 표현을 자주 사용한다.
> • 상부상조의 풍습으로 대표적인 것은 두레와 품앗이이다.
> • 1997년 외환 위기 때 '금 모으기 운동'으로 위기를 극복하는 데 도움을 주었다.

① 높임말을 사용하며 예절을 잘 지킨다.

② 자신과 비슷한 점을 찾아 가까워진다.

③ 일상생활에 유교 문화가 이어져 오고 있다.

④ 한국 사람들은 공동체를 중요하게 생각한다.

22 한국의 장례식에 대한 설명으로 옳은 것을 〈보기〉에서 모두 고른 것은?

> •보 기•
>
> ㄱ. 요즘에는 주로 병원의 장례식장에서 장례식을 치른다.
> ㄴ. 고인의 사진에는 한 번, 유족에게는 두 번 절을 한다.
> ㄷ. 문상객은 대부분 검은색 옷을 입고 축의금을 준비한다.
> ㄹ. 고인을 묘지에 매장하거나 화장한 후 봉안당이나 추모공원에 모신다.

① ㄱ, ㄴ   ② ㄱ, ㄹ

③ ㄴ, ㄷ   ④ ㄷ, ㄹ

23 다음 중 대통령의 권한이 <u>아닌</u> 것은?

① 범죄자의 형벌을 면제할 수 있다.
② 나라 살림에 필요한 예산을 확정한다.
③ 국무총리나 장관 등 공무원을 임명한다.
④ 한국을 대표하여 외국과 조약을 맺는다.

24 한국의 행정부에 대한 설명으로 옳은 것을 〈보기〉에서 모두 고른 것은?

─● 보 기 ●─

ㄱ. 국민에게 필요한 법을 해석하고 직접 집행한다.
ㄴ. 행정부의 최고 책임자는 대통령이며 5년 단임제이다.
ㄷ. 국민의 뜻을 반영하여 국민 생활에 필요한 법을 만든다.
ㄹ. 법무부, 교육부 등의 기관은 장관을 중심으로 국민을 위한 정책을 집행한다.

① ㄱ, ㄷ   ② ㄱ, ㄹ
③ ㄴ, ㄷ   ④ ㄴ, ㄹ

25 〈보기〉의 (가), (나)에 해당하는 선거의 명칭으로 옳은 것은?

─● 보 기 ●─

(가) 정부의 최고 책임자를 뽑는 선거로 5년마다 실시되며 3월에 선거를 한다.
(나) 각 지역의 대표자를 뽑는 선거로 4년마다 실시되며 6월에 선거를 한다.

	(가)	(나)
①	대통령 선거	지방 선거
②	국회의원 선거	대통령 선거
③	대통령 선거	국회의원 선거
④	지방 선거	대통령 선거

26 〈보기〉의 내용을 통해 공통적으로 설명할 수 있는 사항으로 가장 적절한 것은?

• 보 기 •

- 한강의 기적
- 어려움을 극복하겠다는 의지
- 가난해도 공부하겠다는 교육열

① 한강 덕분에 한국의 경제가 빠르게 발전하였다.

② 경제 성장을 계속하기 위해 첨단 산업의 발달에 힘쓰고 있다.

③ 2011년 한국의 무역 규모는 세계 9위로 1조 달러를 넘어섰다.

④ 한국의 빠른 경제 성장 배경에는 한국인의 의지와 교육열이 있었다.

27 다음 중 은행의 특징을 〈보기〉에서 모두 고른 것은?

• 보 기 •

ㄱ. 예금 금리가 높은 편이다.
ㄴ. '금융실명제'가 실시되고 있다.
ㄷ. 규모가 작고 지점 수가 많지 않다.
ㄹ. '예금자 보호제도'를 시행하고 있다.

① ㄱ, ㄷ   ② ㄱ, ㄹ
③ ㄴ, ㄷ   ④ ㄴ, ㄹ

28 시장에 대한 설명으로 옳지 <u>않은</u> 것은?

① 백화점은 농수산물부터 공산품까지 다양한 종류의 물건을 판다.

② 정기 시장이 많이 사라졌지만 아직도 3일장, 5일장 등이 남아 있다.

③ 전통 시장에서는 상인과 소비자가 흥정하는 모습을 흔히 볼 수 있다.

④ 대형 마트는 물건값이 대체로 싸고 자신이 직접 키운 농산물을 판다.

29 〈보기〉의 내용과 가장 관계 깊은 것은?

> **• 보 기 •**
>
> • 2007년에 제정된 법이다.
> • 외국인들이 한국 사회에 잘 적응할 수 있도록 이 법을 만들었다.
> • 이 법으로 외국인들은 한국 사회에서 불합리하게 차별받지 않고 인권을 보장받는다.

① 국적법
② 소비자 기본법
③ 출입국 관리법
④ 재한외국인처우기본법

30 〈보기〉의 (가), (나)에 들어갈 용어로 적절한 것은?

> **• 보 기 •**
>
> 한국에서는 부부가 각각 자기의 재산을 가질 수 있으며 자기의 뜻에 따라 재산을 처분할 수 있는 권리가 있는데 이를 (가)라고 한다. 하지만 부부 중 어느 한쪽의 이름으로 되어 있는 재산이라도 부부가 결혼한 후에 함께 노력하여 모은 재산은 (나)으로 본다.

	(가)	(나)
①	부부 별산제	사유 재산
②	소유권이전등기	사유 재산
③	부부 별산제	공동 재산
④	소유권이전등기	공동 재산

31 〈보기〉의 내용에 공통적으로 해당되는 귀화는?

> **• 보 기 •**
>
> • 한국과 일정한 관계가 있는 외국인이 신청할 수 있다.
> • 한국에 3년 이상 살았으며 부모 중 한쪽이 한국 국민이었던 경우 신청할 수 있다.

① 간이귀화   ② 일반귀화
③ 특별귀화   ④ 혼인귀화

32 〈보기〉는 한국 역사의 흐름을 나타낸 것이다. 이를 적절한 순서로 배열한 것은?

> • 보 기 •
>
> 고조선 건국 → (가) 고려 시대 → (나) 삼국 시대 → (다) 일제강점기 → (라) 조선 시대
> → (마) 남북국 시대 → 대한민국 정부 수립

① (가) → (나) → (다) → (라) → (마)

② (나) → (마) → (가) → (라) → (다)

③ (나) → (마) → (라) → (가) → (다)

④ (마) → (나) → (가) → (다) → (라)

33 고대국가 중 일본에 문화를 전파하여 일본과 가장 많이 교류한 나라는?

① 신라

② 백제

③ 고구려

④ 고조선

34 〈보기〉의 (가), (나)에 해당하는 인물로 옳은 것은?

> • 보 기 •
>
> (가) 이화학당 학생이었던 이 사람은 1919년 3·1 운동이 일어나자 친구들과 함께 독립운동
> 에 참여했고 고향인 천안에 내려가서 만세 운동을 벌였다.
> (나) 홍길동전을 지은 사람의 누나로, 어렸을 때부터 글재주가 뛰어나고 시를 잘 지었다.
> 이 사람의 시는 중국과 일본에서 높은 평가를 받았고 큰 인기를 얻기도 했다.

	(가)	(나)
①	유관순	허균
②	김만덕	허균
③	유관순	허난설헌
④	김만덕	허난설헌

35 한국의 기후와 계절에 대한 설명 중 옳은 것은?

① 봄에는 지구 온난화의 영향으로 춥고 건조하며 찬바람이 부는 날이 많다.

② 여름에는 무덥고 습하며 집중호우, 태풍이 올 수 있으므로 대비해야 한다.

③ 가을에는 밤에도 무더위가 남아 있고 건조한 편이며 단풍과 낙엽을 볼 수 있다.

④ 겨울에는 눈이 많이 내리고 황사와 미세 먼지가 자주 있어서 마스크를 꼭 써야 한다.

36 〈보기〉에 해당하는 지역에 대한 설명으로 옳은 것은?

> • 보 기 •
> • 2024년 기준 인구는 약 1,000만 명이다.
> • 여러 가지 도시 문제들이 나타나고 있다.
> • 한반도 전체 면적에서 차지하는 비중은 0.6%밖에 안 된다.

① 수도권과 영남, 호남지역을 이어주는 교통의 중심지이다.

② 대한민국의 수도로 정치, 경제, 문화, 역사의 중심지이다.

③ 정부 주요 기관들이 옮겨 오면서 행정의 새로운 중심지가 되고 있다.

④ 한국 최대의 국제공항을 중심으로 세계 많은 나라 간의 교류를 이어주고 있다.

〈여기서부터는 귀화용(심화) 문제입니다.

귀화를 준비하시는 분들은 아래의 문제도 풀어 주시기 바랍니다.〉

모바일 자동채점

01 다음 중 사회보험에 해당하지 <u>않는</u> 것은?

① 국민연금

② 고용보험

③ 의료급여제도

④ 산업재해보상보험

02 광복 이후 한국이 분단된 배경으로 가장 적절한 것은?

① 북쪽은 소련의 영향을, 남쪽은 미국의 영향을 많이 받게 되었다.

② 3・1 운동 이후 중국 상하이에 대한민국 임시정부를 수립하였다.

③ 이승만 대통령은 남한만의 정부를 구성하고 대한민국 정부를 수립하였다.

④ 한국은 1910년 일본에 주권을 빼앗겼지만 끊임없이 독립을 위해 노력했다.

03 〈보기〉의 내용을 통해 알 수 있는 것으로 가장 적절한 것은?

> **• 보 기 •**
> • 선거와 투표
> • 집회, 시위에 참가
> • 정당, 시민단체, 이익집단에 가입하여 활동

① 한국은 기본적으로 직접민주주의를 채택하고 있다.

② 국민이 정치에 참여할 수 있는 여러 가지 방법이 있다.

③ 한국은 정부 수립 이후 현재까지 민주 정치의 발전을 이루어 왔다.

④ 중앙 정부의 권력 남용을 막고 지역 주민이 정치에 참여할 수 있다.

04 시장경제체제가 잘 작동하도록 돕는 정부의 역할로 옳지 <u>않은</u> 것은?

① 정부가 경제 활동 전반을 효율적으로 계획하고 통제한다.

② 국민의 건강에 해로운 상품을 유통시킨 기업을 처벌한다.

③ 공정거래위원회는 소비자에게 피해를 주는 기업을 규제한다.

④ 정부는 경제적 약자들이 소외되지 않도록 복지 정책을 펼친다.

05 〈보기〉의 내용을 통해 공통적으로 설명할 수 있는 사항으로 가장 적절한 것은?

> **• 보기 •**
>
> • 배우자가 부정한 행위를 했을 때
> • 배우자가 살았는지 죽었는지 3년 이상 알 수 없을 때
> • 부부로서 동거하지 않거나 상대방을 부양하지 않을 때

① 자녀를 키울 수 있다.
② 혼인 신고를 할 수 있다.
③ 1순위로 상속을 받을 수 있다.
④ 정당하게 이혼을 요구할 수 있다.

06 한국의 정당에 대한 설명으로 옳지 않은 것은?

① 정치적 견해가 비슷한 사람들이 만든 집단이다.
② 정치적 주장을 통해서 국민의 이익을 대변한다.
③ 여러 가지 공약과 정책을 개발하고 다른 정당과 경쟁한다.
④ 민법에서 2개 이상의 정당이 활동할 수 있도록 복수정당제를 보장한다.

07 〈보기〉의 (가), (나)에 들어갈 용어로 적절한 것은?

> **• 보기 •**
>
> 주식 투자는 증권사에서 어떤 회사의 주식을 구입하는 투자방식으로 자신이 투자한 회사가 이익을 남기면 주식 가격이 오르게 되고 (가)도 받을 수 있지만 반대의 경우에는 손해를 볼 수도 있다. (나)은/는 정부나 기업에서 돈이 필요할 때 발행하는 증서로 회사에서 발행하는 회사채와 국가에서 발행하는 국채 등이 있다.

	(가)	(나)
①	차익	채권
②	차익	펀드
③	배당금	채권
④	배당금	펀드

08 〈보기〉의 (　　　)에 공통으로 들어갈 말로 알맞은 것은?

> • 보 기 •
>
> 법률혼은 (　　　　)을/를 통해 법률상 부부로 인정받는 혼인이며, 사실혼은 (　　　)을/를 하지 않았기 때문에 법률상의 부부로 인정할 수 없는 상태를 말한다.

① 혼인 신고
② 이중 혼인
③ 재판상 이혼
④ 이혼 조정 제도

09 국가의 조직과 통치 원리, 국민의 권리와 의무를 규정해 놓은 국가의 최고법은?

① 민법
② 형법
③ 헌법
④ 근로기준법

10 〈보기〉의 (가), (나)에 들어갈 말로 알맞은 것은?

> • 보 기 •
>
> • 1960년 이승만 정부의 부정 선거로 인해 (　가　)이/가 발생했다.
> • 1972년 박정희 대통령은 대통령의 권한을 강화하기 위해 (　나　)을/를 만들었다.

	(가)	(나)
①	4 · 19 혁명	군사 정변
②	4 · 19 혁명	유신 체제
③	5 · 18 민주화 운동	군사 정변
④	5 · 18 민주화 운동	유신 체제

다음 내용을 포함하여 '내가 하고 싶은 일'이라는 제목으로 답안지에 200자 내로 글을 쓰시오.

- 앞으로 한국에서 어떤 일을 하고 싶습니까?
- 왜 그 일을 하고 싶습니까?
- 그 일을 하기 위해서 지금 무엇을 하고 있습니까?

※ 작문시험 답안지에 제목은 생략하고 <u>본문만 쓰세요</u>. (수정 시 두 줄로 긋고 재기입 가능)

[01-03] 다음 글을 읽고 구술감독관의 질문에 답하여 주시기 바랍니다.

> 과학 기술이 발전하면서 음성으로 정보 검색을 할 수 있는 인공 지능이 등장하였다. 특히 날씨나 뉴스 등 궁금한 것을 물어보면 사람의 음성을 인식하여, 내장된 컴퓨터로 검색한 정보를 제공하는 인공 지능 스피커의 인기가 많다. 요즘은 집 안을 청소해 주는 로봇 청소기나 노인의 식사나 샤워를 돕는 실버 로봇, 병원에서 수술을 할 때 쓰이는 의료 로봇도 주목받고 있다. 또한 휴대 전화 하나로 집 안의 모든 것을 제어할 수 있는 사물 인터넷(IoT), 가고 싶은 여행지를 가상 현실 속에서 체험할 수 있는 가상 현실(VR) 등이 개발되어 우리의 삶을 편리하게 만들고 있다. 예전에는 사람들이 모든 일을 직접 했지만 이제는 과학 기술이 사람의 일을 대신해 주고 있으며 이러한 새로운 기술이 앞으로 우리의 사회를 어떻게 변화시킬지 기대가 된다.

01 과학 기술의 발전으로 새롭게 생긴 것들에는 무엇이 있습니까?

02 과학 기술의 발전으로 사람들의 삶이 어떻게 변화했습니까?

03 _____ 씨는 과학 기술의 발전으로 어떤 변화를 경험했습니까? 더 편리해진 것이 있습니까?

04 생활 속에서 일어나고 있는 가벼운 범죄를 경범죄라고 합니다.

경범죄에는 어떤 것들이 있습니까?

경범죄를 저지르지 말아야 하는 이유는 무엇입니까?

05 _____ 씨는 한국에서 어디에 가 봤습니까?

왜 그곳에 갔습니까? 그곳은 어떠했습니까?

_____ 씨가 가 본 곳을 소개하고 그곳의 특징을 말해 보세요.

시험 시간 60분(객관식 + 작문형) | 정답 및 해설 p.232

필기시험

객관식 01~36번

[01-10] 다음 (　)에 가장 알맞은 것을 고르시오.

01 머리가 아플 때는 (　　　　)을/를 먹으면 돼요.

① 감기약 　　　　　　　　② 소화제
③ 두통약 　　　　　　　　④ 해열제

02 저는 스트레스가 (　　　　) 조용한 음악을 들으면서 산책을 합니다.
그러면 머리가 맑아집니다.

① 걸리면 　　　　　　　　② 받으면
③ 쌓이면 　　　　　　　　④ 풀리면

03 우리 회사에서는 한국어와 중국어에 (　　　　) 직원을 구하고 있다.

① 능통한 　　　　　　　　② 대단한
③ 불편한 　　　　　　　　④ 지나친

04 휴대폰을 물에 빠뜨렸을 때 (　　　　) 전원을 켜면 안 됩니다.

① 아마 　　　　　　　　　② 온통
③ 저절로 　　　　　　　　④ 절대로

05 가: 왜 이렇게 작은 가방을 샀어요?
　　　　나: 인터넷에서 사진만 보고 큰 (　　　　　).

① 가방이 아니에요
② 가방이면 좋겠어요
③ 가방인 줄 알았어요
④ 가방이기 때문이에요

06 가: 이번 주말에 같이 등산을 할까요?
　　　　나: 미안해요. 친구와 경복궁에 (　　　　　).

① 가라고 했어요
② 가기로 했어요
③ 가는 편이에요
④ 가는 법이에요

07 가: 공항에 도착하면 바로 연락주세요.
　　　　나: 네, (　　　　　) 연락할게요.

① 도착해야
② 도착하면서
③ 도착하자마자
④ 도착하고 해서

08 가: 취직 준비를 한다면서요? 월급은 얼마나 받고 싶어요?
　　　　나: 당연히 많이 (　　　　　) 좋지요.

① 받도록　　　　　　　　　　② 받든지
③ 받으려면　　　　　　　　　④ 받을수록

09

> 밖이 시끄러워서 책을 (   ).

① 읽을 정도이다   ② 읽으려고 한다

③ 읽을 수 없었다   ④ 읽으려던 참이다

10

> 버스가 끊겨서 택시를 (   ).

① 탈 뻔했어요   ② 타 있었어요

③ 타지 마세요   ④ 탈 수밖에 없었어요

[11-12] 다음을 한 문장으로 알맞게 연결한 것을 고르시오.

11

> 몸이 아프다 / 부모님 생각이 나다

① 몸이 아파서 부모님 생각이 나는 척했다.

② 몸이 아프면 부모님 생각이 나기 마련이다.

③ 몸이 아플수록 부모님 생각이 나면 좋겠다.

④ 몸이 아프다시피 부모님 생각이 나려던 참이다.

12

> 버스를 타다 / 무단횡단을 하다 / 오토바이에 부딪히다

① 버스를 타려고 무단횡단을 하다가 오토바이에 부딪힐 뻔했다.

② 버스를 타려면 무단횡단을 하면서 오토바이에 부딪히곤 했다.

③ 버스를 탈 텐데 무단횡단을 하면 오토바이에 부딪힌 줄 알았다.

④ 버스를 타면서 무단횡단을 하는 대신에 오토바이에 부딪힐 정도이다.

13 다음 ( )에 알맞은 것을 고르시오.

사람들은 예상하지 못한 사건이나 상황을 만나면서 일시적으로 우울함을 경험하기도 한다. 하지만 이러한 기분에서 벗어나지 못하고 2주 이상 (   ) 우울증이 아닌지 한번 생각해 보아야 한다. 어떤 사람들은 우울증을 마음의 감기라고 하는데 실제로 전체 인구의 10% 정도가 우울증에 걸려 고통받고 있다고 한다. 우울증이 의심될 때는 무엇보다도 빨리 치료받는 것이 중요하다.

① 감기 증상이 나타난다면
② 우울한 기분이 지속된다면
③ 병원에 가서 상담을 받은 후에
④ 우울증을 발견하여 치료받는다면

14 다음 문화유산 아카데미에 대한 설명으로 옳은 것은?

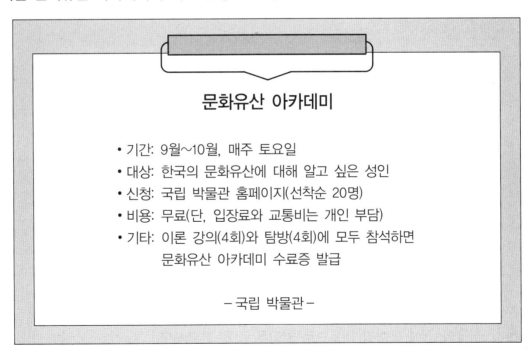

문화유산 아카데미

- 기간: 9월~10월, 매주 토요일
- 대상: 한국의 문화유산에 대해 알고 싶은 성인
- 신청: 국립 박물관 홈페이지(선착순 20명)
- 비용: 무료(단, 입장료와 교통비는 개인 부담)
- 기타: 이론 강의(4회)와 탐방(4회)에 모두 참석하면
  문화유산 아카데미 수료증 발급

– 국립 박물관 –

① 이론 강의는 두 달 동안 진행되며 평일에 한다.
② 입장료와 교통비는 개인이 각자 준비해야 한다.
③ 문화유산 아카데미를 신청한 사람에게 수료증을 발급해 준다.
④ 한국 문화유산에 대해 공부하고 싶은 사람은 누구나 신청할 수 있다.

[15–16] 다음을 읽고 물음에 답하시오.

현대인들은 생활 습관병이라고도 하는 고혈압, 당뇨, 암 등에 많이 시달리고 있다. 이 성인병들은 원인이 명확하게 확인되지는 않았지만 (㉠)와/과 밀접한 관련이 있다고 본다. 고혈압이나 당뇨는 탄수화물과 소금의 지나친 섭취, 기름진 식사 등과 관계가 있다. 또한 한국인의 사망 원인 1위를 차지하는 암은 음주, 흡연, 운동 부족, 잘못된 식습관, 스트레스 등이 큰 영향을 미치는 것으로 알려져 있다. 그럼 우리는 이러한 성인병을 어떻게 예방해야 할까? 전문가들의 조언에 따르면 적절한 치료와 생활 습관의 변화가 중요하다고 한다. 귀찮더라도 규칙적인 운동과 균형 잡힌 식사가 필요하다. 운동은 일주일에 3일 이상 꾸준히 해야 하고, 식사는 고기뿐만 아니라 채소와 과일까지 골고루 섭취해야 한다. 이렇게 일상생활에서 올바른 생활 습관을 지킨다면 건강한 삶을 살아갈 수 있을 것이다.

15 윗글의 제목으로 가장 알맞은 것을 고르시오.

① 고혈압을 일으키는 다양한 원인
② 운동 부족이 건강에 미치는 영향
③ 성인병 예방에 효과적인 식사 방법
④ 성인병 예방을 위한 건강한 생활 습관

16 윗글의 ㉠에 들어갈 내용으로 알맞은 것을 고르시오.

① 과도한 스트레스
② 잘못된 생활 습관
③ 지나치게 부족한 잠
④ 건강에 대한 정보 부족

[17-36] 다음 물음에 맞는 답을 고르시오.

17 〈보기〉의 내용에 공통적으로 해당되는 것은?

> • 보 기 •
> • 생활이 어려운 사람의 기본적인 생활 수준을 보장한다.
> • 소득이 최저 생계비보다 적은 저소득층은 생활비를 지원받을 수 있다.

① 공공부조
② 사회보험
③ 건강보험
④ 사회복지서비스

18 한국 농촌의 문제점을 해결하기 위한 방법으로 맞는 것을 〈보기〉에서 모두 고른 것은?

> • 보 기 •
> ㄱ. 귀농 인구가 늘어나 주택이 부족하여 신도시를 건설한다.
> ㄴ. 급속한 산업화와 농업의 기계화로 인해 인구가 집중되고 있다.
> ㄷ. 편의 시설을 늘리고 인터넷과 같은 정보화 교육을 실시하고 있다.
> ㄹ. 새로운 기술로 농촌의 생산성을 높이기 위한 노력을 계속하고 있다.

① ㄱ, ㄴ   ② ㄱ, ㄷ
③ ㄴ, ㄹ   ④ ㄷ, ㄹ

19 한국의 고등 교육기관에 대한 설명으로 옳지 <u>않은</u> 것은?

① 한국의 고등 교육기관에는 고등학교, 대학교, 대학원이 있다.
② 한국의 대학교는 4년제 대학교와 2~3년제 전문대학교가 있다.
③ 최근에는 방송이나 인터넷으로 공부를 하는 대학교도 인기가 높다.
④ 대학교에서는 학사 학위를, 대학원에서는 석사 학위와 박사 학위를 받을 수 있다.

20 〈보기〉에 제시된 용어로 설명할 수 있는 한국의 사회 현상으로 가장 적절한 것은?

> **• 보 기 •**
>
> • 엿   • 휴지
> • 포크   • 찹쌀떡

① 한국의 대학 진학률은 다른 나라에 비해 매우 낮다.
② 이러한 선물 때문에 입시 스트레스와 사교육이 늘고 있다.
③ 대학교마다 입학하는 방법이 달라서 모집 요강을 잘 살펴봐야 한다.
④ 대학수학능력시험이 중요하므로 시험을 잘 보라는 의미로 선물한다.

21 평생교육에 대한 설명으로 옳지 <u>않은</u> 것은?

① 다양한 장소에서 이루어지고 수강료도 저렴한 편이다.
② 평생학습 경험은 평생학습계좌제에서 관리할 수 있다.
③ 평생교육 바우처 제도로 평생교육 비용을 지원받을 수 있다.
④ 최근에는 인터넷 등 미디어를 이용한 평생교육은 감소하고 있다.

22 한국 음식에 대한 설명으로 옳은 것을 〈보기〉에서 모두 고른 것은?

> **• 보 기 •**
>
> ㄱ. 숟가락과 젓가락을 사용하여 밥, 국, 반찬을 먹는다.
> ㄴ. 간장, 고추장, 새우젓, 불고기 등의 발효 음식이 발달했다.
> ㄷ. 옛날부터 생일, 명절, 제사가 있을 때 쌀로 만든 떡을 먹었다.
> ㄹ. 국은 여러 가지 재료를 불에 구워 만든 음식으로 재료에 따라 맛이 다르다.

① ㄱ, ㄴ   ② ㄱ, ㄷ
③ ㄴ, ㄹ   ④ ㄷ, ㄹ

23 〈보기〉의 (   )에 공통으로 들어갈 말은?

> **• 보 기 •**
>
> 많은 사람이 즐기는 문화를 (   )라고 하는데 (   )는 드라마, 영화, 노래, 공연, 전시, 스포츠 경기, 게임 등이 있다. 또한 사람들의 일상생활에서 볼 수 있는 옷이나 머리 모양 등의 유행도 (   )라고 할 수 있다.

① 한류   ② 대중문화
③ 여가 문화   ④ 대중 매체

24 선거에 대한 설명으로 옳지 <u>않은</u> 것은?

① 보통 선거는 만 20세가 된 국민은 누구나 선거에 참여할 수 있다는 것이다.
② 직접 선거는 선거권을 가진 사람이 직접 투표하여 국민의 대표를 뽑는 것이다.
③ 비밀 선거는 어느 후보나 정당에 투표했는지 다른 사람이 알지 못하게 하는 것이다.
④ 평등 선거는 성별, 학력 등의 조건에 관계없이 공평하게 한 표씩 투표한다는 것이다.

25 〈보기〉의 내용에 해당하는 사람이 할 수 있는 것은?

> **• 보 기 •**
>
> • 영주권을 얻은 후 3년이 지난 만 18세 이상의 외국인
> • 지방자치단체의 외국인등록대장에 올라가 있는 외국인

① 국민 투표
② 지방 선거
③ 대통령 선거
④ 국회의원 출마

26 ⟨보기⟩의 내용에 공통적으로 해당되는 것은?

• 보기 •

• 법을 해석하고 적용하여 법에 따라 분쟁을 해결하는 곳이다.
• 법원의 종류에는 대법원, 고등법원, 지방법원, 가정법원 등이 있다.

---

① 행정부   ② 입법부
③ 사법부   ④ 헌법 재판소

27 한국이 빠르게 경제 성장을 이룰 수 있었던 요인이 <u>아닌</u> 것은?

① 자본과 자원
② 풍부한 노동력
③ 뜨거운 교육열
④ 경제 위기를 극복하겠다는 의지

28 금융 기관에 대한 설명으로 옳은 것을 ⟨보기⟩에서 모두 고른 것은?

• 보기 •

ㄱ. 단위농협, 우체국, 새마을금고도 안심하고 편리하게 사용할 수 있다.
ㄴ. 지방은행은 금리가 높은 장점이 있지만, 규모가 작고 지점 수가 적다.
ㄷ. 인터넷 전문 은행은 사용 절차가 간단하고 수수료가 낮아서 인기가 높다.
ㄹ. 화폐를 발행하는 한국은행은 개인이 돈을 맡기고 빌리는 대표적인 기관이다.

---

① ㄱ, ㄴ   ② ㄱ, ㄷ
③ ㄴ, ㄹ   ④ ㄷ, ㄹ

29 전통 시장에 대한 설명으로 옳은 것을 〈보기〉에서 모두 고른 것은?

┌─ • 보 기 • ──┐
│   │
│ ㄱ. 매일 열리는 상설 시장의 한 종류이다.   │
│ ㄴ. 작은 상점이 모여 있는 곳으로 가격 흥정을 할 수 있다. │
│ ㄷ. 24시간 이용할 수 있어서 젊은 사람들이 많이 찾는 곳이다.│
│ ㄹ. 물건의 종류가 매우 많고 한꺼번에 많은 물건을 살 수 있다.│
│   │
└──┘

① ㄱ, ㄴ   ② ㄱ, ㄷ

③ ㄴ, ㄹ   ④ ㄷ, ㄹ

30 국적을 결정하는 방법에 대한 설명으로 옳지 <u>않은</u> 것은?

① 출생지주의와 혈통주의가 있는데 한국은 혈통주의를 채택하고 있다.

② 부모 중 한 사람만 대한민국 국민이어도 그 자녀는 한국 국적을 취득한다.

③ 부모가 모두 대한민국 국민이면 외국에서 태어난 자녀도 대한민국 국민이다.

④ 부모가 모두 외국인이라도 한국에서 태어난 자녀는 대한민국 국민이 될 수 있다.

31 한국의 법 집행기관에 대한 설명으로 옳은 것을 〈보기〉에서 모두 고른 것은?

┌─ • 보 기 • ──┐
│   │
│ ㄱ. 검찰은 범죄자를 재판에 넘길 수 있다.   │
│ ㄴ. 검찰은 교통 단속, 음주운전 단속을 한다.   │
│ ㄷ. 경찰은 국민의 생명과 신체, 재산을 보호한다.   │
│ ㄹ. 경찰은 재판에 직접 참여하여 형벌을 결정한다.   │
│   │
└──┘

① ㄱ, ㄴ   ② ㄱ, ㄷ

③ ㄴ, ㄹ   ④ ㄷ, ㄹ

32 고조선과 관련된 것을 〈보기〉에서 모두 고른 것은?

> **• 보 기 •**
>
> ㄱ. 왕건 　　　　　　　　　 ㄴ. 8조법
> ㄷ. 청동기 　　　　　　　　 ㄹ. 화랑도
> ㅁ. 단군왕검 　　　　　　　 ㅂ. 남북국 시대

① ㄱ, ㄷ, ㅂ　　　　　　　　② ㄱ, ㄹ, ㅁ
③ ㄴ, ㄷ, ㅁ　　　　　　　　④ ㄴ, ㄹ, ㅂ

33 〈보기〉를 시간 순서대로 바르게 배열한 것은?

> **• 보 기 •**
>
> (가) 3 · 1 운동
> (나) 8 · 15 광복
> (다) 대한 제국 수립
> (라) 대한민국 임시정부 수립

① (가) - (나) - (다) - (라)
② (가) - (라) - (나) - (다)
③ (다) - (가) - (라) - (나)
④ (다) - (라) - (가) - (나)

34 조선 시대의 과학 기술에 대한 설명으로 옳지 <u>않은</u> 것은?

① 백성들에게 세금을 많이 받기 위해 과학 기술을 중요하게 생각했다.
② 세종 때 해시계, 물시계, 혼천의 등과 같은 과학 기구를 많이 만들었다.
③ 세계 최초의 우량계인 측우기가 발명되어 비의 양을 측정할 수 있었다.
④ 수원 화성을 건립할 때 거중기를 이용하여 공사 기간을 단축할 수 있었다.

35 〈보기〉의 (   )에 공통으로 들어갈 말은?

━━●보 기●━━━━━━━━━━━━━━━━━━━━━━━━━━━━━━━━━━━
　한국의 서해안과 남해안은 수심이 얕고 밀물과 썰물의 차이가 커서 (   )이/가 발달했다. 특히 서해안의 (   )은/는 세계 5대 (   ) 중 하나이다.
━━━

① 산지　　　　　　　　　　　　② 평야

③ 갯벌　　　　　　　　　　　　④ 하천

36 〈보기〉의 내용과 가장 관계가 깊은 지역은?

━━●보 기●━━━━━━━━━━━━━━━━━━━━━━━━━━━━━━━━━━━
• 음식문화가 발달함
• 전통문화가 잘 보존되어 있음
• 최근 중국과의 교류가 늘고 있음
━━━

① 경기지역　　　　　　　　　　② 강원지역

③ 전라지역　　　　　　　　　　④ 경상지역

〈여기서부터는 귀화용(심화) 문제입니다.

귀화를 준비하시는 분들은 아래의 문제도 풀어 주시기 바랍니다.〉

모바일 자동채점

01 〈보기〉의 내용 중 사회보험을 모두 고른 것은?

━━●보 기●━━━━━━━━━━━━━━━━━━━━━━━━━━━━━━━━━━━
ㄱ. 건강보험
ㄴ. 고용보험
ㄷ. 의료급여제도
ㄹ. 산업재해보상보험
ㅁ. 국민기초생활보장제도
━━━

① ㄱ, ㄴ, ㄷ　　　　　　　　　② ㄱ, ㄴ, ㄹ

③ ㄴ, ㄹ, ㅁ　　　　　　　　　④ ㄷ, ㄹ, ㅁ

02 〈보기〉의 내용과 가장 관계가 깊은 것은?

┌─── ● 보기 ● ────────────────────────────────┐
│ • 1987년 민주화를 요구하는 시위 │
│ • 국민의 요구를 받아들여 6 · 29 민주화 선언 발표 │
└──┘

① 초대 대통령의 부정 선거
② 비상계엄을 전국적으로 확대
③ 국민의 직접 선거로 대통령 선출
④ 대통령의 권한을 강화하는 유신 체제

03 〈보기〉의 인물들에게 공통적으로 해당하는 것은?

┌─── ● 보기 ● ────────────────────────────────┐
│ • 반기문   • 김종양 │
│ • 이종욱   • 이회성 │
└──┘

① 독립운동을 한 한국인
② 해외봉사를 하는 한국인
③ 해외에서 사업하는 한국인
④ 국제기구에서 활약하는 한국인

04 〈보기〉에 제시된 용어를 통해 알 수 있는 것은?

┌─── ● 보기 ● ────────────────────────────────┐
│ • 최저 임금제 │
│ • 주 52시간 근무제 │
└──┘

① 한국에서 모든 국민은 근로의 권리를 가지고 있다.
② 한국에서 사람들은 자유롭게 경제 활동을 할 수 있다.
③ 한국에는 근로자의 근로 여건을 보장하기 위한 제도가 있다.
④ 한국 정부는 시장에서 공정한 경쟁이 이루어지도록 노력해야 한다.

05 이혼에 대한 설명으로 옳지 <u>않은</u> 것은?

① 이혼에 책임이 있는 배우자에게 위자료를 요구할 수 있다.

② 양육을 맡지 않을 부모는 자녀와 만나거나 연락할 수 있다.

③ 한국에서는 두 사람 모두 이혼에 동의해야 이혼이 가능하다.

④ 결혼 생활 중 만들어진 재산을 나누어 줄 것을 요구할 수 있다.

06 〈보기〉에서 설명하고 있는 인물은?

┌─ • 보 기 • ──────────────────────
│ • 남북 협상에 참여했다.
│ • 대한민국 임시정부의 지도자였다.
│ • '3천만 동포에게 읍고함'이라는 글을 썼다.
└────────────────────────────

① 김구   ② 이시영

③ 이승만   ④ 김대중

07 〈보기〉의 내용을 통해 예상할 수 있는 것이 <u>아닌</u> 것은?

┌─ • 보 기 • ──────────────────────
│ • 저출산
│ • 고령화
└────────────────────────────

① 인구의 구성이 바뀌게 될 것이다.

② 경제 활동을 할 수 있는 인구가 줄어들 것이다.

③ 생활 수준이 향상되고 평균 수명이 늘어날 것이다.

④ 노인 인구가 많은 사회에 대비하는 자세가 필요하다.

08 〈보기〉의 (   )에 공통으로 들어갈 말로 알맞은 것은?

> **• 보 기 •**
>
> 　대한민국은 모든 국민이 교육을 통해 생활에 필요한 기본적인 교양과 능력을 갖추기 위해 부모는 자녀에게 교육을 받게 할 (   )이/가 있고, 대한민국 국민은 누구나 자신의 능력 범위 안에서 정당한 근로를 해야 할 (   )이/가 있다.

① 의무
② 권리
③ 사회권
④ 자유권

09 〈보기〉의 (가), (나)에 들어갈 말로 알맞은 것은?

> **• 보 기 •**
>
> 　미래의 위험에 대비하는 보험에는 크게 (　가　)과 (　나　)이 있는데 (　가　)은 주로 물건이나 재산의 손해에 대비하여 가입하는 보험으로 자동차보험이 대표적이고, (　나　)은 사람의 생존 또는 사망에 대비하는 보험으로 사망보험이 대표적이다.

	(가)	(나)
①	암보험	실손의료보험
②	손해보험	생명보험
③	암보험	생명보험
④	손해보험	실손의료보험

10 주택 임대차 계약 기간이 끝났는데도 집주인이 보증금을 돌려주지 않는 상황에서 이사해야 할 때 법원에 신청해 권리를 보장받을 수 있는 제도로 옳은 것은?

① 가압류
② 가처분
③ 내용증명
④ 임차권 등기명령

다음 내용을 포함하여 '내가 원하는 리더'라는 제목으로 답안지에 200자 내로 글을 쓰시오.

- 여러분은 어떤 리더를 원합니까?
- 리더가 갖춰야 할 자질에는 무엇이 있습니까?
- 왜 그렇게 생각합니까?

※ 작문시험 답안지에 제목은 생략하고 본문만 쓰세요. (수정 시 두 줄로 긋고 재기입 가능)

[01-03] 다음 글을 읽고 구술감독관의 질문에 답하여 주시기 바랍니다.

한국의 대표적인 명절로는 설날과 추석이 있다. 설날은 음력 1월 1일인데 이날에는 가족들이 모두 모여서 아침 일찍 차례를 지낸다. 아랫사람이 윗사람에게 세배를 하면 윗사람은 아랫사람에게 덕담을 하고 아이들에게 세뱃돈을 준다. 설날 아침에는 가족들이 함께 떡국을 먹는데 설날에 떡국을 먹으면 나이를 한 살 더 먹는다는 말이 있다. 또한 가족과 친척들이 모여서 전통놀이인 윷놀이를 하기도 한다.

한국의 또 다른 명절로는 추석이 있는데 한가위라고도 부른다. 추석은 음력 8월 15일로 조상에게 차례를 지내는데 그해 처음 수확한 햇곡식과 햇과일로 음식을 준비해서 조상에게 감사하는 마음을 표현한다. 추석에는 송편을 만들어 먹는데 송편을 예쁘게 빚으면 예쁜 아이를 낳는다는 말이 있다. 또한 추석날 밤에는 보름달을 보면서 소원을 빌기도 한다.

01 설날의 대표적인 문화에는 어떤 것들이 있습니까?

02 추석의 대표적인 문화에는 어떤 것들이 있습니까?

03   _____ 씨 고향에는 어떤 명절이 있습니까?

그 명절에 먹는 특별한 음식이 있습니까? 어떤 의미로 먹습니까?

_____ 씨 고향의 명절 문화에 대해 이야기해 보세요.

04   _____ 씨는 인터넷을 자주 사용합니까?

인터넷의 장점과 단점에 대해 이야기해 보세요.

05   한국에는 많은 국경일이 있습니다. 국경일에는 집 대문이나 창가에 태극기를 답니다.

한국의 국경일 중 삼일절과 광복절의 날짜와 의미를 이야기해 보세요.

⏱ 시험 시간 60분(객관식＋작문형) ┃ 정답 및 해설 p.254

필기시험

객관식 01~36번

[01-10] 다음 (   )에 가장 알맞은 것을 고르시오.

01 이 영화는 유명한 배우들이 출연하면서 개봉 전부터 (   )이/가 되었다.

① 인기　　　　　　　　　② 작품
③ 주연　　　　　　　　　④ 화제

02 회사에 가려고 집에서 나왔는데 (   ) 버스가 와서 기다리지 않고 탔다.

① 거의　　　　　　　　　② 마침
③ 아마　　　　　　　　　④ 역시

03 평일에 놀이동산에 가면 주말보다는 (   ).

① 쌀쌀하다　　　　　　　② 친절하다
③ 유명하다　　　　　　　④ 한산하다

04 인근 병원으로 이송돼 치료를 받던 사람이 결국 (   ) 것으로 알려졌다.

① 발생한　　　　　　　　② 사망한
③ 입원한　　　　　　　　④ 체포한

05 가: 여기 앉아서 기다리세요.

　　나: 아니에요, 괜찮아요. 여기 (　　　　　).

① 서 볼게요

② 서 갈게요

③ 서 놓을게요

④ 서 있을게요

06 가: 김 과장님은 어떤 사람이에요?

　　나: 책임감이 강해서 (　　　　　) 사람이에요.

① 믿을 만한

② 믿기로 하는

③ 믿을 것 같은

④ 믿을 수 없는

07 가: 친구 어머님 장례식장에 잘 갔다 왔어요?

　　나: 네, 제 친구는 너무 (　　　　　) 말도 못 하고 계속 울기만 했어요.

① 슬픈 데다가

② 슬픈 나머지

③ 슬픈 척하고

④ 슬픈 줄 알고

08 가: 오랜만이에요. 어떻게 지냈어요?

　　나: 회사 면접시험을 준비하느라고 친구(　　　　　) 못 만날 정도로 바빴어요.

① 만큼　　　　　　　　　② 든지

③ 조차　　　　　　　　　④ 에게

09

누구나 몸이 아프면 고향 생각이 (   ).

① 많이 날 수 없다 ② 많이 나는 법이다
③ 많이 날 줄 몰랐다 ④ 많이 나려던 참이다

10

담배를 끊으려고 했지만 결국 다시 담배를 (   ).

① 피워 간다 ② 피운 척했다
③ 피우면 좋겠다 ④ 피우고 말았다

[11-12] 다음을 한 문장으로 알맞게 연결한 것을 고르시오.

11

요리를 하다 / 조금 다치다

① 요리를 해서 조금 다쳐요.
② 요리를 하다가 조금 다쳤어요.
③ 요리를 하는데 조금 다칠 거예요.
④ 요리를 하도록 조금 다치게 됐어요.

12

내일 비가 오다 / 눈이 오다 / 등산을 꼭 하다

① 내일 비가 오고 눈이 와도 등산을 꼭 할 뻔했다.
② 내일 비가 오든지 눈이 오든지 등산을 꼭 할 것이다.
③ 내일 비가 올 겸 눈이 올 겸 등산을 꼭 하기로 했다.
④ 내일 비가 오면서 눈이 오는 한 등산을 꼭 할 것이다.

13 다음 ( )에 알맞은 것을 고르시오.

저는 그림을 잘 그리지는 못해도 보는 것을 좋아해서 그림 전시회에 자주 갑니다. 전시회에 갈 때 '문화가 있는 날'을 이용하면 좋습니다. 이날은 평소보다 ( ) 문화생활을 즐길 수 있습니다. 지난달에는 '문화가 있는 날'을 이용해서 50% 할인을 받아 전시회를 관람했습니다. 다음 달에는 친구들과 재즈 콘서트에 가 보기로 했습니다. 이렇게 문화생활을 하면 돈도 절약할 수 있고 좋은 경험도 할 수 있어서 참 좋습니다.

① 가족들과 함께
② 한국인들과 함께
③ 돈을 더 많이 내고
④ 싼 가격이나 무료로

14 다음 부동산 매물 정보의 내용으로 옳지 <u>않은</u> 것은?

원룸
보증금 1000, 월세 40

매물 정보	
주소	서울시 문래동 행복빌라
층/건물 총 층수	3층/4층
상세 설명	• 근처에 버스정류장, 지하철역, 고속도로가 있음 • 전망이 좋고 햇빛이 잘 들어옴 • 냉장고, 세탁기, 냉방 시설 있음
문의	친절 공인중개사(010-123-9876)

① 이 집에 살면 대중교통을 이용하기 편리하다.
② 이 집은 내부가 밝고 창문 밖의 경치가 좋다.
③ 이 집으로 이사 올 사람은 에어컨을 사야 한다.
④ 이 빌라는 4층 건물인데 매물로 나온 원룸은 3층에 있다.

[15-16] 다음을 읽고 물음에 답하시오.

> 집을 구할 때는 집 안과 집 주변 환경을 꼼꼼하게 확인해야 한다. 집 안으로 해가 잘 들어오는지, 물이나 전기, 난방 시설은 잘 되어 있는지, 고장 난 곳은 없는지 잘 살펴봐야 한다. 또한 집 주변에 버스 정류장이나 지하철역 등이 있어서 교통이 편리한지, 마트나 은행, 병원 등의 편의 시설이 있는지도 확인해 봐야 한다.
>
> 집이 마음에 든다면 집주인과 직접 계약을 해야 한다. 부동산 중개업자가 대신 계약을 하면 사고가 날 수도 있기 때문이다. 그리고 계약서를 꼼꼼하게 확인하고 집주인의 이름으로 된 계좌로 입금을 해야 한다. 집수리 등 특약 사항이 있다면 계약서에 자세하게 쓴다. 말로만 약속을 하면 집주인이 약속을 안 지키는 경우도 있다. 특히 (㉠). 왜냐하면 집을 계약하는 사람이 집주인인 척하면서 사기를 칠 수도 있기 때문이다. 그러므로 계약하는 사람이 집주인인지 꼭 확인해야 안전하다.

15 윗글의 제목으로 가장 알맞은 것을 고르시오.

① 집을 구할 때 주의 사항
② 집 주변 환경이 중요한 이유
③ 부동산 중개업자가 해야 할 일
④ 계약서를 쓸 때 조심해야 할 것들

16 윗글의 ㉠에 들어갈 내용으로 알맞은 것을 고르시오.

① 보증금을 바로 입금해야 한다
② 이삿짐센터도 잘 선택해야 한다
③ 부동산 중개업자와 계약해야 한다
④ 등기부 등본을 반드시 확인해야 한다

[17-36] 다음 물음에 맞는 답을 고르시오.

17 다음 중 국경일과 국가기념일의 이름과 의미를 알맞게 연결한 것은?

① 삼일절 : 세종대왕이 한글을 만든 것을 기념하는 날
② 한글날 : 대한민국 최초로 헌법이 제정된 것을 기념하는 날
③ 제헌절 : 일본의 지배에 저항하여 일어난 독립운동을 기념하는 날
④ 광복절 : 1945년 일본의 지배에서 벗어나 독립을 맞이한 것을 기념하는 날

18 한국에서의 안전한 생활에 대한 설명으로 옳지 <u>않은</u> 것은?

① 안전신문고를 통해서 미리 사고를 예방할 수 있다.

② 행정안전부를 중심으로 다양한 재난에 대비하고 있다.

③ 긴급신고전화를 통해 사고 위치와 사고 상황을 신고할 수 있다.

④ 지방자치단체에서 매달 1회 이상 재난 대비 훈련을 해야 한다.

19 공공부조 혜택을 받을 수 있는 사람을 〈보기〉에서 모두 고른 것은?

┌─● 보 기 ●────────────────────────────────┐

ㄱ. 저소득층 외국인 부부

ㄴ. 학업에 어려움이 있는 한국 학생

ㄷ. 법에 따라 난민으로 인정받은 사람

ㄹ. 초등학생 한국인 자녀를 양육하고 있는 외국인

└──────────────────────────────────────┘

① ㄱ, ㄴ   ② ㄴ, ㄷ

③ ㄴ, ㄹ   ④ ㄷ, ㄹ

20 한국의 거주 형태에 대한 설명으로 옳지 <u>않은</u> 것은?

① 자가는 자기가 소유한 집에서 생활하는 것이다.

② 자가와 전세를 혼합한 반전세라는 방식도 늘고 있다.

③ 전세는 보증금을 집주인에게 맡기고 매달 내는 돈이 없다.

④ 월세는 매달 돈을 내고 방이나 집을 빌려 생활하는 방식이다.

21 어린이집과 유치원의 공통점을 〈보기〉에서 모두 고른 것은?

> **• 보 기 •**
>
> ㄱ. 만 3세부터 교육을 받을 수 있다.
> ㄴ. 국·공립 교육기관의 보육료가 더 비싸다.
> ㄷ. 초등학교 취학 전의 어린이를 위한 기관이다.
> ㄹ. 어린이집과 유치원 모두 정부의 보육료 지원을 받을 수 있다.

① ㄱ, ㄴ   ② ㄱ, ㄷ
③ ㄴ, ㄹ   ④ ㄷ, ㄹ

22 한국의 대학 진학률이 높은 이유를 〈보기〉에서 모두 고른 것은?

> **• 보 기 •**
>
> ㄱ. 대학을 졸업하면 취업에 유리하다.
> ㄴ. 입시 스트레스가 높고 사교육비가 많이 든다.
> ㄷ. 고등학교와 대학교까지 무상 교육이 이루어진다.
> ㄹ. 사회적 지위를 상승시킬 수 있는 중요한 방법이다.

① ㄱ, ㄷ   ② ㄱ, ㄹ
③ ㄴ, ㄷ   ④ ㄴ, ㄹ

23 〈보기〉의 (가), (나)에 해당하는 용어로 옳은 것은?

> **• 보 기 •**
>
>   한옥에는 (가)와/과 (나)이 있는데 (가)은/는 방과 방 사이에 나무로 긴 널빤지를 깔아서 만든 공간으로 바람이 잘 통해서 여름을 시원하게 보낼 수 있었다. 반면에 (나)은 겨울에 추위를 피하기 위해 아궁이에 불을 때어 방을 따뜻하게 해 주는 난방 장치였다.

	(가)	(나)
①	초가집	온돌
②	대청마루	온돌
③	초가집	기와집
④	대청마루	기와집

24 〈보기〉의 내용에 공통적으로 해당하는 설명은?

> **• 보 기 •**
>
> • 평균 기대 수명의 증가
> • 주 52시간 근무제 시행
> • 1인당 국민소득 3만 달러 시대 도래

① 의료 기술이 향상되었다.

② 경제적 약자를 보호하고 있다.

③ 누구나 원하면 교육을 받을 수 있다.

④ 여가의 중요성이 점점 높아지고 있다.

25 대한민국 국회의 구성에 대한 설명으로 옳지 <u>않은</u> 것은?

① 지역구 국회의원은 각 지역구의 대표를 뽑는 것이다.

② 2024년을 기준으로 300명의 국회의원이 활동하고 있다.

③ 국회는 상원과 하원으로 구분되는 양원제 방식을 취한다.

④ 비례대표 국회의원은 정당별 득표율에 따라 당선자가 정해진다.

26 지방자치제에 대한 설명으로 옳은 것을 〈보기〉에서 모두 고른 것은?

> **• 보 기 •**
>
> ㄱ. 지방자치단체는 지역에 맞는 정책을 결정한다.
> ㄴ. 지방자치단체는 광역자치단체와 기초자치단체로 나뉜다.
> ㄷ. 4년마다 지방 선거를 치러 각 지역의 대표를 선출한다.
> ㄹ. 지방의회는 지방자치단체가 결정을 내린 정책을 집행한다.

① ㄱ, ㄷ ② ㄱ, ㄹ

③ ㄴ, ㄷ ④ ㄴ, ㄹ

27 〈보기〉의 (가), (나)에 들어갈 용어로 적절한 것은?

> • 보 기 •
>
> 외국인이 취업할 때는 그 업체가 하는 일은 무엇인지, 정식으로 등록되어 있는지 확인해야 한다. 또한 취업을 하게 되면 (　가　)를 반드시 작성하고, 취업 이후에도 근로자의 기본적인 권리가 잘 지켜지는지 확인할 필요가 있다. 그리고 일자리와 관련된 문제가 생겼을 때는 (　나　)나 한국산업인력공단 등에 문의하여 도움을 받아야 한다.

	(가)	(나)
①	이력서	법무부
②	이력서	고용노동부
③	근로계약서	법무부
④	근로계약서	고용노동부

28 한국의 수출에 대한 설명으로 옳은 것은?

① 1950~1960년대에는 자동차를 수출하기 시작했다.

② 1970년대에는 옷, 신발, 가방, 가발 등을 수출했다.

③ 1980년대부터는 문화 콘텐츠, 의료 서비스도 수출했다.

④ 1990~2010년대에는 반도체, 휴대폰, 신소재 등을 수출했다.

29 〈보기〉의 (　　) 안에 가장 알맞은 것은?

> • 보 기 •
>
> 사람들의 권리를 보호하고 사회질서를 유지하기 위해 좋은 법을 만드는 것도 중요하지만 (　　)도 필요하다. 왜냐하면 아무리 좋은 법이 있어도 사람들이 법을 지키지 않으면 소용이 없기 때문이다.

① 헌법　　　　　　　　　　② 정의

③ 국제법　　　　　　　　　④ 준법정신

30 〈보기〉의 (가), (나)에 대한 설명으로 옳은 것은?

> **• 보 기 •**
>
> (가) 국가인권위원회
> (나) 국민권익위원회

① (가)는 부패 방지와 국민의 권익 보호, 권리 구제를 한다.

② (나)는 모든 사람의 기본적인 인권을 보호하기 위한 기관이다.

③ (가)에 인권침해를 당한 사람들이 조사, 구제 등을 요청할 수 있다.

④ (나)는 이민자나 외국인의 한국 적응을 돕고, 상담과 소송 진행을 도와준다.

31 〈보기〉의 내용을 읽고 설명할 수 있는 것으로 가장 적절한 것은?

> **• 보 기 •**
>
> • 친구 사이의 믿음
> • 어른과 아이 사이의 순서
> • 부모와 자녀 사이의 친밀한 관계

① 옛날 사람들은 신분에 따라 하는 일이 달랐다.

② 조선의 유교가 오늘날까지 한국에 영향을 주고 있다.

③ 조선 시대에 양반 중심의 문화에서 서민 문화로 변화했다.

④ 한글 소설, 판소리, 탈놀이, 민화 등이 지금까지 남아 있다.

32 〈보기〉의 인물들과 가장 관계 깊은 것은?

> **• 보 기 •**
>
> • 이황   • 이이
> • 세종대왕   • 신사임당

① 전쟁을 승리로 이끈 인물들이다.

② 한국의 화폐에 등장하는 인물들이다.

③ 제주도에 흉년이 들었을 때 쌀을 나누어 주었다.

④ 시를 잘 지어서 중국과 일본에서 높은 평가를 받았다.

33 한국의 독립운동에 대한 설명으로 옳지 <u>않은</u> 것은?

① 1919년 3 · 1 운동에서 많은 사람이 독립을 요구했다.

② 김구 등이 중심이 되어 중국 상하이에 임시정부를 세웠다.

③ 1920년부터는 중국 만주 지방을 중심으로 무장 투쟁을 했다.

④ 유관순은 학생이었지만 중국에서 만세 운동을 벌여 성공했다.

34 〈보기〉에 해당하는 지역은?

> ● 보 기 ●
>
> • 자동차, 조선, 철강, 기계 등을 만드는 공업 단지가 많다.
> • 한국의 동남쪽에 위치하고 있으며 영남지역이라고도 한다.
> • 경주를 중심으로 신라의 불교 문화유산을 많이 찾아볼 수 있다.

① 경기도   ② 경상도
③ 충청도   ④ 전라도

35 〈보기〉에 해당하는 지역에 대한 설명으로 옳지 <u>않은</u> 것은?

> ● 보 기 ●
>
> • 새만금 간척 지구
> • 풍부한 식량 자원
> • 잘 보존된 전통문화

① 양식장에서 다양한 해산물을 생산한다.

② 700여 채의 한옥이 있는 한옥마을이 있다.

③ 2012년에 여수에서 세계 박람회가 개최됐다.

④ 이 지역에 백제 문화제와 보령 머드 축제가 있다.

36 〈보기〉의 지역에 공통적으로 해당하는 것은?

> **• 보 기 •**
>
> • 대전광역시
> • 세종특별자치시

① 여러 종류의 산업이 골고루 발달했다.
② 서쪽과 남쪽의 해안 지역에 넓은 갯벌이 있다.
③ 수도권과 경상·전라지역을 연결하는 교통의 중심지이다.
④ 한국의 동남쪽에 위치하고 있으며 영남지역이라고도 한다.

〈여기서부터는 귀화용(심화) 문제입니다.
귀화를 준비하시는 분들은 아래의 문제도 풀어 주시기 바랍니다.〉

모바일 자동채점

01 한국에서 자영업자의 비중이 높은 이유를 〈보기〉에서 모두 고른 것은?

> **• 보 기 •**
>
> ㄱ. 대기업과 중소기업의 생산이 늘고 있다.
> ㄴ. 중장년층과 청년층이 창업을 많이 한다.
> ㄷ. 정년퇴임이 없기 때문에 계속 일할 수 있다.
> ㄹ. 프랜차이즈는 소비자를 중심으로 가맹점을 관리한다.

① ㄱ, ㄷ   ② ㄱ, ㄹ
③ ㄴ, ㄷ   ④ ㄴ, ㄹ

02 〈보기〉의 내용과 가장 관계 깊은 것은?

> **• 보 기 •**
>
> • 둘도 많다.
> • 아들, 딸 구별 말고 둘만 낳아 잘 기르자.

① 국제결혼   ② 다문화 사회
③ 산아 제한 운동   ④ 출산 장려 운동

03 분단 상황 속에서 생기는 문제로 볼 수 <u>없는</u> 것은?

① 많은 돈을 국방비로 쓰고 있다.
② 남과 북의 언어나 생활 방식이 달라졌다.
③ 남북한 갈등으로 많은 사람이 불안해한다.
④ 이산가족들이 자유롭게 고향을 방문할 수 있다.

04 〈보기〉에 대한 설명으로 옳은 것은?

───• 보 기 •───

- 단결권
- 단체교섭권
- 단체행동권

① 단체교섭권은 근로자가 노동조합을 결성할 수 있는 권리이다.
② 노동3권은 헌법에 따라 근로자의 권리를 보호하기 위한 것이다.
③ 단결권은 교섭이 잘 되지 않을 때 쟁의행위를 할 수 있는 권리이다.
④ 단체행동권은 노동조합이 사용자와 근로 조건에 관해 교섭할 수 있는 권리이다.

05 〈보기〉의 (가), (나)에 대한 설명으로 옳은 것은?

───• 보 기 •───

　범죄가 발생하거나 발생한 것으로 판단되면 경찰이나 검찰이 수사를 시작합니다. 이때 범죄의 혐의가 있어서 조사를 받고 있지만 아직 기소되지 않은 사람을 (　가　)라고 합니다. 경찰이 (　가　)를 검찰에 넘기면 검찰은 사건을 재판에 넘길지 결정합니다. 검사가 재판을 요청하여 기소된 (　가　)는 (　나　)이라고 합니다.

① (가)와 (나)는 민사 재판에서 볼 수 있다.
② (가)와 (나)는 유죄 판결 전까지 무죄이다.
③ 판사는 (가)와 (나)의 입장을 듣고 양형을 결정한다.
④ (가)는 변호인의 도움을 받을 수 있지만 (나)는 받을 수 없다.

06 다음 중 한국의 민주주의 발전에 기여한 사건이 <u>아닌</u> 것은?

① 6·25 전쟁

② 4·19 혁명

③ 6월 민주 항쟁

④ 5·18 민주화 운동

07 〈보기〉의 (   ) 안에 들어갈 알맞은 용어는?

> **● 보 기 ●**
>
> 한국은 시장경제체제로 사람들이 자유롭게 경제 활동을 할 수 있고, 원하는 직업을 가지는 것은 물론 일한 대가도 개인이 소유할 수 있다. 또한 (   )이 보장되기 때문에 국가가 개인의 재산권을 함부로 침해할 수 없다.

① 사유 재산권

② 직업 선택권

③ 창의 존중권

④ 개인의 자유권

08 〈보기〉에서 설명하는 기관은?

> **• 보기 •**
>
> • 국회에서 만든 법률이 헌법에 어긋나지 않는지 심사한다.
> • 국회에서 대통령이나 장관 등의 파면을 요구할 때 이를 심판한다.

① 법원
② 국회
③ 정부
④ 헌법 재판소

09 〈보기〉의 (가), (나)에 들어갈 말로 알맞은 것은?

> **• 보기 •**
>
> (가)은/는 6·25 전쟁 때 북한을 도왔지만 1990년 한국과 외교 관계를 맺은 후 교류가 늘고 있는 국가이다. (나)은/는 한국과 정치, 경제, 안보의 3대 분야 협정을 최초로 모두 체결하였다.

	(가)	(나)
①	중국	일본
②	러시아	EU
③	중국	EU
④	러시아	일본

10 다음에 제시된 사건들을 시간 순서대로 바르게 배열한 것은?

① 8·15 광복 – 남북 협상 – 5·10 총선거 – 대한민국 정부 수립
② 8·15 광복 – 5·10 총선거 – 남북 협상 – 대한민국 정부 수립
③ 남북 협상 – 5·10 총선거 – 대한민국 정부 수립 – 8·15 광복
④ 5·10 총선거 – 8·15 광복 – 대한민국 정부 수립 – 남북 협상

다음 내용을 포함하여 '환경 보호 실천'이라는 제목으로 답안지에 200자 내로 글을 쓰시오.

- 요즘 환경 문제가 어떻습니까?
- 가장 심각한 환경 문제는 무엇이라고 생각합니까?
- 환경을 보호하기 위해 내가 할 수 있는 노력은 무엇입니까?

※ 작문시험 답안지에 제목은 생략하고 <u>본문만</u> 쓰세요. (수정 시 두 줄로 긋고 재기입 가능)

[01-03] 다음 글을 읽고 구술감독관의 질문에 답하여 주시기 바랍니다.

한국의 무선 인터넷과 공공 와이파이는 세계에서 가장 빠르다고 알려져 있다. 공공 기관이나 가정에 인터넷이 잘 보급되어 있고 사람들이 많이 모이는 버스, 지하철, 카페 등과 같은 장소에서도 누구나 쉽게 무료 와이파이를 이용할 수 있다. 그래서 개인용 컴퓨터, 스마트폰, 태블릿 PC 등을 사용하여 언제, 어디서나 인터넷을 이용해 편리하고 빠르게 필요한 정보를 검색하거나 다른 사람과 연락을 주고받기 쉬워졌다. 또한 요즘에는 유튜브와 같은 온라인 동영상 플랫폼이 많아지면서 방송을 이용해 자신의 꿈을 실현하기도 하고 높은 소득을 올리고 있는 1인 방송 크리에이터도 많이 등장하고 있다. 1인 방송은 현재 사회에서 주목을 받고 있는 문제를 본인의 생각으로 해석하고 정리하기도 하며, 관심 있는 분야에 관한 유용한 정보를 알려주면서 다양한 재미와 볼거리를 제공하고 있다.

01 한국의 무선 인터넷과 공공 와이파이는 속도가 아주 빠릅니다.

이 밖에 어떤 장점이 있습니까?

02 요즘 1인 방송 크리에이터들이 많아지고 있습니다.

사람들이 1인 방송을 많이 보는 이유는 무엇입니까?

03 _____ 씨는 1인 방송을 본 적이 있습니까?

_____ 씨가 시청한 1인 방송 중에서 도움이 되었던 방송에는 무엇이 있습니까?

04 정치적 견해가 비슷한 사람들이 모여서 정당을 만듭니다.

정당의 목적은 무엇입니까? 그리고 여당과 야당은 어떻게 다릅니까?

정당의 목적과 여당, 야당에 대해 말해 보세요.

05 한국에서는 중요하게 생각하는 생일잔치가 있습니다.

어떤 생일잔치입니까? 그 생일잔치를 중요하게 생각하는 이유는 무엇입니까?

한국의 생일잔치에 대해 말해 보세요.

작은 기회로부터 종종 위대한 업적이 시작된다.

– 데모스테네스 –

제3편
정답 및 해설

제1회 정답 및 해설
제2회 정답 및 해설
제3회 정답 및 해설
제4회 정답 및 해설
제5회 정답 및 해설

실전 모의고사 p.67

※ 작문형과 구술형은 별도 표기하였습니다.

필기시험

객관식 (01~36번)

01	02	03	04	05	06	07	08	09	10
②	②	③	②	②	①	④	④	②	①
11	12	13	14	15	16	17	18	19	20
①	③	②	②	②	③	④	②	④	④
21	22	23	24	25	26	27	28	29	30
①	③	③	③	②	①	④	②	①	③
31	32	33	34	35	36				
①	④	②	③	②	④				

귀화용 (01~10번)

01	02	03	04	05	06	07	08	09	10
①	③	④	④	③	④	②	④	②	①

객관식

01 성격을 나타내는 명사 고르기

아이는 혼자 조용히 있는 것을 좋아한다고 했으므로, ②의 '내성적'이 정답입니다.

▶ 내성적: 겉으로 드러내지 않고 마음속으로만 생각하는. 또는 그런 것

예 그 사람은 <u>내성적</u>이라서 말이 별로 없다.

풀이

① 긍정적: 그러하거나 옳다고 인정하는. 또는 그런 것

예 <u>긍정적</u>인 생각을 하며 사는 것이 건강에도 좋다.

③ 외향적: 바깥으로 드러나는, 마음의 움직임을 적극적으로 나타내는. 또는 그런 것

　　예 외향적인 사람은 생각이나 느낌을 잘 표현한다.

④ 적극적: 대상에 대한 태도가 긍정적이고 능동적인. 또는 그런 것

　　예 제 친구는 적극적이라 항상 일을 열심히 해요.

어휘 **'성격'을 나타내는 단어**

☑ 직설적: 바른대로 말하는. 또는 그런 것

☑ 소극적: 스스로 앞으로 나아가거나 상황을 개선하려는 마음이 부족하고 비활동적인. 또는 그런 것

☑ 소심하다: 대담하지 못하고 조심성이 지나치게 많다.

☑ 신중하다: 매우 조심스럽다.

☑ 꼼꼼하다: 빈틈이 없이 차분하고 조심스럽다.

☑ 까다롭다: 원만하지 않고 별스럽게 까탈이 많다.

☑ 고집이 세다: 자기의 의견을 바꾸거나 고치지 않고 굳게 버티다.

---

02 문맥에 알맞은 동사 고르기

싱크대에서 물이 안 내려간다고 했으므로, '길, 통로 따위가 통하지 못하게 되다'의 뜻을 가진 ②의 '막혀서'가 정답입니다.

▶ 막혀서: '막히다'는 '길, 통로, 구멍 따위가 통하지 못하게 되다'의 뜻이다.

　　예 음식물 찌꺼기로 하수구가 막혀서 물이 잘 빠지지 않아요.

풀이

① 새서: '새다'는 '물이 틈이나 구멍으로 조금씩 빠져나가거나 빠져나오다'의 뜻이다.

　　예 싱크대가 새서 부엌이 물바다가 되었다.

③ 열려서: '열리다'는 '열다(닫히거나 잠긴 것을 트거나 벗기다)'의 피동사이다.

　　예 문이 열려 있어서 찬바람이 들어온다.

④ 쌓여서: '쌓이다'는 '쌓다(여러 개의 물건을 겹겹이 포개어 얹어 놓다)'의 피동사이다.

　　예 책상 위에 책이 쌓여 있다. / 요즘 업무가 많아서 스트레스가 쌓인다.

---

03 모임을 나타내는 명사 고르기

연말에 한 해를 돌아보며 회사 동료들이나 가족들과 모인다고 했으므로, ③의 '송년회'가 정답입니다.

▶ 송년회: 연말에 한 해를 보내며 베푸는 모임

　　예 이번 연말에는 친구들과 송년회를 꼭 하고 싶다.

① 동창회: 같은 학교를 졸업한 사람들이 모여 서로 친목을 다지기 위하여 조직한 모임

　　예 매년 겨울에 대학 <u>동창회</u>에 나간다.

② 반상회: 같은 건물에 사는 사람들이 한 달에 한 번 정도 모여서 의견을 수렴하고 이웃 간의 친목을 도모하는 모임

　　예 우리 동네에는 한 달에 한 번 <u>반상회</u>가 열린다.

④ 야유회: 들이나 교외로 나가서 노는 모임

　　예 오랜만에 친구들끼리 한강 공원에서 <u>야유회</u>를 했다.

어휘 　'모임'을 나타내는 단어

☑ 시무식: 연초에 회사에서 근무를 시작할 때 행하는 의식
☑ 송별회: 떠나는 사람을 보내면서, 섭섭함을 달래고 앞날의 행운을 바라는 뜻으로 베푸는 모임
☑ 동호회: 같은 취미를 가지고 함께 즐기는 사람의 모임
☑ 부부 동반 모임: 남편과 아내가 함께 참석하는 모임
☑ 가족 모임: 가족의 생일 등 특별한 날에 가족이 함께 모이는 모임

04　문맥에 알맞은 동사 고르기

예쁜 풍경 사진을 찍어서 인터넷상의 블로그에 전송하는 것이 어울리므로, 인터넷에 파일이나 글, 사진, 기사 등을 쓰는 것을 의미하는 ②의 '올린다'가 정답입니다.

▶ 풍경: 산이나 들, 강, 바다 따위의 자연이나 지역의 모습 (= 경치)

　　예 가을 산의 <u>풍경</u>이 아름답다.

▶ 올리다 (↔ 내려받다: 컴퓨터 통신망을 통하여 파일이나 자료를 받아 내리다)

　　예 어제 찍은 사진을 회사 홈페이지에 <u>올렸다</u>.

① 보낸다: '보내다'는 '사람이나 물건 따위를 다른 곳으로 가게 하다'의 뜻이다.

　　예 이메일을 <u>보내다</u>.

③ 검색한다: '검색하다'는 '책이나 컴퓨터에서, 목적에 따라 필요한 자료들을 찾아내다'의 뜻이다. (= 찾다)

　　예 인터넷으로 정보를 <u>검색하다</u>.

④ 구매한다: '구매하다'는 '물건 따위를 사들이다'의 뜻이다. (= 구입하다, 사다), (↔ 판매하다, 팔다)

　　예 몇 집이 공동으로 물건을 싼값에 <u>구매했다</u>.

05 정도나 방법을 나타내는 알맞은 표현 고르기

머리를 자르는 정도나 방법을 이야기하고 있으므로, ②의 '짧게'가 정답입니다.

▶ 짧게: '-게'는 형용사와 결합하고 보통 뒤에 동사가 오며, 뒤에 오는 내용의 '정도, 방법' 등을 보충해서 말할 때 사용한다.

> 예 교실을 깨끗하게 청소해 주세요.

풀이

①~④의 기본형은 형용사 '짧다'이다.

① 짧은: '-(으)ㄴ'은 형용사와 결합하며 명사를 수식할 때 사용한다.

> 예 어제 저는 백화점에 가서 짧은 바지를 샀어요.

③ 짧지만: '-지만'은 동사·형용사와 결합하며 앞의 내용과 반대되는 뒤의 내용을 연결할 때 사용한다.

> 예 흐엉은 머리가 짧지만 이링은 머리가 길어요.

④ 짧아서: '-아/어서'는 동사·형용사와 결합하며 앞의 내용이 뒤의 내용의 이유가 될 때 사용한다.

> 예 잠시드 씨는 이가 아파서 치과에 갔습니다.

06 과거에 반복적으로 했던 일을 나타내는 표현 고르기

어릴 때 초콜릿과 같은 단 음식을 좋아해서 반복해서 먹었다는 의미이므로, ①의 '먹곤 했어요'가 정답입니다.

풀이

①~④의 기본형은 동사 '먹다'이다.

② 먹기 마련이에요: '-기 마련이다'는 동사·형용사와 결합하며 일반적이고 당연하며 자연스러운 것을 나타내는 말이다.

> 예 자녀는 부모를 닮기 마련이에요.

③ 먹으려던 참이에요: '-(으)려던 참이다'는 동사와 결합하며 어떤 일을 이제, 막 하려고 하는 것을 나타내는 말이다.

> 예 지금 막 나가려던 참이었어요.

④ 먹었을지도 몰라요: '-(으)ㄹ지도 모르다'는 동사·형용사와 결합하며 미래의 불확실한 추측을 나타내는 말이다.

> 예 의학 기술이 발달하면 100살 넘게 살지도 몰라요.

07 알맞은 간접화법 표현 고르기

의사 선생님께서 "약을 먹고 푹 쉬세요."라고 시키는 뜻으로 말했을 것이므로 명령하는 문장의 간접화법인 ④의 '쉬라고'가 정답입니다.

①~④의 기본형은 동사 '쉬다'이다.

① 쉬냐고: '-냐고 하다'는 동사·형용사와 결합하며 의문을 나타내는 문장의 간접화법 표현이다.

예 "쉬어요?"라고 말했어요. → 쉬냐고 했어요.

② 쉰다고: '-는/ㄴ다고 하다'는 '동사 + -는/ㄴ다고', '형용사 + -다고'의 형태로 결합하며 설명하는 문장의 간접화법 표현이다.

예 "쉬어요."라고 말했어요. → 쉰다고 했어요.

③ 쉬자고: '-자고 하다'는 동사와 결합하며 요청하는 문장의 간접화법 표현이다.

예 "쉽시다."라고 말했어요. → 쉬자고 했어요.

08 정도를 나타내는 표현 고르기

영화가 얼마나 재미있었는지 말하는 표현으로 '실제 그렇게 되지는 않았지만 그렇게 할 만큼, 그렇게 될 것 같다'를 나타내는 표현이 들어가야 합니다. 배꼽이 빠질 만큼 웃었으므로, ④의 '빠질 정도로'가 정답입니다.

①~④의 기본형은 동사 '빠지다'이다.

① 빠지더니: '-더니'는 동사·형용사와 결합하며 과거에 관찰해서 알게 된 사실에 이어진 행동이나 상황을 나타낼 때 사용한다.

예 이링 씨가 방금 전화를 받더니 밖으로 나갔어요.

② 빠지므로: '-(으)므로'는 동사·형용사와 결합하며 앞의 내용에 대한 근거나 이유를 나타낼 때 사용한다. 주로 뉴스나 회의, 발표 등의 공식적인 상황에서 사용한다.

예 여러분, 시간이 되었으므로 바로 회의를 시작하도록 하겠습니다.

③ 빠지기 전에: '-기 전에'는 동사와 결합하며 앞의 행동보다 뒤의 행동이 먼저 일어남을 나타낼 때 사용한다.

예 흐엉은 아침을 먹기 전에 먼저 운동을 해요.

09 문장 뒤에 이어지는 알맞은 말 고르기 1

친구가 기다리고 있어서 수업이 끝나자마자 바로 가야 된다는 내용이 오는 것이 가장 자연스러우므로, ②의 '빨리 가야 돼요'가 정답입니다.

참고자료 동사 + -자마자

어떤 일이 일어난 후에 바로 다른 상황이 일어난다는 뜻이다.
예 요즘은 집에 오자마자 손부터 깨끗이 씻어야 한다.

10 문장 뒤에 이어지는 알맞은 말 고르기 2

극장 앞에 사람이 많이 있는 것을 보고 추측하는 내용이 오는 것이 가장 자연스러우므로, ①의 '저 영화가 재미있나 봐요'가 정답입니다.

> **참고자료** **동사 + -나 보다, 형용사 + -(으)ㄴ가 보다**
>
> 사실이나 상황으로 보아 그런 것 같다는 추측을 나타낼 때 사용한다. '-(으)ㄴ/는 것 같다'와 다르게 간접 경험한 것을 보고 추측할 때 사용하며, 과거를 나타낼 때는 '-았/었/했나 보다'로 사용한다.
>
> 예 옆집에서 음악 소리가 들려요. 파티를 <u>하나 봐요</u>.
> (파티를 직접 본 것이 아니라, 음악 소리를 듣고 파티를 하는 것 같다고 추측)

11 알맞은 표현으로 한 문장 만들기 1

대기업에 지원하려고 열심히 준비하고 있다는 것이 가장 자연스러우므로, ①의 '대기업에 지원하기 위해서 열심히 준비하고 있어요'가 정답입니다.

> **참고자료** **동사 + -기 위해서**
>
> 어떤 일을 하는 목적이나 의도를 나타내는 말로 대기업에 지원하려는 목적(의도)이 있어서 지금 열심히 준비하고 있다는 뜻이다.
>
> 예 나중에 통역 일을 <u>하기 위해서</u> 요즘 한국어를 배우고 있다.

12 알맞은 표현으로 한 문장 만들기 2

주말에 쉬어야 되지만 일을 하고 그 보상으로 평일에 쉬어서 괜찮다는 것이 가장 자연스러우므로, ③의 '주말에 근무하는 대신에 평일에 쉬니까 괜찮다'가 정답입니다.

> **참고자료** **동사 · 형용사 + -(으)ㄴ/는 대신에**
>
> 앞선 행동에 대한 보상이나 대체를 나타낼 때 사용한다.
>
> 예 이 휴대 전화는 품질이 <u>좋은 대신에</u> 가격이 비싸다.

13 문맥에 알맞은 표현이나 문장 고르기

관계가 불편했던 사람이나 오랫동안 연락을 하지 않는 사람과의 관계를 정리해서 만나지 않는다는 의미인 인맥 다이어트를 설명하고 있으므로, ②의 '관계를 정리하는 것을 의미하는'이 정답입니다.

▶ 갈등: 서로 대립되는 입장이나 이해 때문에 생기는 충돌

예 부부가 서로에게 바라는 것이 다르면 갈등이 생기기 쉽다.

▶ 인맥: 보통 정계, 재계, 학계 또는 지연이나 학연 등으로 이루어진 사람들의 유대관계

예 아직도 이 회사에는 능력보다는 인맥을 중시하는 경우가 있다.

▶ 곁: 어떤 대상으로부터 심리적, 공간적으로 가까운 쪽

예 엄마의 곁에는 항상 제가 있으니 힘들어하지 마세요.

▶ 관계를 정리하는: '관계를 정리하다'는 '다른 사람과의 관계를 계속 유지하고 않고 끝내다'의 뜻이다.

예 민수 씨는 돈을 갚지 않는 친구와의 관계를 정리했다.

14 주어진 글과 일치하지 <u>않는</u> 설명 고르기

모집 분야가 생산직이라고 했으므로 업무 내용(①)은 물건을 만드는 생산직임을 알 수 있고, 모집 인원이 10명이므로 이 회사에 필요한 신입 사원 수(③)는 10명이라는 것을 알 수 있습니다. 또한 이력서와 경력증명서를 6월 1일부터 6월 14일까지 제출하라고 했으므로 제출 서류의 종류와 접수 기간(④)도 알 수 있습니다. 그러나 지원을 하려면 직접 방문하라고 했으므로 온라인 접수는 할 수 없으며, 방법도 나와 있지 않습니다. 그러므로 ②의 '온라인 접수 방법'이 알 수 없는 내용입니다.

▶ 구인: 돈을 받고 일할 사람을 구함

예 많은 사람이 구인 광고를 보고 일자리를 구하고 있다.

▶ 신입: 단체나 기관에 새로 들어옴

예 이번에 우리 회사에 새로 들어 온 신입 사원은 두 명뿐이다.

▶ 사원: 회사에서 근무하는 사람

예 우리 회사 사원들은 출퇴근 시간이 자유롭다.

▶ 모집: 어떤 단체에 알맞은 사람을 모음

예 회사에서 신입 사원 모집 공고를 냈다.

▶ 분야: 여러 갈래 중의 하나

예 내 친구와 나는 일하는 분야가 너무 달라서 서로 대화하기 어렵다.

▶ 생산직: 생산 분야의 일이나 그런 일을 하는 사람

예 생산직은 힘들지만 누구나 할 수 있다.

▶ 인원: 사람의 수

예 우리 학교의 전체 인원은 천 명이 넘는다.

▶ 자격: 일을 하는 데 필요한 조건이나 능력

예 그 회사는 지원 자격에 제한이 없다.

▶ 소지자: 어떤 것을 가지고 있는 사람

예 우리 회사에는 석사 이상의 학력 소지자가 필요하다.

▶ 제출: 의견이나 서류 등을 내는 것

예 이 서류 제출 기간은 내일까지이다.

▶ 이력서: 자기의 이력을 적은 서류

　예 회사에 지원할 때 이력서는 꼭 필요한 서류이다.

▶ 경력증명서: 그 분야에 경력이 있다는 것을 증명하는 서류

　예 지금까지 외국인 근로자는 경력증명서를 받기가 쉽지 않았다.

▶ 지원: 단체나 조직에 들어가려고 필요한 서류를 내거나 의사 표시를 하는 것

　예 이 회사에 지원을 하게 된 동기는 무엇입니까?

▶ 방문: 사람을 찾아가서 만나는 것

　예 요즘은 방문 접수보다 인터넷 접수를 선호한다.

▶ 접수: 어떤 일을 처리하려고 필요한 서류나 신청을 받는 것

　예 접수 마감까지 한 시간밖에 남지 않았다.

▶ 문의: 궁금한 것을 알 만한 사람에게 묻는 것

　예 문의 사항이 있으면 언제든지 연락하십시오.

15 제목 고르기

국제화 시대에 갖춰야 할 자세가 무엇인지 설문 조사를 실시한 내용이므로, ②의 '국제화 시대에 필요한 능력'이 정답입니다.

16 ㉠에 알맞은 표현이나 문장 고르기

앞부분에 서로의 문화를 존중하기 위해 편견과 선입견을 버려야 한다는 내용이 있고 이를 위해서는 어렸을 때부터 세계 시민 교육을 통해 할 수 있는 내용이 오는 것이 가장 자연스러우므로, ③의 '다양한 문화를 경험해야 한다'가 정답입니다.

▶ 국제화: 국제적인 것으로 되는 것

　예 국제화 시대에 영어는 필수 언어이다.

▶ 갖춰야: '갖추다'는 '어떤 일을 할 수 있도록 태도나 자세를 가지다'의 뜻이다.

　예 절약하는 태도를 갖추는 것이 무엇보다 중요하다.

▶ 설문 조사: 어떤 사실에 대하여 많은 사람의 의견을 알아보기 위해 그에 관한 질문에 대답하게 하는 조사 방법

　예 설문 조사 결과를 보고 학생들의 요구 사항을 빨리 파악할 수 있었다.

▶ 실시했다: '실시하다'는 '국가나 공공의 기관에서 어떤 법이나 제도를 실제로 행하다'의 뜻이다.

　예 내일부터 전국적으로 독감 예방 접종을 실시한다.

▶ 업무: 직장에서 날마다 맡아서 하는 일

　예 보통 은행은 오후 4시까지 창구 업무를 본다.

▶ 입을 모았다: '입을 모으다'는 '모두 한결같이 말하다'의 뜻이다.

　예 사람들은 이 식당이 싸고 맛있다고 입을 모아 칭찬한다.

▶ 존중하기: '존중하다'는 '아주 귀중하게 여기다'의 뜻이다.

　예 아무리 나이가 어린 아이들의 의견이라고 해도 <u>존중하는</u> 자세로 들어야 한다.

▶ 편견: 한쪽으로 치우쳐서 공정하지 못한 생각

　예 키가 작은 사람은 농구를 못 할 거라는 <u>편견</u>이 있다.

▶ 선입견: 어떤 사실이나 사람에 대하여 자세히 판단하지 않고 미리부터 가지고 있는 잘못된 생각

　예 <u>선입견</u>으로 사람을 판단하면 큰 실수를 할 수 있다.

▶ 덧붙였다: '덧붙이다'는 '원래 있는 것에 무엇을 더 붙이다'의 뜻이다.

　예 친구의 의견에 내 의견을 <u>덧붙여</u> 발표했다.

▶ 배경지식: 어떤 것을 이해하기 위해, 이미 머릿속에 들어 있거나 기본적으로 알고 있어야 하는 지식

　예 이 수업은 역사에 대한 <u>배경지식</u>이 없으면 이해하기 힘들다.

17 〈사회〉 한국 도시의 문제점 고르기

도시에서는 집값이 크게 오르거나 주택이 부족해지는 주택 문제(ㄷ), 많은 사람들이 도시에 살고 있기 때문에 발생하는 대기 오염, 수질 오염과 같은 환경 문제(ㄹ) 등이 있으므로, ④의 'ㄷ, ㄹ'이 정답입니다.

풀이

ㄱ. 일할 수 있는 노동력이 부족한 것은 농촌의 문제점이다.

ㄴ. 농촌은 도시에 비해 문화 시설, 의료 시설이 부족한 편이다.

참고자료　농촌의 문제점과 농촌의 활성화를 위한 노력

- 농촌의 문제점
  - 농촌 인구 감소로 농사지을 사람이 부족(노동력 부족)하다.
  - 노인을 보살펴야 하는 문제가 있다.
  - 각종 문화 시설, 의료 시설, 정보화 시설 등이 부족하다.
  - 대중교통이 발달하지 못하였다.

- 농촌의 활성화를 위한 노력
  - 새로운 기술, 품종의 개발, 농업의 기계화 및 자동화가 필요하다.
  - 체험 프로그램 및 주말 농장 운영, 축제 등을 활용한 관광업으로의 발전이 필요하다.
  - 주택의 현대화가 필요하다.
  - 편의 시설, 의료 시설, 문화 공연 지원이 필요하다.

18 〈사회〉 한국 가족의 특징으로 옳지 <u>않은</u> 것 고르기

빠른 산업화와 더불어 대도시에 좋은 학교와 회사가 많이 생기면서 공부나 취직 등을 위해 일찍부터 부모를 떠나서 생활하는 자녀들이 많아졌으므로, ②의 '산업화가 진행되면서 부모와 함께 사는 가족이 늘고 있다'가 옳지 않습니다.

> **참고자료** 한국 가족의 특징
>
> – 과거에는 확대가족의 형태가 많았고 지금은 핵가족의 형태가 많다.
> – 산업화가 진행되면서 부모와 함께 사는 가족이 감소하고 있다.
> – 결혼 연령(= 나이)이 점점 높아지고 있다.
> – 결혼을 미루거나 아예 포기하는 경우도 적지 않다.
> – 결혼을 해도 자녀를 낳지 않고 부부만 사는 경우가 늘고 있다.
> – 1인 가구가 늘고 있다.

19 〈사회〉 태극기를 다는 날 고르기

〈보기〉 중에서 태극기를 다는 날은 광복절(ㄷ), 제헌절(ㄹ), 한글날(ㅁ)이므로, ④의 'ㄷ, ㄹ, ㅁ'이 정답입니다.

> **참고자료** 태극기를 다는 날
>
> – 3월 1일 삼일절: 일본의 지배에 대한 저항운동으로 1919년 3월 1일에 일으킨 독립운동을 기념하는 날
> – 6월 6일 현충일: 국가를 위해 목숨을 바친 순국선열을 기념하는 날(조기 게양)
> – 7월 17일 제헌절: 1948년 대한민국 최초의 헌법이 제정된 것을 기념하는 날
> – 8월 15일 광복절: 1945년 일본의 지배에서 벗어나서 독립을 맞이한 것을 기념하는 날
> – 10월 1일 국군의 날: 대한민국 국군을 기념하며, 장병들의 사기를 높이기 위해 정한 날
> – 10월 3일 개천절: 한반도에 최초의 국가(고조선)가 만들어진 것을 기념하는 날
> – 10월 9일 한글날: 세종대왕이 훈민정음을 만든 것을 기념하는 날

> **풀이**

ㄱ. 설날은 음력 1월 1일로 한국의 명절이지만 국기를 달지 않는다.

ㄴ・ㅂ. 5월 8일 어버이날과 12월 25일 성탄절에는 국기를 달지 않는다.

20 〈교육〉 한국의 보육제도에 대한 옳은 내용 고르기

어린이집은 만 0세부터 만 5세(초등학교 입학 전)까지의 영・유아를 맡아서 돌보아 주는 곳이므로 ④의 '어린이집은 만 0세부터 만 5세까지의 보육과 교육을 담당한다'가 정답입니다.

▶ 취학: 초・중등 교육을 받기 위하여 학교의 학생이 되는 것

　　예 8살이 된 우리 딸은 학교에 입학하라는 <u>취학</u> 통지서를 받았다.

① 유치원은 만 3세부터 만 5세까지의 유아 교육을 담당하고 있으며 교육부의 관할이다.

② 만 7세 미만의 아동이 있는 가정에 아동수당을 지원한다.

③ 취학 전 자녀를 집에서 양육하는 경우에 자녀의 연령에 따라 양육 수당이 지원된다.

21 〈교육〉 한국의 초·중등 교육기관에 대한 옳지 <u>않은</u> 내용 고르기

한국의 초·중등 교육기관은 초등학교 6년, 중학교 3년, 고등학교 3년으로 구성되어 있습니다. 각 학년은 2학기로 운영되며 3월에 1학기가 시작됩니다. 또한 한국 국민이라면 누구나 초등학교 6년, 중학교 3년의 의무 교육을 받아야 합니다. 초등학교 입학은 만 6세부터 가능합니다. 그러므로 ①의 '한국에서는 만 7세부터 초등학교에 입학할 수 있다'가 옳지 않습니다.

▶ 자유학년제: 학생들이 자신의 진로를 탐색할 수 있도록 중학생을 대상으로 중간고사, 기말고사를 보지 않고 다른 교육 활동을 통해서 진로 교육을 받을 수 있게 하는 제도이다.

　예 우리 아이는 올해 일 년 동안 <u>자유학년제</u>라서 중간고사, 기말고사를 보지 않는다.

22 〈교육〉 이주민의 적응과 정착을 위한 교육 프로그램 이해하기

한국 사회에 거주하는 이주민이 점차 늘어나면서 이주민들이 한국 사회에 잘 적응하고 정착할 수 있도록 돕기 위한 교육 서비스가 다양하게 이루어지고 있습니다. 그러므로 ③의 '이주민들의 적응과 정착을 지원하기 위한 프로그램이다'가 정답입니다.

① 법무부의 사회통합프로그램을 신청하여 이수하면 국적 취득 시 이점이 있다.

② '중도 입국 청소년과 외국인 학생을 위한 교육 지원'의 하나로 직업 훈련을 통한 이주 배경 청소년 자립 지원 프로그램이 있으나 사회통합프로그램이나 이민자 조기 적응 프로그램은 이에 해당하지 않는다.

④ 고용보험에 가입한 적이 있는 외국인과 결혼이민자의 경우에는 고용노동부에서 지원하는 직업 교육을 받을 수 있다.

그 밖에 이주민을 위한 교육

－ 교육방송(EBS)은 이주민을 위한 한국어 및 한국 문화 강좌를 제공한다.

－ 지방자치단체, 민간단체에서도 여러 가지 교육을 받을 수 있다.

23 〈문화〉 한국의 명절에 대한 옳지 <u>않은</u> 설명 고르기

〈보기〉의 한 해를 시작하는, 일 년 중 가장 큰 명절은 음력 1월 1일인 설날이고, 설날에는 가래떡을 납작하게 썰어서 끓인 떡국을 먹습니다. 그러므로 ③의 '일반적으로 이날 전에 미리 조상의 묘지를 벌초한다'가 옳지 않은 설명입니다. 벌초는 일반적으로 추석 전에 합니다.

▶ 설빔: 설날에 새로 차려 입거나 신는 옷, 신발

　예 설날이 되면 설빔을 입고 세배를 한다.

▶ 덕담: (주로 새해에) 상대에게 운수가 좋고 모든 일이 잘 되기를 기원하는 말

　예 설날 아침에는 할아버지, 할머니께 세배를 하고 덕담을 나눕니다.

풀이

③ 벌초란 조상의 묘지와 그 주위의 풀을 베어서 묘지를 깨끗하게 정리하는 것을 말하는데 일반적으로 추석 전에 미리 벌초를 하기 위해 조상의 묘지를 찾아간다.

참고자료　**한국의 명절**

• 설날
　– 음력 1월 1일이다.
　– 대체로 아이들에게 설빔(새 옷)을 입힌다.
　– 떡국을 먹는데, 떡국은 가래떡을 납작하게 썰어서 끓인 음식이다.
　– 떡국을 먹는 것은 나이를 한 살 더 먹는다는 의미이다.
　– 윷놀이, 연날리기, 제기차기 등의 전통놀이를 즐겼다.

• 추석
　– 음력 8월 15일로 한가위라고도 부른다.
　– 일 년 중 가장 먹을 것이 풍성하며 날씨도 좋다.
　– '더도 말고 덜도 말고 한가위만 같아라'라는 말이 있다.
　– 햇곡식과 햇과일로 차례를 지내고 성묘를 한다.
　– 추석 전에 벌초를 한다.
　– 추석의 대표적인 음식은 송편이다.
　– 추석 밤에는 강강술래 놀이나 보름달을 보며 소원을 비는 달맞이를 즐겼다.

---

24 〈문화〉 한국의 전통 집 한옥에 대한 옳은 설명 고르기

한국 사람들은 집의 위치를 중요하게 생각했습니다. 집 뒤에 산이 있어서 바람을 막아 주고, 집 앞에는 강이 있어서 물을 쉽게 구할 수 있는 집을 좋은 집(배산임수, 背山臨水)이라고 생각했으므로, ③의 '집 뒤에 산이 있고, 집 앞에 강이 있는 집을 좋은 집이라고 생각했다'가 정답입니다.

풀이

① 추운 겨울을 따뜻하게 보내기 위해 한국 고유의 난방 장치인 온돌을 설치하였고, 더운 여름에 더위를 피하기 위해 바람이 잘 통하는 대청마루를 설치하였다.

② 한국 사람들은 남향집을 선호했는데, 남향으로 집을 지으면 햇볕이 잘 들어오기 때문이다.

④ 지붕의 재료에 따라 초가집과 기와집으로 구분한다. 초가집은 추수가 끝난 후 생긴 볏짚을 지붕에 올려 만든 집으로 주로 서민들이 살았다. 기와는 흙으로 만들어 구운 까만 돌이다. 기와집은 이러한 기와를 지붕에 얹어 만든 집이다. 주로 양반들이 기와집에 살았다.

25 〈문화〉 한국인의 여가 활동 이해하기

한국인이 가장 많이 참여하는 여가 활동인 휴식 활동에는 낮잠, 산책, 찜질방 가기, TV 시청 등이 있습니다. 쇼핑은 취미·오락 활동이므로, ②의 '쇼핑'이 정답입니다.

풀이

여가 활동 중 취미·오락 활동에 속하는 것으로는 쇼핑, 외식, 인터넷 검색, 1인 미디어, SNS 등이 있다.

26 〈정치〉 한국 정치의 기본이 되는 헌법 제1조 내용 알기

대한민국 헌법 제1조를 보면 '대한민국의 주권은 국민에게 있고, 모든 권력은 국민으로부터 나온다'라고 쓰여 있으므로, ①의 '국민'이 정답입니다.

참고자료 **대한민국 헌법 제1조**

– 대한민국은 민주공화국이다.
– 대한민국의 주권은 국민에게 있고, 모든 권력은 국민으로부터 나온다.

27 〈정치〉 입법부에 대한 설명으로 옳은 것 고르기

한국의 입법부는 국회로, 국회에서는 정부가 법에 따라서 일을 잘하고 있는지 확인하기 위해 국정 감사를 실시합니다. 그러므로 ④의 '국정 감사를 실시하여 정부를 견제하고 감시한다'가 정답입니다.

풀이

① 법원은 한국의 사법부이다.
② 국군을 지휘하는 권한을 가지고 있는 사람은 대통령이다.
③ 입법부는 법을 만들거나 고치는 일을 한다.

참고자료 **국회가 하는 일**

– 법을 만들거나 고친다.
– 나라 살림에 필요한 예산을 확정한다. 정부에서 낸 예산안을 검토하고 확정한다.
– 국정 감사를 실시하여 정부를 견제하고 감시한다.

28 〈경제〉 한국의 일자리 상황에 대한 설명으로 옳은 것 고르기

한국의 실업률은 미국이나 유럽 등 다른 선진국보다 낮은 편인데 이것은 다른 선진국에 비해서 여성이 경제 활동에 참여하는 비율이 낮으며(ㄷ), 자영업을 하는 사람들이 많기 때문입니다. 그리고 최근 한국에서는 비정규직 노동자가 차지하는 비율이 커지고 있으므로(ㄴ), ②의 'ㄴ, ㄷ'이 정답입니다.

> **풀이**
>
> ㄱ. 한국의 실업률은 미국이나 유럽 등 다른 선진국보다 낮은 편이다.
> ㄹ. 한국은 실업의 고통을 덜어 주기 위한 사회보장제도가 선진국보다는 부족한 면이 있어서 실업으로 인한 어려움이 클 수밖에 없다.

> **참고자료 실업률**
>
> 일을 할 수 있는 인구 가운데서 실업자가 차지하는 비율을 말한다.
> (실업자: 능력이나 자격이 있으면서 직업을 잃거나 직업이 없는 사람)

29 〈경제〉 원조를 받던 나라에서 주는 나라로 바뀐 나라 알기

한국은 과거에 다른 나라들로부터 원조를 받았으나 현재는 이에 보답하고 세계의 주역으로 역할을 다하고자 경제적으로 어려운 다른 나라들을 적극적으로 지원하고 있습니다. 특히 2009년에는 OECD의 개발원조위원회(DAC) 회원국으로 인정받으며 이전에는 다른 나라로부터 도움을 받았지만, 이제는 다른 나라를 지원하는 나라로 바뀐 첫 번째 사례가 되었습니다. 그러므로 ①의 '한국'이 정답입니다.

> **참고자료 경제협력개발기구(OECD)**
>
> – 경제 성장, 어려운 나라 원조, 무역 확대를 목적으로 하는 선진국들의 모임이다.
> – 2024년 기준 회원국은 38개국이다.
> – 한국은 1996년에 OECD에 가입하였다.

30 〈법〉 외국인의 기본적인 지위와 권리를 보장하는 법 고르기

한국에서는 외국인의 기본적인 지위와 권리를 보장하고 있는데 이는 국제법에서 정하고 있는 내용에 근거하여 이루어집니다. 외국인도 국적에 상관없이 인간이기 때문에 누려야 하는 기본적인 권리, 인권을 가지고 있으며 한국에서도 이러한 인권이 보장되기 때문입니다. 그러므로 ③의 '국제법'이 정답입니다.

- 범죄로부터 재산이나 생명을 보호받을 수 있다.
- 행복추구권을 보장받을 수 있다.
- 외국인도 취업 후에 근로기준법 등에 따라서 한국인과 동등하게 적절한 노동 조건을 보장받을 수 있다.

31 〈법〉 금전 거래를 증명하는 서류 고르기

돈을 빌려줄 때 돈을 빌려준 사람에게 돈을 빌려주었다는 증거로 받는 서류는 차용증이고, 빌린 돈을 갚을 때 돈을 갚았다는 내용을 증명해 주는 서류는 영수증입니다. 그러므로 ①의 '(가) – 차용증, (나) – 영수증'이 정답입니다.

32 〈역사〉 고려의 왕건에 대한 옳은 설명 고르기

왕건은 신라의 항복을 받은 후에 후백제를 공격해 후삼국을 통일하였으며, 백성의 생활을 안정시키기 위하여 세금 비율을 10%로 정하고 그 이상 거두지 못하도록 하였습니다. 그러므로 ④의 '백성의 생활을 안정시키려고 세금을 10% 이상 거두지 못하게 했다'가 정답입니다.

풀이

① 왕건은 궁예의 신하였으나 궁예를 몰아내고 고려로 나라 이름을 바꾸었다.
② 고구려를 계승한다는 의미로 고려라고 지었다.
③ 935년에 신라의 항복을 받은 후 후백제를 공격하여 통일하였다.

33 〈역사〉 세종대왕에 대한 옳은 설명 고르기

세종대왕은 한국 역사에서 가장 위대한 왕으로 과학 기술을 발전시켜 백성들이 농사를 더 잘 지을 수 있게 하였습니다(ㄹ). 특히 한글을 만들어 수많은 백성들이 글을 읽을 수 있게 하였으므로(ㄱ), ②의 'ㄱ, ㄹ'이 정답입니다.

▶ 훈민정음: 조선 시대(1443년) 세종대왕에 의해서 만들어진 한국의 글자로, '백성을 가르치는 바른 소리'라는 뜻이다. 모음은 하늘(·), 땅(ㅡ), 사람(ㅣ)을 의미하는 기본 글자끼리 결합하여 만들었고 자음은 사람의 발음기관을 본떠 만들었다. 현재 모음 21개, 자음 19개로 모두 40개를 사용하고 있다.

풀이

ㄴ. 이순신 장군: 임진왜란(1592년) 때 거북선을 만들어 일본의 침략을 막았다.
ㄷ. 성종: 조선의 9대 임금인 성종은 경국대전을 완성하였다. 경국대전은 조선의 기본 법전으로 왕과 관리가 해야 할 일, 세금, 예절, 물건 거래, 군사, 형벌 등 생활 전반에 관한 내용이 담겨 있다. 경국대전은 조선이 법에 의해서 나라를 다스리는 법치국가였음을 보여준다.

34 〈지리〉 경상지역의 특성으로 옳지 <u>않은</u> 것 고르기

부석사는 경북 영주에, 석굴암과 불국사는 경북 경주에, 도산서원과 하회마을은 경북 안동에 있으므로 경상지역에 대한 설명으로 옳지 않은 것을 고르면 됩니다. ③의 '이 지역은 한국의 중앙부 동쪽에 위치하고 있으며 눈이 많이 온다'는 설명은 강원지역에 대한 설명이므로 옳지 않은 내용입니다.

> **풀이**
>
> ③ 강원지역은 한국 중앙의 동쪽에 위치해 있으며 눈이 많이 온다. 이 지역은 전체 면적의 80% 이상이 산으로 되어 있고 동쪽은 동해와 맞닿아 있다.

> **참고자료**   **경상지역의 특성**
>
> 경상지역은 한국의 동남쪽에 위치해 있으며 대구광역시, 울산광역시, 부산광역시를 포함하는 지역이다. 경상지역에는 국내 최대의 자연 늪지인 창녕 우포늪이 있으며 통영에서는 매년 이순신 장군의 애국정신과 승리를 기념하는 통영 한산대첩 축제가 열린다. 그 밖에 진해 군항제, 안동 국제 탈춤 페스티벌, 대구 치맥 페스티벌, 영덕 대게 축제, 부산 국제 영화제 등의 축제가 있다.

35 〈지리〉 인천광역시에 대한 설명으로 옳은 것 고르기

인천광역시는 제물포라는 작은 항구에서 시작되었으며, 한국에서 가장 큰 공항인 인천국제공항이 자리 잡고 있는 지역이므로, ②의 '(가) – 제물포, (나) – 인천국제공항'이 정답입니다.

> **풀이**
>
> 서귀포는 제주도의 아래쪽에 위치한 시이며, 김포국제공항은 서울에 있다.

36 〈지리〉 충청지역에 대한 설명으로 옳지 <u>않은</u> 것 고르기

백제 문화제는 충청남도의 공주와 부여에서 매년 개최되는 역사·문화 축제이므로, ④의 '백제 문화제는 청주와 충주에서 매년 개최되는 역사·문화 축제이다.'가 옳지 않은 설명입니다.

> **풀이**
>
> 충청남도에 위치한 공주와 부여는 백제의 도읍지(수도)였다. 그래서 이 지역에 백제 시대의 역사적인 유물과 유적이 남아 있고 이곳을 중심으로 백제 문화제가 개최되고 있다. 청주와 충주는 충청북도에 위치한 도시로, 청주에는 청주국제공항과 KTX 오송역이 있고, 충주는 충주호가 유명하다.

〈여기서부터는 귀화용(심화) 문제입니다.〉

01 〈대한민국의 국민〉 국방의 의무 이해하기

국방의 의무는 국가의 독립을 유지하고 영토를 보전하기 위해 나라를 지키는 것을 의미하며 국민 전체에게 해당되는 의무입니다. 한국에서는 만 18세 이상의 대한민국 국적을 가진 남성은 일정 기간 동안 군인으로 복무하며 나라를 지키도록 하고 있습니다. 그러므로 ①의 '국방의 의무'가 정답입니다.

> **참고자료** **국민의 4대 의무**
>
> – 납세의 의무: 세금을 내야 하는 의무
> – 국방의 의무: 나라를 지켜야 하는 의무
> – 교육의 의무: 모든 국민이 자녀에게 교육을 받게 할 의무
> – 근로의 의무: 자신의 능력 범위 내에서 근로(일)를 해야 할 의무

02 〈대한민국의 역사와 발전〉 남북 관계의 발전에 대한 옳은 내용 고르기

1970년대 이후에는 전 세계적으로 평화를 기대하는 분위기가 조성되면서 남한과 북한의 관계에도 긍정적인 변화가 나타났습니다. 1991년에는 남한과 북한이 동시에 UN에 가입했으며, 1998년에는 금강산 관광이 시작되었고, 2000년에는 분단 이후 최초로 남북 정상 회담이 열렸으므로, ③의 '남북 관계를 발전시키며 평화와 통일을 향해 나아가고 있다'가 정답입니다.

03 〈대한민국의 정치와 외교〉 선거 공영제 이해하기

선거 공영제는 선거관리위원회가 선거의 모든 과정을 관리하고 선거 비용의 일부를 국가나 지방자치단체가 지원하는 제도입니다. 선거에서 15% 이상을 득표한 후보는 선거 비용 전부를 돌려받고 10% 이상 15% 미만으로 득표한 후보는 선거 비용의 50%를 돌려받을 수 있습니다. 이 제도는 선거 운동이 지나친 경쟁이나 갈등이 되지 않고 모두에게 선거 운동의 균등한 기회를 보장하기 위해 만들어진 것입니다. 그러므로 ④의 '선거 공영제'가 정답입니다.

04 〈대한민국의 경제〉 자산 관리의 옳은 방법 고르기

시간이나 금융 지식이 부족할 경우 자산운용회사의 도움을 받아 간접투자 상품을 선택할 수 있는데 대표적인 상품이 펀드입니다. 그러므로 ④의 '시간이나 지식이 부족하면 자산운용회사에서 펀드를 선택해도 좋다'가 정답입니다.

> **풀이**
> ① 예금은 안전하지만 이익이 크지 않다.
> ② 주식이나 부동산에 투자하는 것은 은행에 예금하는 것보다 위험할 수 있다.
> ③ 채권은 주식보다 수익은 낮지만 좀 더 안전한 투자 방법이다.

> **참고자료** **자산 관리 방법**
>
> – 예금: 은행에 자신의 돈을 맡기고 일정한 이자를 받는 것으로, 안전하지만 이익이 그리 크지 않음
> – 주식: 증권사를 통해서 어떤 회사의 주식을 구입하는 것으로, 이익이 클 수 있으나 위험 부담도 큼
> – 부동산: 땅이나 건물을 사는 것으로 이익이 클 수 있으나 위험 부담도 큼
> – 채권: 정부나 기업에서 돈이 필요할 때 다수를 대상으로 발행하는 증서로, 회사채와 국채가 있는데 수익률은 낮지만 안정적임

05 〈대한민국의 법질서〉 경범죄 이해하기

범죄와 형벌에 대해 규정해 놓은 법을 형법이라고 하며, 경범죄는 비교적 가벼운 위법 행위를 말합니다. 경범죄로는 돈을 내지 않고 밥을 먹는 무전취식, 돈을 내지 않고 차를 타는 무임승차, 줄을 서지 않고 끼어드는 새치기, 금연 구역에서 흡연을 하는 것 등이 포함됩니다. 그러므로 ③의 '(가) – 형법, (나) – 경범죄'가 정답입니다.

06 〈대한민국의 국민〉 평등권 이해하기

성별, 종교, 인종, 직업 등 어떠한 이유에 의해서도 부당하게 차별받지 않을 권리가 무엇인지 묻는 문제이므로, ④의 '평등권'이 정답입니다.

> **참고자료** **국민의 권리**
>
> – 평등권: 성별, 종교, 인종, 직업 등 어떠한 이유에 의해서도 부당하게 차별받지 않을 권리
> – 자유권: 국가 권력에 의해서 개인의 자유가 함부로 침해(제한)받지 않을 권리
> – 참정권: 정치에 참여할 수 있는 권리
> – 청구권: 국가를 상대로 일정한 요구를 할 수 있는 권리
> – 사회권: 인간다운 생활을 위해 최소한의 수준을 보장받을 수 있는 권리

07 〈대한민국의 역사와 발전〉 다문화 사회의 긍정적인 변화 고르기

한국은 다문화 사회로 진입하면서 여러 변화들을 겪었습니다. 그중 긍정적인 변화는 외국인 근로자들이 국내 산업 현장에 유입되기 시작하면서 한국의 노동력 부족 현상을 해결하는 데에 큰 도움을 준 것입니다. 그러므로 ②의 '외국인 근로자의 유입으로 한국의 노동력 부족 문제를 해결할 수 있었다'가 정답입니다.

풀이

① 한국은 전반적으로 생활 수준이 높아지고 평균 기대 수명이 증가하여 고령화 사회에 진입하였다.

③ 여성의 사회 활동 참여 비율이 늘고 젊은 세대가 자아실현에 관심을 가지면서 결혼 연령이 높아지고 여성의 합계 출산율이 줄어들어 저출산 현상이 나타나고 있다.

④ 한국은 청년층의 인구가 줄고 노년층의 인구가 늘어나면서 고령화 사회에 진입하였다. 이와 같은 추세로 경제 성장이 둔화될 것이라는 우려가 제기되고 있다.

08 〈대한민국의 경제〉 환율의 변동에 대해 옳지 <u>않은</u> 설명 고르기

환율이 오르면 한국이 외국에 상품을 수출할 때 좋습니다(①). 왜냐하면 같은 상품을 더 싸게 팔 수 있어서 해외 시장에서 한국 상품의 가격 경쟁력이 높아지기 때문입니다. 그러나 외국에서 수입한 상품의 가격은 비싸질 수 있습니다(③). 또한 해외여행을 갈 때 원하는 만큼의 미국 달러를 받고 싶다면 더 많은 한국 돈을 내야 하기 때문에 불리할 수 있습니다(②). 그러므로 ④의 '동일한 상품을 수출할 때 더 비싸게 팔 수 있다.'가 정답입니다.

09 〈대한민국의 정치와 외교〉 바람직한 정치 참여 태도 이해하기

국민들의 정치 참여가 민주주의 발전으로 이어지기 위해서는 정치에 참여하는 사람들이 주인 의식을 가지고 자발적으로 참여해야 합니다. 그리고 국민 각자의 의견을 정치 참여에 올바르게 반영시키기 위해 노력해야 합니다. 또한 다른 사람의 의견도 존중하여 공공의 이익을 추구할 수 있는 자세가 필요합니다. 그러므로 ②의 '정치 참여가 민주주의 발전으로 이어지기 위해서'가 정답입니다.

10 〈대한민국의 법질서〉 내용증명 이해하기

〈보기〉는 내용증명을 설명하고 있습니다. 내용증명은 법적인 분쟁에 대비하여 상대방에게 어떤 내용의 문서를 언제, 누구에게 발송했는지 우체국을 통해 증명하는 제도입니다. 내용증명을 보내기 위해서는 똑같은 내용의 문서가 3부 있어야 합니다. 이 중 1통은 우체국, 1통은 보내는 사람, 나머지 1통은 받는 사람이 보관합니다. 그러므로 ①의 '(가) - 내용증명, (나) - 우체국'이 정답입니다.

풀이

③·④ 등기부 등본은 부동산에 관한 권리 관계를 적은 문서로 집을 계약하기 전에 꼭 확인해야 한다.

다음 내용을 포함하여 '내가 좋아하는 가족의 형태'라는 제목으로 답안지에 200자 내로 글을 쓰시오.

- 여러분이 좋아하는 가족의 형태는 무엇입니까?
- 그 가족은 어떤 특징이 있습니까?
- 왜 그런 가족의 형태를 좋아합니까?

※ 작문시험 답안지에 제목은 생략하고 <u>본문만 쓰세요.</u>

	내	가		좋	아	하	는		가	족	의		형	태	는		핵	가	족
이	다	.		핵	가	족	은		남	편	과		아	내	가		가	사	를	
분	담	하	고		각	자	의		생	활	을		존	중	받	을		수		
있	다	.		그	리	고		집	안	의		중	요	한		일	을		가	족
이		모	두		함	께		결	정	한	다	.		나	는		고	향	에	서
할	머	니	,		부	모	님	,		오	빠		가	족	과		함	께		대	가
족	으	로		살	았	다	.		그	래	서		한	국	에	서	는		우	리
가	족	만		같	이		살		수		있	는		핵	가	족	으	로	
살	고		싶	었	다	.		지	금		우	리		가	족	끼	리		살	고
있	어	서		너	무		행	복	하	다	.								

- 가족 형태 중에 여러분이 좋아하는 한 가지를 선택해서 씁니다.
- 선택한 가족 형태의 특징을 씁니다.
- 그런 가족 형태를 좋아하는 이유를 씁니다.

[01-03] 다음 글을 읽고 구술감독관의 질문에 답하여 주시기 바랍니다.

> 지구의 기온이 상승하는 지구 온난화 현상으로 여러 가지 환경 문제가 발생하고 있다. 대표적인 것이 이상 기후 현상이다. 2~3년 전 유럽에서는 여름 기온이 50℃가 넘고, 폭우까지 내린 적이 있다. 또 겨울에는 한파와 폭설로 기온이 영하 30℃까지 내려가서 사망자가 발생하기도 했다. 전문가들은 이런 이상 기후의 원인이 환경 오염 때문이라고 한다. 만약 앞으로도 지구 온난화가 심해진다면 지구상에 동물은 물론이고 사람도 살 수 없을 것이다. 그러므로 이를 해결하기 위해서는 석유와 석탄을 대신할 대체 에너지를 개발하고, 일회용품 사용을 줄이는 등 환경을 보호하기 위해 노력해야 한다. 나아가 환경 오염은 세계인이 함께 해결해야 할 문제임을 인식하고 지구 온난화에 더욱 관심을 가져야 할 것이다.

01 지구 온난화 때문에 어떤 문제가 생기고 있습니까?

▶ 지구 온난화 때문에 생긴 문제와 그에 대한 예시를 말합니다.

지구 온난화 때문에 생기는 문제 중에 대표적인 것으로 이상 기후 현상이 있습니다. 2~3년 전에 유럽에서 여름에 기온이 50℃가 넘었고, 폭우도 내렸습니다. 또한 겨울에는 한파와 폭설로 영하 30℃까지 내려가서 사람들이 죽기도 했습니다.

02 지구 온난화 문제를 해결하기 위해서 어떤 노력을 하고 있습니까?

지구 온난화 문제를 해결하기 위해서 석탄이나 석유를 대신할 수 있는 대체 에너지를 개발하고 있고, 일회용품 사용을 줄이려는 노력을 하고 있습니다.

03 _____ 씨는 환경을 보호하기 위해 어떤 노력을 하고 있습니까?

▶ 자신이 실제로 하고 있거나 할 수 있는 내용을 이야기합니다.

　저는 환경을 보호하기 위해 일회용품 사용을 줄이려고 노력합니다. 일회용 컵을 사용하는 대신에 텀블러를 가지고 다니고, 집에서 배달 음식을 먹을 때도 나무젓가락과 일회용 숟가락은 받지 않습니다. 이렇게 하면 쓰레기를 많이 줄일 수 있어서 환경을 보호하는 데 도움이 됩니다.

04 _____ 씨는 도시와 농촌 중에서 어디에 살고 싶습니까?
왜 거기에 살고 싶습니까?
_____ 씨가 살고 싶은 곳의 장점과 단점은 무엇입니까?

▶ 도시든 농촌이든 자기가 살고 싶은 곳을 하나만 선택해서 이야기합니다.

　저는 도시에 살고 싶습니다. 왜냐하면 도시는 교통이 편리하고 일할 곳도 많기 때문입니다. 그리고 도시는 학교도 많고 병원, 마트, 극장 등 편의 시설도 많아서 생활이 편리합니다. 그렇지만 도시는 사람이 많아서 집값이 비싸고 교통이 조금 복잡하고 주차하기도 힘듭니다. 그리고 회사와 자동차가 많아서 공기도 나쁩니다. 그래도 저는 교통이 편리하고 일할 곳이 많은 도시에 살고 싶습니다.

05 ＿＿＿＿＿＿＿＿＿ 씨 고향의 날씨는 어떻습니까?

＿＿＿＿＿＿＿＿＿ 씨 고향으로 여행을 가는 친구에게 고향의 날씨와 주의할 점에 대해 말해 보세요.

▶ 고향의 날씨를 자세히 설명하고 준비해야 하는 것들을 이야기합니다.

　　제 고향은 대만 타이베이입니다. 대만의 여름은 한국보다 덥고 습도도 높습니다. 일기예보에 나오는 것보다 체감 온도가 더 높아서 대만에 처음 오시는 분들은 힘들 수도 있습니다. 그리고 태풍도 자주 옵니다. 그래서 대만에 여행갈 때는 여름보다 봄이나 가을에 가는 것을 추천합니다. 가을에는 비가 많이 내릴 수 있어서 우산을 꼭 가져가는 것이 좋고 일반적으로 자외선 지수도 한국보다 높기 때문에 자외선 차단제, 모자, 선글라스를 꼭 가져가는 것이 좋습니다. 그리고 요즘 대만도 미세 먼지가 많이 유입되어 날씨가 좋지 않을 때도 많습니다. 마스크를 준비하여 미세 먼지가 심한 날에 쓰는 것이 좋습니다. 그렇지만 바람도 많이 불어서 미세 먼지가 금방 없어지기도 합니다.

참고자료 ｜ **말하기 요령**

－ '–아요/어요' 또는 '–습/ㅂ니다'의 형식으로 말합니다.
－ 두 가지를 같이 사용하지 말고 한 가지만 사용하는 것이 좋습니다.
－ 면접관의 얼굴을 보고 이야기합니다. (아래나 다른 곳을 보지 않습니다.)
－ 천천히 또박또박 이야기해도 괜찮습니다. 너무 빨리 말하면 실수할 수 있습니다.
－ 질문을 이해하지 못했을 경우 '다시 질문해 주세요'라고 공손히 말합니다.
－ 단답형이나 짧은 문장으로 말하지 말고, 질문의 문장을 이용해서 길게 대답합니다.

〈좋은 대답의 예〉
면접관: ＿＿＿＿ 씨는 시간이 있을 때 무엇을 자주 해요?
응시자: 저는 시간이 있을 때 한국 영화를 자주 봐요.

〈좋지 않은 대답의 예〉
면접관: ＿＿＿＿ 씨는 시간이 있을 때 무엇을 자주 해요?
응시자: 영화 봐요.

실전 모의고사 p.84

※ 작문형과 구술형은 별도 표기하였습니다.

필기시험

객관식 (01~36번)

01	02	03	04	05	06	07	08	09	10
④	④	④	①	④	①	②	③	②	②
11	12	13	14	15	16	17	18	19	20
②	③	③	①	①	④	①	①	①	②
21	22	23	24	25	26	27	28	29	30
③	④	②	③	②	③	③	③	④	①
31	32	33	34	35	36				
④	①	①	④	②	③				

귀화용 (01~10번)

01	02	03	04	05	06	07	08	09	10
②	②	②	④	③	②	②	③	②	④

객관식

01 돈을 나타내는 명사 고르기

접촉 사고를 내서 10만 원을 주었으므로 ④의 '합의금'이 정답입니다.

▶ 합의금: 합의를 하기 위해서 주는 돈

예 교통사고 합의금

▶ 합의: 일정한 돈을 받고 상대 범죄자의 형을 줄여 주거나 없애 주는 절차

예 고소를 취하하기로 합의를 보다.

① 등록금: 학교나 학원에 등록할 때 내는 돈

　　예 다음 학기 등록금을 벌기 위해서 방학 내내 아르바이트를 했다.

② 조의금: 다른 사람의 죽음을 슬퍼하는 뜻으로 내는 돈 (= 부의금)

　　예 친구의 아버지가 돌아가셔서 조의금을 가지고 장례식장에 갔다.

③ 축의금: 축하하는 뜻을 나타내기 위해서 내는 돈

　　예 결혼식에 갈 때 보통 축의금을 낸다.

02　문맥에 알맞은 동사 고르기

이력서와 자기소개서를 준비하는 것은 대기업에 취직하기 위해서이므로 ④의 '지원하기'가
정답입니다.

▶ 지원하기: '지원하다'는 '어떤 일이나 조직에 뜻을 두어 한 구성원이 되기를 바라다'의
　 뜻이다.

　　예 민수는 서울에 있는 대학교에 지원했다.

① 모집하기: '모집하다'는 '사람이나 작품, 물품을 일정한 조건 아래 널리 알려 뽑아 모으
　 다'의 뜻이다.

　　예 학교마다 우수한 학생을 모집하기 위해 노력한다.

② 작성하기: '작성하다'는 '서류를 만들다'의 뜻이다.

　　예 오후 4시까지 보고서를 작성해야 한다.

③ 졸업하기: '졸업하다'는 '학생이 규정에 따라 학교의 교과 과정을 마치다'의 뜻이다.
　 (= 마치다)

　　예 짱 씨는 베트남에서 대학교를 졸업했다. (= 짱 씨는 베트남에서 대학교를 마쳤다.)

참고자료　**'지원하다'의 2가지 의미**

1. 지지하여 돕다.

　　예 태풍으로 인해 피해를 본 국민들을 정부에서 지원하기로 했다.

2. 어떤 일이나 조직에 뜻을 두어 한 구성원이 되기를 바라다.

　　예 상호 씨는 군대에 지원하기로 결정하였다.

03 문맥에 알맞은 명사 고르기

아파트에서 발생하는 문제이므로 ④의 '층간 소음'이 정답입니다.

▶ 층간 소음: 아파트에서 흔히 일어나는 일로 위층이나 아래층에서 듣기 싫은 소리가 들려 불편한 것을 말한다. 층간 소음 문제로 주민들끼리 다투는 경우도 있다.

[예] 층간 소음 문제가 심각해지면서 이웃사이센터가 만들어졌다.

풀이

① 무단 횡단: 횡단보도가 아닌 곳에서 교통규칙을 어기고 길을 건너는 것

[예] 횡단보도가 멀리 있어서 그런지 이곳에서 무단 횡단을 하는 사람이 많다.

② 음주 운전: 술을 마시고 술에 취한 상태에서 운전하는 것

[예] 음주 운전을 하면 자신은 물론 다른 사람에게 피해를 주게 된다. ·

③ 불법 주차: 주차를 금지하는 곳에 주차를 하는 것

[예] 불법 주차 단속에 걸려서 과태료가 부과되었다.

04 문맥에 알맞은 형용사 고르기

그 영화가 인기가 많은데, 인기가 많은 이유는 배우들이 연기도 잘하고 영상미가 다른 영화보다 더 아름답기 때문이라는 의미이므로, ①의 '뛰어나서'가 정답입니다.

▶ 영상미: 영상을 통하여 드러나는 아름다움

[예] 그 감독의 작품은 영상미가 돋보인다.

▶ 뛰어나서: '뛰어나다'는 '남보다 월등히 훌륭하거나 앞서 있다'의 뜻이다.

[예] 나는 운동에 뛰어난 소질을 가지고 있다.

풀이

② 평범해서: '평범하다'는 '뛰어나거나 색다른 점이 없이 보통이다'의 뜻이다.

[예] 그는 반에서 별로 눈에 띄지 않는 평범한 학생이었다.

③ 부정확해서: '부정확하다'는 '바르지 아니하거나 확실하지 아니하다'의 뜻이다. (↔ 정확하다)

[예] 인터넷에는 부정확한 정보가 많다.

④ 흥미로워서: '흥미롭다'는 '흥을 느끼는 재미가 있다'의 뜻이다. (= 재미있다, 흥미진진하다), (↔ 지루하다)

[예] 그 영화는 줄거리가 흥미롭다.

05 금지를 나타내는 표현 고르기

쓰레기를 버리지 말라는 내용은 금지의 뜻을 나타내는 '-(으)면 안 되다'로 대답해야 하므로 ④의 '버리면'이 정답입니다.

▶ 버리면 안 돼요: '-(으)면 안 되다'는 동사와 결합하며 어떤 일을 하지 말라고 금지할 때 사용한다.

[예] 수업 시간에 화장실에 가면 안 돼요. (= 수업 시간에 화장실에 가지 마세요.)

①~④의 기본형은 동사 '버리다'이다.

① 버려도: '-아/어도'는 동사·형용사와 결합하며 앞선 행위나 상태에 관계없이 꼭 뒤의 일이 있음을 나타낸다.

　예 숙제가 <u>어려워도</u> 숙제를 꼭 해야 해요.

② 버려서: '-아/어서'는 동사·형용사와 결합하며 앞선 행위나 상태가 원인이나 이유임을 나타낸다.

　예 머리가 <u>아파서</u> 회사에 안 갔어요.

③ 버려야: '-아/어야'는 동사·형용사와 결합하며 '-아/어야 하다, -아/어야 되다'의 구성으로 쓰여 어떤 일을 하려면 그러한 행위를 하거나 그러한 상황이지 않으면 안 됨을 나타낸다.

　예 시험에 합격하려면 열심히 <u>공부해야</u> 해요.

참고자료　동사 + -아/어도 되다

동사와 결합하며 어떤 행동의 허락을 구할 때나 허락을 할 때 사용한다.

　예 가: 여기에서 사진을 <u>찍어도</u> 돼요?

　　나: 네, <u>찍어도 됩니다</u>. / 아니요, 찍으면 안 됩니다.

06 조건이나 가정을 나타내는 표현 고르기

대답이 '새집으로 이사를 가고 싶어요'이기 때문에, 질문은 돈을 아직 벌지 않았지만 만약에 돈을 많이 번다면 무엇을 하고 싶은지 묻는 것이므로, ①의 '벌면'이 정답입니다.

　▶ 벌면: '-(으)면'은 동사·형용사와 결합하며 조건과 가정을 나타낸다.

　예 내일 날씨가 <u>좋으면</u> 등산을 갈 겁니다.

풀이

①~④의 기본형은 동사 '벌다'이다.

② 벌도록: '-도록'은 동사와 결합하며 뒤에 오는 행동의 목적을 나타낸다.

　예 감기가 빨리 <u>낫도록</u> 병원에 가세요.

③ 벌려면: '-(으)려면'은 동사와 결합하며 어떤 일을 할 의도가 있는 경우를 가정할 때 사용한다.

　예 광화문에 <u>가려면</u> 지하철 5호선을 타야 해요.

④ 벌지만: '-지만'은 동사·형용사와 결합하며 앞뒤 문장이 반대임을 나타낸다.

　예 동생은 키가 <u>크지만</u> 형은 키가 작다.

'-(으)면'과 '-(으)려면'의 의미 차이

- -(으)면 + 앞의 동작이나 상태가 이루어진 후에 할 일

  예 시험에 <u>합격하면</u> 파티를 할 거예요. (시험 합격 → 파티)
- -(으)려면 + 앞의 동작이 이루어지기 전에 먼저 할 일

  예 시험에 <u>합격하려면</u> 열심히 공부해야 해요. (공부 → 시험 합격)

07 원인이나 이유를 나타내는 표현 고르기

친구에게 늦은 이유를 설명하고 있으므로, ②의 '타서'가 정답입니다.

▶ 타서: '-아/어서'는 동사·형용사와 결합하며 앞의 내용이 뒤의 내용의 이유가 될 때 사용한다. '-아/어서' 뒤에는 '-(으)ㅂ시다, -(으)ㄹ까요?'와 같은 청유형이나 '-(으)세요' 같은 명령형을 사용하지 않는다.

예 날씨가 <u>좋아서</u> 산책을 했어요. (○)

날씨가 <u>좋아서</u> 산책을 갑시다/갈까요? (×)

날씨가 <u>좋아서</u> 산책을 가세요. (×)

풀이

①~④의 기본형은 동사 '타다'이다.

① 타고: '-고'는 동사·형용사와 결합하며 두 가지 이상의 일을 연결해서 말할 때 사용한다.

예 저는 시간이 있을 때 게임을 <u>하고</u> 영화를 봐요.

③ 타되: '-되'는 동사와 결합하며 앞의 내용을 인정하면서 그것에 대한 조건이나 예외가 있을 때 사용한다.

예 친구와 이야기를 <u>하되</u> 마스크는 벗지 마세요.

④ 타다가: '-다가'는 동사와 결합하며 어떠한 행위나 상태가 중단되고 다른 것으로 바뀜을 나타낸다.

예 공부를 <u>하다가</u> 친구가 와서 같이 밥을 먹었어요.

08 대조의 뜻을 나타내는 표현 고르기

같은 회사에 다니고 있어서 자주 만날 수 있을 것 같지만 그렇지 못한다는 뜻으로 ③의 '일하는데'가 정답입니다.

▶ 일하는데: '-(으)ㄴ/는데'는 '동사 + -는데', '형용사 + -(으)ㄴ데'의 형태로 결합하며 앞의 내용과 다른 사실이나 행동을 연결할 때 사용한다.

예 한국은 겨울에 눈이 <u>오는데</u>, 우리 고향에는 눈이 안 와요.

풀이

①~④의 기본형은 동사 '일하다'이다.

① 일해서: '-아/어서'는 동사·형용사와 결합하며 앞의 내용이 뒤의 내용의 이유가 될 때 사용한다. '-아/어서' 뒤에는 '-(으)ㅂ시다, -(으)ㄹ까요?'와 같은 청유형이나 '-(으)세요' 같은 명령형을 사용하지 않는다.

> 예 감기에 걸려서 병원에 갔어요. (○)
> 감기에 걸려서 병원에 갑시다/갈까요? (×)
> 감기에 걸려서 병원에 가세요. (×)

② 일하더니: '-더니'는 동사·형용사와 결합하며 과거에 알게 된 사실에 이어진 행동이나 상황을 나타낸다.

> 예 미나 씨는 예전에는 요리를 못하더니 지금은 요리사처럼 잘해요.

④ 일하므로: '-(으)므로'는 동사·형용사와 결합하며 앞 내용에 대한 근거나 이유를 나타낼 때 사용한다. 회의, 발표, 뉴스 등의 공식적인 상황에서 주로 쓰인다.

> 예 곧 영화가 시작되므로 더 이상 입장할 수 없습니다.

09 문장 뒤에 이어지는 알맞은 말 고르기 1

서울 빛초롱 축제에서 본 유등이 아름답고 구경할 가치가 있음을 말하고 있으므로, ②의 '구경할 만했다'가 정답입니다.

| 참고자료 | 동사 + -(으)ㄹ 만하다 |

'그러한 행위를 할 가치가 있다'고 말할 때 사용한다.

> 예 동해 바다는 물이 맑고 깨끗해서 여름에 휴가를 갈 만해요.

10 문장 뒤에 이어지는 알맞은 말 고르기 2

선생님께서 "공연이 9시에 시작하니까 8시 40분까지 오세요."라고 말한 것을 전달하는 것이므로, ②의 '오라고 하셨다'가 정답입니다.

| 참고자료 | 동사 + -(으)라고 하다 |

다른 사람이 한 말을 들은 후 또 다른 사람에게 전달할 때 간접화법을 사용한다. '-(으)세요'의 명령을 전달할 때는 '동사 + -(으)라고 하다'를 사용한다.

> 예 어머니께서 오늘 일찍 들어오라고 하셨어요.

11 알맞은 표현으로 한 문장 만들기 1

열심히 준비했는데도 입사시험에 떨어질 것 같다라는 의미가 가장 자연스러우므로, ②의 '열심히 준비했지만 입사시험에 떨어질 것 같다'가 정답입니다.

12 알맞은 표현으로 한 문장 만들기 2

서울은 대중교통이 발달했기 때문에 자가용 없이 여행할 수 있다는 의미가 가장 자연스러우므로, ③의 '서울은 대중교통이 발달해서 자가용 없이 여행하는 것이 가능하다'가 정답입니다.

참고자료 동사 + -는 것

동사를 주어나 목적어로 사용하기 위해 명사로 만들 때 사용한다.
예 밥을 잘 <u>먹는 것</u>이 건강을 위해 가장 중요한 일이다.
　　저는 노래 <u>부르는 것</u>을 좋아해요.

---

13 문맥에 알맞은 표현이나 문장 고르기

돌잔치에서 가장 재미있었던 것은 돌잡이 행사로 아기가 돈을 잡으면 부자가 되고, 실을 잡으면 오래 살며, 연필을 잡으면 공부를 잘 할 거라고 추측한다고 했으므로, ③의 '아기의 장래를 추측하는 돌잡이 행사였다'가 정답입니다.

▶ 조카: 형제자매의 자녀
　예 언니가 아이를 낳아서 드디어 나에게도 <u>조카</u>가 생겼다.
▶ 돌잔치: 첫 번째 생일 파티
　예 우리 부부는 딸 <u>돌잔치</u>에 친척들과 친구들을 초대했다.
▶ 친척: 자기의 혈족이나 결혼으로 맺어진 혈연적 관계가 있는 사람들
　예 설날이나 추석 같은 명절이 되면 <u>친척</u>들이 모여서 시간을 보낸다.
▶ 추측한다: '추측하다'는 '미루어 생각하여 헤아리다'의 뜻이다.
　예 경찰은 이 사건의 범인을 요리사로 <u>추측하고</u> 있다.
▶ 마음껏: 마음에 만족스러울 정도로
　예 먹고 싶은 만큼 <u>마음껏</u> 드세요.

---

14 주어진 글과 일치하는 설명 고르기

준비물에 신분증이 있으므로, ①의 '투표를 하려면 주민등록증을 가져가야 한다'가 정답입니다.

▶ 전국: 온 나라 전체
　예 내일은 <u>전국</u>에 비가 많이 내리겠습니다.
▶ 동시: 같은 때나 같은 시기
　예 우리는 우리 팀의 우승 소식을 듣고 <u>동시</u>에 소리를 질렀다.
▶ 실시: 실제로 시행함
　예 유치원에서는 한 달에 한 번씩 화재 대피 훈련을 <u>실시</u>한다.
▶ 공정한: '공정하다'는 '공평하고 올바르다'의 뜻이다.
　예 판사는 법에 따라 <u>공정한</u> 재판을 하려고 노력한다.

▶ 사전 투표: 실제 투표일 전에 미리 하는 투표

예 선거에 많은 국민이 참여할 수 있도록 <u>사전 투표</u>를 실시한다.

▶ 투표: 선거를 할 때 투표용지에 의사를 표시하여 일정한 곳에 내는 일

예 이 문제는 회원들의 <u>투표</u> 결과에 따라 결정된다.

▶ 신분증: 관청, 학교, 회사 등에서 각기 소속된 사람임을 증명하는 문서

예 음주 운전을 단속하는 경찰이 운전자에게 <u>신분증</u>을 보여 달라고 했다.

▶ 지참: 돈이나 물건을 가지고 참석함

예 종합평가를 볼 때 신분증을 <u>지참</u>해야 한다.

풀이

② 지방 선거는 교육감, 광역 단체장(시장, 도지사), 기초 단체장(시장, 구청장, 군수), 광역 의원(시 의원, 도 의원), 지역구 의원(구 의원, 시 의원, 군 의원), 비례 대표 광역 의원, 비례 대표 기초 의원을 뽑는 선거이다. 국회의원을 뽑는 선거는 총선(국회의원 총선거) 이다.

③ 오전 6시부터 오후 6시까지 투표를 할 수 있다.

④ 선거일 전에 투표할 사람은 9일부터 10일까지 투표하면 된다.

15 제목 고르기

앞부분에서는 스마트폰이 있으면 편리한 점을 이야기하고 있고, 뒷부분에서는 스마트폰으로 인한 사회 문제를 이야기하고 있으므로, ①의 '스마트폰의 장점과 단점'이 정답입니다.

16 ㉠에 알맞은 표현이나 문장 고르기

'덕분'은 '베풀어 준 은혜나 도움'을 의미하는 말이므로, ㉠에 스마트폰으로 인한 긍정적인 내용이 온다는 것을 알 수 있습니다. ㉠의 뒤 문장을 살펴보면 스마트폰만 있으면 원하는 것을 쉽게 할 수 있다고 말하고 있으므로, ④의 '많은 일을 신속하고 편리하게 해결할 수 있게 되었다'가 정답입니다.

▶ 에스엔에스(SNS): 소셜 네트워크를 형성해서 다른 사람들과 교류할 수 있도록 만든 응용 프로그램이나 홈페이지

예 요즘 사람들은 <u>에스엔에스</u>로 다른 사람들과 소통하고 교류한다.

▶ 소통: 의견이나 의사가 남에게 잘 통함

예 <u>소통</u>이 잘 이루어져야 오해가 안 생긴다.

▶ 단절되는: '단절되다'는 '유대나 연관 관계가 끊어지다'의 뜻이다.

예 그 사람은 집 밖에 나오지 않고 외부세계와 <u>단절</u>된 채 홀로 살아 간다.

▶ 의지하는: '의지하다'는 '다른 것에 마음을 기대어 도움을 받다'의 뜻이다.

예 미자 씨는 아들 하나만 <u>의지하고</u> 살았다.

▶ 의존도: 다른 것에 의지하여 생활하거나 존재하는 정도

예 석유의 경우 수입에 <u>의존도</u>가 높은 상황이다.

▶ 중독: 술이나 마약 등을 지나치게 복용한 결과, 그것 없이는 견디지 못하는 병적인 상태

예 나는 아무래도 카페인 중독인 것 같다. 커피 없이 살 수 없다.

▶ 노출: 보거나 알 수 있도록 드러내거나 드러남

예 여름이 되니 노출이 심한 옷차림이 자주 눈에 띈다.

▶ 유출: 귀중한 물품이나 정보가 불법적으로 나라나 조직 밖으로 나가 버림

예 경찰은 이번 평가의 문제가 사전에 유출이 되었는지 조사하고 있다.

17 〈사회〉 한국의 주거 문화의 변화에 대한 옳지 않은 설명 고르기

한국의 주거 문화는 빠르게 변화하고 있으며, 과거에는 대부분의 사람들이 단독 주택에 살았지만 도시 인구가 늘어난 요즘은 대부분의 사람들이 아파트나 연립 주택과 같은 공동 주택에 거주하고 있습니다. 그러므로 ①의 '과거와 달리 요즘 단독 주택이 대부분이다'가 옳지 않은 설명입니다.

▶ 선호한다: '선호하다'는 '여럿 가운데 특별히 더 좋아하다'의 뜻이다.

예 나는 녹차보다는 커피를 선호해서 자주 마신다.

▶ 은퇴한: '은퇴하다'는 '나이가 많은 사람이 하던 일이나 사회 활동을 그만두다'의 뜻이다.

예 김 선생님께서 올해 12월에 은퇴하신다.

▶ 전원주택: 도시에서 조금 떨어진 곳에 자연의 분위기를 느낄 수 있도록 지은 집

예 우리 부모님은 지금 전원주택에 살고 계신다.

풀이

② 아파트는 교통이 편리한 곳에 위치하고, 편의 시설이 잘 되어 있어서 많은 사람이 아파트에 사는 것을 선호한다.

③ 은퇴를 하거나 노년에 자연의 분위기를 느끼고 싶은 사람들이 도시 주변에 전원주택을 짓고 사는 경우도 많다.

④ 최근에는 1인 가구나 2인 가구가 증가하면서 원룸, 소형 주택을 원하는 사람들이 많아지고 있다.

18 〈사회〉 의료기관에 대한 적절한 용어 고르기

의료기관의 종류에는 동네 의원, 보건소, 종합 병원 등이 있는데, 동네 의원은 병이 심하지 않은 경우에 가서 진료를 받을 수 있는 곳(가)입니다. 보건소는 국가가 운영하는 공공 보건 기관으로 지역 주민의 건강과 질병 예방 및 관리를 위한 곳(나)입니다. 또한 보건소에서는 예방 접종이나 여러 가지 질병 검사를 할 수 있으며 일반 병원보다 진료비가 쌉니다. 동네 병원이나 보건소에서 진료를 받았는데도 병이 낫지 않거나 더 정밀한 검사를 받고 싶으면 동네 병원이나 보건소에서 진료 의뢰서를 받아 종합 병원에 가서 진료를 받을 수 있습니다. 그러므로 ①의 '(가) - 동네 의원, (나) - 보건소'가 정답입니다.

19 〈교육〉 평생교육 이해하기

급속한 사회 변화에 대비하고 늘어난 평균 기대 수명에 맞추어 자아실현을 하기 위해서 새로운 지식이나 기술을 계속 배워야 하는데, 나이나 상황에 관계없이 관심이 있거나 필요한 분야를 계속 공부하는 것을 평생교육이라고 합니다. 평생교육은 기초 문해 교육, 학력 보완 교육, 직업 능력 교육, 문화 예술 교육, 인문 교양 교육, 시민 참여 교육 등의 다양한 분야가 있으며, 국가평생교육 진흥원, 시·도 평생교육원, 시·군·구 평생학습관뿐만 아니라 학교 부설 평생교육원, 행정복지센터, 도서관, 문화 시설, 박물관, 노인 복지관이나 장애인 복지관과 같은 사회 복지관, 청소년 수련 시설 등과 같은 다양한 곳에서 이루어지고 있습니다. 또한 요즘은 인터넷을 이용한 평생교육도 늘고 있습니다. 그러므로 ①의 '평생교육'이 정답입니다.

▶ 문해: 글을 읽고 이해함

　예 학생들은 글을 정확하게 이해하는 <u>문해</u>력이 필요하다.

▶ 보완: 모자라는 것을 채워 완전하게 함

　예 서로의 단점을 <u>보완</u>하며 함께 살아가야 한다.

풀이

② 고등 교육: 대학교 교육과 대학원 교육을 의미한다.

③ 중등 교육: 중학교 교육과 고등학교 교육을 의미한다.

④ 학원 교육: 학교 교육이 아닌 사립 교육기관에서 받는 교육을 의미한다.

20 〈교육〉 한국의 교육에 대한 설명으로 옳은 것 고르기

한국에서 교육은 사회적 지위를 상승시킬 수 있는 주요 방법 중 하나로 인식되어 학력이 취업과 연봉에 많은 영향을 주고 있으므로, ②의 '한국에서는 교육이 사회적 지위를 상승시킬 수 있는 주요 방법으로 인식된다'가 정답입니다.

▶ 진학률: 상급학교에 입학하는 비율. 예를 들면 고등학교 졸업자가 대학교에 몇 명 입학하느냐가 대학 진학률이다.

　예 우리 집 근처에 있는 고등학교는 고3 학생들의 대학 <u>진학률</u>이 높다고 한다.

풀이

① 한국의 대학 진학률은 OECD 국가 중 최고 수준으로 70% 이상에 달한다.

③ 고등학교는 의무 교육이 아니지만 한국에서는 거의 모든 학생들이 고등학교에 진학한다. 한국에서의 의무 교육은 초등학교 6년, 중학교 3년으로 총 9년이다.

④ 한국은 대학 등록금이 비싸지만 대학 진학률은 높게 나타난다.

21 〈문화〉 한국의 식사 예절에 대한 옳은 설명 고르기

한국에서는 밥그릇이나 국그릇을 손으로 들고 먹으면 안 되고 식탁 위에 놓고 먹어야 합니다. 또 식사할 때는 윗사람이 수저를 들 때까지 기다려야 하며(ㄴ) 음식을 먹을 때는 큰 소리를 내지 않고, 가능하면 이야기도 하지 않는 것이 좋습니다. 기침이 날 때는 얼굴을 옆으로 돌리고 입을 가리고 해야 합니다(ㄹ). 그러므로 ③의 'ㄴ, ㄹ'이 정답입니다.

22 〈문화〉 연고에 대한 옳은 설명 고르기

연고에는 혈연, 지연, 학연이 있는데 혈연이란 가족이나 친척 관계 등 핏줄로 맺어진 인연을 말합니다(ㄷ). 특히 옛날에는 족보를 따지고 그것을 책으로 기록하여 남길 만큼 혈연을 중요하게 여겼습니다. 지연이란 같은 고향이나 출신 지역으로 맺어진 인연을 말하며 향우회가 대표적인 예입니다. 학연이란 같은 학교 출신으로 맺어진 인연을 말하는데 출신 고등학교와 대학교를 중심으로 졸업 후에도 동문회를 만들어 정기적으로 모임을 하는 것을 쉽게 볼 수 있습니다. 한국 사람들이 연고를 중시하는 것은 공동체를 중요시하는 것과 관계가 있습니다(ㄹ). 그러므로 ④의 'ㄷ, ㄹ'이 정답입니다.

▶ 맺어진: '맺어지다'는 '관계나 인연 따위가 이루어지거나 만들어지다'의 뜻이다.
　예 투이 씨와 나는 사회통합프로그램 수업에서 만나 맺어진 인연이다.
▶ 중요시하는: '중요시하다'는 '가볍게 여길 수 없을 만큼 매우 크고 중요하게 여기다'의 뜻이다.
　예 한국은 예절을 중요시하는 나라이다.

　　풀이
　ㄱ. 지연이란 같은 고향이나 출신 지역으로 맺어진 인연을 말한다.
　ㄴ. 학연이란 같은 학교 출신으로 맺어진 인연을 말한다.

23 〈문화〉 한국의 종교에 대한 옳은 설명 고르기

한국은 종교의 자유가 인정되는 나라로 한 조사에 따르면 한국인의 약 37%(만 19세 이상 기준)가 종교를 가지고 있으며 한국에는 불교, 유교, 기독교, 천도교, 원불교, 이슬람교 등 다양한 종교가 있습니다. 불교는 4세기 무렵에 한국에 전파된 종교로 불교와 관련된 문화유산이 전국 곳곳에 남아 있습니다. 유교는 한국인의 가치관에 큰 영향을 주었으며 제사는 유교의 대표적인 의식입니다. 가톨릭과 개신교를 아울러 기독교라고 하는데, 가톨릭은 17세기에 서양 학문과 함께 들어왔습니다. 그러므로 ②의 '개신교는 19세기에 선교사들에 의해 들어왔고 학교, 병원을 많이 설립했다'가 정답입니다.

▶ 가치관: 가치에 대한 관점. 인간이 자기를 포함한 세계나 그 속의 사상에 대해 가지는 평가의 근본적인 태도
　예 교사는 학생들이 올바른 가치관을 형성하도록 도와주어야 한다.
▶ 자비: 남을 깊이 사랑하고 가엾게 생각함
　예 집주인이 자비를 베풀어 우리 가족은 이 집에 더 살 수 있었다.

▶ 문화유산: 장래의 문화적 발전을 위해 다음 세대에 계승, 상속할 만한 가치를 지닌 각종 문화재나 문화 양식

예 경주에 가면 신라 시대의 찬란한 <u>문화유산</u>을 접할 수 있다.

> **풀이**

① 한국은 종교의 자유가 인정되는 나라로 국민의 약 37% 정도가 종교를 가지고 있다.

③ 유교는 한국인의 가치관에 큰 영향을 끼친 종교로 제사가 대표적인 의식이다.

④ 불교는 자비를 강조하는 종교로 삼국 시대에 들어와 문화유산을 많이 남겼다.

24 〈정치〉 삼권 분립에 대한 옳지 <u>않은</u> 설명 고르기

대부분의 민주주의 국가에서는 국가 권력이 어느 한쪽으로 집중되지 않도록 국가 권력을 여러 기관으로 나누어 놓았는데(①), 이것을 '권력 분립의 원칙'이라고 합니다. 한국은 국가 권력을 입법부(국회), 행정부(정부), 사법부(법원)의 세 개로 나누어 놓아서(④) '삼권 분립'이라고도 합니다. 이렇게 국가 권력을 나누어 놓으면 특정 개인이나 집단에게 권력이 집중되는 것을 막을 수 있고, 결과적으로 국민의 권리와 이익을 보호할 수 있습니다(②). 그러므로 ③의 '대통령이 모든 권력을 가지고 다른 기관들을 견제한다'가 옳지 않은 설명입니다.

25 〈정치〉 한국의 선거에 대한 옳은 설명 고르기

〈보기〉의 내용은 한국의 4대 선거원칙입니다. 4대 선거원칙에는 보통 선거, 평등 선거, 직접 선거, 비밀 선거가 있습니다. 보통 선거는 대한민국 국민으로서 만 18세가 되면 성별, 재산, 학력, 권력, 종교 등에 관계없이 누구나 선거에 참여할 수 있다는 것입니다. 평등 선거는 성별, 재산, 학력, 권력, 종교 등에 관계없이 한 표씩 공평하게 투표한다는 것입니다. 직접 선거는 선거권을 가진 국민들이 직접 투표하여 대표를 뽑는다는 것입니다(ㄱ). 비밀 선거는 투표한 사람이 어느 후보나 정당을 선택했는지 다른 사람이 알지 못하게 한다는 것입니다 (ㄷ). 그러므로 ②의 'ㄱ, ㄷ'이 정답입니다.

> **풀이**

ㄴ. 성별, 재산, 학력, 권력, 종교 등의 조건에 관계없이 한 표씩 투표한다는 것은 평등 선거이다.

ㄹ. 국민으로서 만 18세가 되면 성별, 재산, 학력, 권력, 종교 등에 관계없이 누구나 선거에 참여할 수 있다는 것은 보통 선거이다.

26 〈경제〉 한국의 수출 상품 연도별로 고르기

한국은 수출로 경제 성장을 이루었습니다. 1950~1960년대에는 옷, 신발, 가방, 가발(나) 등을 수출하였고, 1970년대에는 배, 기계, 철강(가) 등을 수출하였습니다. 1980년대부터는 자동차, 전기, 전자 제품(라) 등을 많이 수출하였고, 1990~2010년대에는 반도체, 휴대폰, 신소재(다) 수출이 늘어났고, 현재는 드라마나 노래와 같은 문화 콘텐츠나 의료 서비스를 수출하고 있습니다. 그러므로 ③의 '(나) - (가) - (라) - (다)'가 정답입니다.

27 〈경제〉 소비자를 보호하기 위한 제도의 명칭 고르기

한국에서는 소비자 보호를 위하여 여러 가지 제도를 마련해 놓고 있습니다. 〈보기〉의 '(가) 원산지 표시, 유통 기한, 영양 성분 표시 등 소비자 안전 등에 중요한 표시를 반드시 하게 하는 제도'는 '의무 표시제'입니다. '(나) 생산자가 소비자에게 상품의 문제점을 알려주고, 그 상품을 수리 또는 교환해 주는 제도'는 '리콜 제도'입니다. 그러므로 ③의 '(가) – 의무표시제, (나) – 리콜 제도'가 정답입니다.

> **참고자료** **소비자를 보호하기 위한 제도**
>
> – 제조물 책임법: 상품에 대한 책임을 제조업체가 지게 하는 제도
> – 리콜 제도: 생산자가 소비자에게 상품의 문제점을 알려주고, 그 상품을 수리 또는 교환해 주는 제도
> – 의무표시제: 소비자의 안전과 관련된 중요한 표시(원산지 표시, 유통 기한, 소비 기한, 영양 성분 표시 등)를 반드시 하게 하는 제도

28 〈법〉 혼인 신고 이해하기

〈보기〉는 혼인 신고에 대한 설명입니다. 한국에서는 법적인 부부가 되기 위해서는 시청, 구청, 군청 등에서 혼인 신고를 해야 합니다. 결혼식을 하지 않아도 혼인 신고를 하면 법적인 부부로 인정되고 법의 보호를 받을 수 있습니다. 혼인 신고를 하지 않으면 재산, 자녀 양육 등에서 법의 보호를 받지 못할 수 있습니다. 그러므로 ③의 '혼인 신고'가 정답입니다.

> **풀이**
>
> ① 결혼식: 부부 관계를 맺는 서약을 하는 의식으로, 결혼식장이나 종교시설에서 많이 이루어지고 있다.
> ② 출생 신고: 아이가 태어나면 시청, 구청, 군청 등에 아이가 태어났음을 신고하는 제도
> ④ 협의 이혼: 부부가 서로 합의하여 하는 이혼으로 가정법원의 확인을 받아 신고하여 이혼이 이루어진다.

29 〈법〉 권리 보호를 위해 도움을 주는 기관 이해하기

〈보기〉의 국가인권위원회, 국민권익위원회는 모두 국민의 권리를 보호하기 위하여 도움을 주는 기관들입니다. 그러므로 ④의 '한국은 민주주의 국가로서 국민의 권리를 보호하기 위해 노력하고 있다'가 정답입니다.

- 국가인권위원회는 모든 사람이 가지고 있는 기본적인 인권을 보호하기 위한 국가기관이다. 국가기관, 회사, 다른 사람 등에 의해 차별을 당했거나 부당한 대우 등의 인권침해를 받은 사람은 국가인권위원회에 상담, 조사, 구제를 요청하여 도움을 받을 수 있다.
- 국민권익위원회는 부패 방지와 국민의 권익 보호, 구제를 위한 국가기관이다. 국가기관의 잘못으로 피해를 입은 국민은 누구든지 국민권익위원회에 문제를 제기하고 본인이 받은 피해에 대해 구제를 요청할 수 있다.

30 〈법〉 간이귀화에 대한 설명 이해하기

〈보기〉에서 설명하는 것은 혼인을 통한 귀화이며 혼인귀화는 간이귀화에 해당합니다. 간이귀화는 한국과 일정한 관계가 있는 외국인이 한국의 국적을 취득하는 방법입니다. 한국에서 3년 이상 생활했고, 부모 중 한 명이 한국 국민이었던 경우에도 간이귀화를 신청할 수 있습니다. 그러므로 ①의 '간이귀화'가 정답입니다.

참고자료　귀화의 종류

- 일반귀화는 한국과 아무 관련이 없는 외국인이 한국 국적을 받기 위한 절차로, 5년 이상 한국에서 생활한 주소와 영주(F-5) 자격이 있어야 하며, 만 19세 이상의 품행이 단정하고 생계유지 능력이 있는 외국인이어야 한다. 또한 한국어 능력 등 한국 국민으로서 기본적인 소양이 있어야 일반귀화를 신청할 수 있다.
- 특별귀화는 부모 중 한 명이 한국 국민이거나, 한국에 특별한 공로가 있는 외국인, 특정 분야에서 매우 우수한 능력을 가지고 있는 사람으로서 한국 국익에 도움을 줄 수 있는 외국인으로 인정되면 특별귀화를 신청할 수 있다.

31 〈역사〉 나라 이름과 나라를 건국한 사람 바르게 연결한 것 고르기

고조선을 건국한 사람은 단군이고, 신라를 건국한 사람은 박혁거세이며, 발해를 건국한 사람은 대조영, 고려를 건국한 사람은 왕건입니다. 그리고 조선을 건국한 사람은 이성계입니다. 그러므로 ④의 '조선 - 이성계'가 정답입니다.

▶ 건국한: '건국하다'는 '나라가 세워지다. 또는 나라를 세우다'의 뜻이다.

　예 태조 왕건은 고려를 <u>건국하였다</u>.

참고자료　한국 역사에서 나라의 이름과 나라를 건국한 사람 알아보기

- 고조선: 단군
- 신라: 박혁거세
- 고구려: 주몽
- 백제: 온조
- 고려: 왕건
- 조선: 이성계

32 〈역사〉 통일 신라 시대에 대해 옳지 <u>않은</u> 설명 고르기

〈보기〉의 내용은 통일 신라 시대에 대한 설명입니다. 신라는 삼국 중 가장 늦게 국가의 모습을 갖추었으나 다른 나라와 외교를 하면서 꾸준히 발전하였고, 6세기에 청년들의 조직인 화랑도를 만들어 나라의 힘을 키우고, 한강 유역을 차지하면서 삼국 통일의 기초를 준비하였습니다(②). 또한 동양에서 가장 오래된 천문대인 첨성대를 만들어(③) 농업에 필요한 정보를 얻었습니다. 통일 신라 시대에는 불교 문화가 크게 발달하여 석굴암, 불국사와 같은 불교 문화유산(④)이 지금까지 남아 있습니다. 그러므로 ①의 '유교 사상을 바탕으로 나라를 다스렸다'가 옳지 않은 설명입니다.

▶ 천문대: 천문 현상을 관측하고 연구하기 위하여 설치한 시설

　예 우리 가족은 별자리를 관찰하기 위해 <u>천문대</u>에 다녀왔다.

　풀이

① 조선 시대 때 유교 사상을 바탕으로 나라를 다스렸다.

33 〈역사〉 한국의 역사적인 인물에 대한 옳은 설명 고르기

〈보기〉의 내용은 한국의 역사적인 인물에 대한 내용입니다. 고려 시대 때 거란은 고구려 북쪽 땅을 내놓을 것과, 송나라와 교류하지 말 것을 요구하였습니다. 고려의 관리들은 전쟁을 피하고자 거란의 뜻에 따르려고 했지만 이때 서희가 거란의 장군을 만나 외교로 전쟁이 일어나지 않게 막고 압록강 동쪽의 땅까지 차지했습니다(ㄱ). 이순신 장군은 임진왜란 때 일본의 침략으로부터 조선의 바다를 지켰으며 뛰어난 전술과 거북선, 화포 등의 무기를 사용하여 일본군과의 전투에서 승리했습니다(ㄷ). 그러므로 ①의 'ㄱ, ㄷ'이 정답입니다.

▶ 흉년: 농사가 잘 되지 않은 해

　예 올해는 가뭄 때문에 <u>흉년</u>이 들었다.

　풀이

ㄴ. 허난설헌은 어려서부터 글재주가 뛰어나서 시를 잘 지었고, 허난설헌의 시는 중국과 일본에서 높은 평가를 받았다. 1919년 3·1 운동에 참여한 사람은 유관순이다.

ㄹ. 김만덕은 제주도 사람으로 어렸을 때는 힘들게 살았지만 나중에 장사로 큰돈을 벌었다. 제주도에 큰 흉년이 들었을 때 김만덕은 그동안 모은 돈으로 쌀을 사서 사람들에 나누어주었다. 김만덕의 행동은 왕(정조)에게까지 알려져 왕은 김만덕의 소원대로 서울과 금강산 구경을 시켜주었다. 지금도 제주도에서는 선행을 많이 베푼 사람들에게 '김만덕상'을 주고 있다.

34 〈지리〉 강원지역에 대한 옳지 <u>않은</u> 설명 고르기

〈보기〉는 강원지역에 대한 설명입니다. 강원지역은 태백산맥을 기준으로 동쪽은 영동지방, 서쪽을 영서지방이라고 합니다(③). 강원지역은 80% 정도가 산지이기 때문에 밭농사를 많이 짓고 고랭지 농업이 발달했습니다. 또한 대관령 목장을 중심으로 목축업도 발달했습니다(①). 아름다운 자연 경관으로 한국의 대표적인 관광지가 되었으며 태백산맥에 위치한 설악산과 오대산, 경포대 해수욕장과 낙산 해수욕장은 인기가 매우 많습니다. 또한 2018년에는 평창에서 동계 올림픽을 개최했습니다. 화천 산천어 축제, 횡성 한우 축제, 평창 대관령 눈꽃 축제, 강릉 단오제는 강원지역의 유명한 축제입니다(②). 그러므로 ④의 '과학 도시가 만들어져서 사이언스 페스티벌이 열리고 있다'가 옳지 않은 설명입니다.

▶ 밭농사: 밭에서 하는 농사

　예 어머니는 <u>밭농사</u>로 옥수수나 감자를 키우신다.

▶ 고랭지 농업: 한국에서 지대가 높고 기온이 낮은 지역에서 하는 농업으로 배추, 무 등의 농사가 알맞음

　예 강원지역은 산지가 많기 때문에 <u>고랭지 농업</u>이 발달하였다.

풀이

④ 대전광역시에 대덕연구 단지가 만들어져 과학 도시가 되었으며, 1993년 세계 과학 엑스포를 개최하였고, 매년 10월에는 대전 사이언스 페스티벌이 열리고 있다.

35 〈지리〉 지역 축제에 대한 옳지 <u>않은</u> 설명 고르기

각 지역의 축제에 대한 문제입니다. 세계 도자기 엑스포는 경기지역의 축제이므로 ②의 '전라지역의 대표적인 축제로 세계 도자기 엑스포를 들 수 있다'가 옳지 않은 답입니다.

참고자료　**지역별 대표적인 축제**

– 수도권 및 경기지역: 서울 빛초롱 축제, 서울 거리 예술 축제, 고양 국제 꽃 박람회, 강화 고려 인삼 축제, 이천 도자기 축제
– 충청지역: 보령 머드 축제, 백제 문화제, 금산 인삼 축제, 대전 사이언스 페스티벌
– 전라지역: 전주 세계 소리 축제, 전주 대사습놀이, 함평 나비 대축제, 광주 디자인 비엔날레, 남원 춘향제, 순천 남도음식문화 큰잔치
– 경상지역: 안동 국제 탈춤 페스티벌, 영덕 대게 축제, 대구 치맥 페스티벌, 진주 남강 유등 축제, 통영 한산대첩 축제, 진해 군항제, 부산 국제 영화제
– 강원지역: 화천 산천어 축제, 평창 대관령 눈꽃 축제, 횡성 한우 축제, 강릉 단오제
– 제주지역: 탐라 문화제, 성산 일출 축제

36 〈지리〉 각 계절에 볼 수 있는 현상에 대한 알맞은 날씨 고르기

(가)와 (나)에서 설명하고 있는 현상은 각각 한국의 가을과 겨울 날씨의 현상입니다. 한국의 가을은 비가 잘 오지 않아서 습도가 낮으며 맑고 화창한 날씨가 계속됩니다. 그리고 단풍이 아름다워서 사람들은 단풍 구경을 가고 늦가을에는 낙엽을 볼 수 있습니다. 한국의 겨울은 춥고 건조하며 찬바람이 많이 붑니다. 눈이 내리고 지역에 따라 폭설과 같은 자연재해가 발생하기도 합니다. 겨울에는 눈이 많이 오고 춥기 때문에 사람들은 스키, 눈썰매, 스케이트를 타러 갑니다. 그러므로 ③의 '(가) – 화창하고 건조한 날씨, (나) – 춥고 건조한 날씨'가 정답입니다.

> **참고자료** 한국의 계절별 날씨와 현상
>
> – 이른 봄에는 꽃샘추위가 찾아오지만 이후에는 날씨가 따뜻해지고 꽃이 핀다. 그래서 사람들이 꽃구경을 많이 간다. 그러나 황사나 미세 먼지가 생기는 날도 많아서 이런 날 외출을 할 때는 마스크를 착용하는 것이 좋다.
> – 여름에는 무덥고 비가 많이 온다. 최근에는 지구 온난화 때문에 여름이 더 길어지고 더워졌다. 또한 여름에는 집중 호우, 홍수, 태풍 등의 자연재해가 발생하기도 하고 열대야로 밤에 잠을 자기가 힘들 때도 많다. 그리고 여름에는 더위를 피해 바다나 산으로 피서를 간다.

〈여기서부터는 귀화용(심화) 문제입니다.〉

01 〈대한민국의 국민〉 대한민국 국민의 권리로 옳지 <u>않은</u> 것 고르기

대한민국 국민의 기본적인 권리에는 자유권, 평등권, 사회권, 참정권, 청구권이 있습니다. 사회권은 인간다운 생활에 필요한 최소한의 수준을 보장받을 권리를 말합니다(①). 참정권은 정치에 참여할 수 있는 권리인데 그 예로는 대통령이나 국회의원 선거에서 투표할 수 있는 것, 자신이 직접 후보자가 되어 선거에 나가는 것 등이 있습니다(③). 자유권은 국가 권력에 의해 개인의 자유가 함부로 제한받지 않을 권리를 말하며 신체의 자유를 가질 권리, 자유롭게 주거지를 옮길 권리, 직업 선택의 권리, 사생활을 보호받을 권리, 원하는 종교를 가질 권리, 언론·출판·집회·결사의 자유를 가질 권리 등을 말합니다(④). 청구권은 국가에 대하여 일정한 요구를 할 수 있는 권리를 말합니다. 평등권은 어떤 이유로도 부당하게 차별받지 않을 권리를 말합니다. 그러므로 ②의 '평등권이란 조건이나 상황에 관계없이 무조건 똑같이 대우받을 권리를 말한다'가 옳지 않은 설명입니다.

> **풀이**
>
> ② 평등권이란 성별, 종교, 신분, 인종, 권력 등 어떤 이유로도 부당하게 차별 받지 않을 권리를 말하는데, 여기서 말하는 평등이란 무조건 똑같이 대우해 주는 것이 아니라, 상황과 조건, 기여 정도 등을 종합적으로 고려하여 그에 알맞게 대우해 주는 것을 뜻한다.

02 〈대한민국의 역사와 발전〉 정전 협정 이후 남북 관계 이해하기

1960년대 말 이후 남북 관계가 긍정적인 변화를 맞이하게 되었습니다. 1972년 7월 4일에는 남북한이 자주, 평화, 민족 대단결의 내용을 기반으로 한 공동 성명을 발표했습니다. 1991년에는 남북한이 동시에 유엔(UN)에 가입하였고, 남북기본합의서(서로의 체제를 인정하고 침략하지 않을 것을 약속)를 발표하기도 했습니다. 그 이후 2000년에는 처음으로 남북 정상 회담이 개최되었습니다. 6·15 남북 공동 선언을 한 후 경제 교류를 늘리고, 이산가족 상봉 행사를 개최하는 등 남북 관계가 개선되었습니다. 2007년에는 두 번째 남북 정상 회담을 열었고, 10·4 남북 공동 선언 후 다시 한번 남북한이 평화를 지향하고 경제적 교류와 협력을 늘리기로 했습니다. 그러므로 ②의 '남북 관계가 개선되었다'가 정답입니다.

> **풀이**

① 1972년 박정희 대통령이 헌법을 바꾸어 대통령의 권한을 강화한 것을 유신 체제라고 한다.
③ 평창 동계 올림픽은 2018년에 개최되었다.
④ 한국의 민주주의 발전에 영향을 준 사건은 4·19 혁명, 5·18 민주화 운동, 6월 민주 항쟁 등이 있다.

03 〈대한민국의 정치와 외교〉 통일 비용으로 옳은 것 고르기

분단 비용은 남북한이 분단 상태를 유지하는 데 쓰이는 돈을 말하며, 국방비, 외교적 경쟁 비용뿐만 아니라 남북 갈등에 대한 불안감, 이산가족의 아픔 등도 분단 비용에 포함됩니다. 이에 반해 통일 비용은 통일을 위해 남북한의 차이를 줄이고 교류하며 남북한을 통합하기 위해 필요한 비용을 의미합니다. 여기에는 남북 제도 통합 비용과 경제적 투자 비용 등이 있습니다. 그러므로 ②의 'ㄴ, ㄷ'이 정답입니다.

04 〈대한민국의 경제〉 국민경제의 주체 이해하기

〈보기〉의 내용은 경제 주체인 가계, 기업, 정부에 대한 설명입니다. 가계는 소비의 주체로 재화와 서비스를 소비하는 역할을 하며 기업에 토지, 노동, 자본을 제공하고 그 대가로 지대, 임금, 이자를 받습니다. 기업은 생산을 담당하고 가계에 지대, 임금, 이자를 제공합니다. 정부는 가계와 기업에게 세금을 받아 국가를 운영합니다. 그러므로 ④의 '(가) − 가계, (나) − 기업, (다) − 정부'가 정답입니다.

▶ 지대: 남의 토지를 이용하는 사람이 토지 소유자에게 치르는 돈
  예 조선 시대 농민들은 주인에게 <u>지대</u>를 바쳤다.
▶ 공공재: 여러 사람이 함께 이용할 수 있도록 만든 물건이나 시설
  예 공원이나 도서관 같은 <u>공공재</u>는 국민들의 세금으로 만들어진다.
▶ 사회간접자본: 국민 경제 발전의 기초가 되는 도로, 항만, 철도, 통신, 전력, 수도 따위의 공공시설
  예 국가는 <u>사회간접자본</u>을 제공하여 사회 전체의 이익을 추구한다.

05 〈대한민국의 법질서〉 특정범죄가중처벌법 이해하기

비슷한 범죄가 자주 발생할 것으로 예상되거나 특정한 범죄에 더욱 강력하게 대처하여 사회 질서를 유지하기 위해 만든 법률을 특정범죄가중처벌법이라고 합니다. 한국에서는 형법, 관세법, 마약법 등과 같은 많은 사람에게 피해를 줄 수 있는 범죄나, 어린이 보호 구역에서 과속으로 사고를 내거나 사고를 내고 도망을 간 경우 특정범죄가중처벌법에 의해 가중 처벌 받습니다. 그러므로 ③의 '특정범죄가중처벌법'이 정답입니다.

풀이

① 영장주의: 형사 재판 진행 과정에서 체포, 구속, 압수, 수색 등을 할 때 반드시 판사의 영장을 받아야 하는 제도

② 무죄추정의 원칙: 유죄 판결이 확정되기 전까지는 누구나 무죄로 여겨야 하는 원칙

④ 국선변호인 선정제도: 경제적인 이유로 변호인을 선임하기 어려울 때 국가의 비용으로 변호인의 도움을 받을 수 있는 제도

06 〈대한민국의 역사와 발전〉 인천상륙작전 이해하기

1950년 6월 25일 새벽, 북한군이 남한을 기습적으로 침략함으로써 6·25 전쟁이 시작되었습니다. 대한민국 정부는 3일 만에 서울을 뺏기고 부산으로 내려갔으나, 유엔(UN)군이 대한민국을 돕기 위해 인천상륙작전을 펼쳐서 전쟁의 분위기를 바꾸었습니다. 그러므로 ②의 '인천상륙작전'이 정답입니다.

풀이

① 1·4 후퇴는 인천상륙작전으로 UN군과 한국군이 압록강까지 올라갔으나 중국군이 북한군을 지원하면서 1951년 1월 4일에 후퇴하게 된 사건을 말한다.

③ 정전 협정은 3년간의 전쟁으로 피해가 커지는 상황에서 전쟁을 휴전하기로 UN군, 북한, 중국 대표가 1953년 7월 27일에 체결한 협상을 말한다.

④ 광주 민주화 운동은 1980년 5월 18일에 일어난 사건이다. 군인들이 정치를 하는 것을 반대하며 민주주의의 실현을 요구하는 광주 시민들을 진압한 사건으로 이때 많은 광주 시민이 희생되었다.

07 〈대한민국의 국민〉 국민의 권리이면서 의무인 것으로 옳지 <u>않은</u> 설명 고르기

한국 국민에게는 교육을 받을 권리와 자녀에게 교육을 받게 할 의무(①)가 있습니다. 또한 일할 기회를 가지고 일을 하며 그에 대한 임금을 받을 권리와 자신의 생활을 위해 일을 해야 하는 근로의 의무(④)도 있습니다. 누구나 건강하고 깨끗한 환경에서 살 권리와 동시에 환경을 보호해야 하는 의무(③)도 있습니다. 마지막으로 자신의 재산을 자유롭게 사용할 권리도 있지만 그 재산을 사용할 때 공공복리에 적합하게 사용해야 할 의무도 있습니다. 그러므로 ②의 '세금을 선택할 수 있는 권리와 세금을 내야 하는 의무'가 옳지 않은 설명입니다.

> **풀이**
>
> ② 세금은 국가나 개인이 마음대로 정할 수 있는 것이 아니라 법률로 세금의 종류와 비율 등을 정해 놓아야 한다.

> **참고자료** **국민의 권리이면서 의무인 것**
>
> - 국민의 4대 의무
>   - 납세의 의무: 세금을 내야 하는 의무
>   - 국방의 의무: 나라를 지켜야 하는 의무
>   - 교육의 의무: 모든 국민이 자녀에게 교육을 받게 할 의무
>   - 근로의 의무: 자신의 능력 범위 내에서 근로(일)를 해야 할 의무
> - 국민의 권리이면서 의무인 것
>   - 교육, 근로, 환경 보전, 재산권 행사
> - 국민의 권리
>   - 평등권: 성별, 종교, 인종, 직업 등 어떠한 이유에 의해서도 부당하게 차별받지 않을 권리
>   - 자유권: 국가 권력에 의해서 개인의 자유가 함부로 침해(제한)받지 않을 권리
>   - 참정권: 정치에 참여할 수 있는 권리
>   - 청구권: 국가를 상대로 일정한 요구를 할 수 있는 권리
>   - 사회권: 인간다운 생활을 위해 최소한의 수준을 보장받을 수 있는 권리

08 〈대한민국의 법질서〉 재판상 이혼 이해하기

이혼에는 부부가 모두 이혼에 동의할 때 가정법원에서 하는 협의 이혼이 있고, 부부 중 한쪽이 동의하지 않을 때 가정법원의 재판을 통해서 이혼을 하는 재판상 이혼이 있습니다. 그러므로 ③의 '(가) – 재판상 이혼, (나) – 가정법원'이 정답입니다.

09 〈대한민국의 역사와 발전〉 남북 협상 이해하기

남북 협상은 1948년 4월, 총선거를 실시하여 남한에 단독 정부가 세워지는 것을 반대하고, 남한과 북한의 통일 정부 수립을 위해 김구가 평양에 가서 북한의 정치인들을 만나 합의한 것을 말합니다. 그러므로 ②의 '남북 협상'이 정답입니다.

풀이

① 독립운동은 일제 강점기에 나라의 독립을 위해 일어났던 민족운동이다. 대표적으로 3·1 운동이 있다.
③ 정전 협정은 1953년 7월 27일 판문점에서 국제연합(UN)군, 북한, 중국 대표가 모여서 맺은 것이다. 당시에 1950년 6월 25일에 발발한 6·25 전쟁이 3년여간 계속되고 있었는데 이 전쟁을 중단하기로 약속한 협정이다.
④ 인천상륙작전은 맥아더 장군이 이끄는 국제연합(UN)군이 북한의 남침 이후 인천에 상륙하여 6·25 전쟁의 전세를 뒤바꾼 군사작전이다.

10 〈대한민국의 정치와 외교〉 국제기구에서 활약하는 한국인 알아보기

반기문은 국제연합(UN)에서 2007년부터 2016년까지 사무총장으로 활동했습니다. 그러므로 ④의 '반기문'이 정답입니다.

풀이

① 김종양: 인터폴(INTERPOL) 총재 역임
② 이종욱: 세계보건기구(WHO) 사무총장 역임
③ 이회성: 기후변화 정부 간 협의체(IPCC) 의장 역임

다음 내용을 포함하여 '한국의 문화유산'이라는 제목으로 답안지에 200자 내로 글을 쓰시오.

- 한국에는 어떤 문화유산이 있습니까?
- 그 문화유산의 특징은 무엇입니까?
- 그 문화유산에는 어떤 가치가 있습니까?

※ 작문시험 답안지에 제목은 생략하고 **본문만 쓰세요.**

	한	국	의		문	화	유	산		중		하	나	인		수	원		화
성	은		조	선		정	조		때		만	들	어	졌	다	.		수	원	은
사	람	이		사	는		중	심	지	와		방	어	를		위	한		산
성	으	로		계	획	된		성	곽		도	시	였	다	.		처	음	산
성	을		짓	기		시	작	했	을		때		공	사		예	상		기
간	은		10	년	이	었	는	데		거	중	기	를		사	용	해		공
사		기	간	을		3	년	으	로		단	축	하	였	다	.		이	처	럼
화	성	은		조	선	의		뛰	어	난		과	학	기	술	을		엿	볼
수		있	고		외	관	도		아	름	다	운		건	축	물	로		평
가	받	아		유	네	스	코		세	계	유	산	에		등	재	되	었	다	.

쓰기 요령

- 문화유산의 이름과 특징을 소개합니다.
- 그 문화유산이 어떤 가치를 가지고 있는지 설명합니다.
- 그 문화유산만의 특별한 점이나 다른 문화유산과의 차이점을 써도 좋습니다.

[01-03] 다음 글을 읽고 구술감독관의 질문에 답하여 주시기 바랍니다.

> 한국 사람들이 사회생활을 하면서 친목을 도모하기 위해 참석하는 대표적인 모임으로는 '동창회'와 '동호회'가 있다. 동창회는 같은 학교를 졸업한 사람들이 모여서 친목을 도모하는 모임으로 연말이면 송년회를 개최하고, 체육 대회나 단체 여행을 가기도 한다. 한편 동호회는 사진 촬영, 악기 연주, 등산, 스포츠, 영어 공부 등 같은 취미를 가진 사람들이 모여서 함께 즐기는 모임으로 인터넷 커뮤니티나 지역을 중심으로 만들어지며 학교나 직장에서 만들어지기도 한다. 보통은 온라인에서 정보를 공유하는 모임이 먼저 만들어진 다음에 오프라인 모임으로 연결된다. 사람들은 동호회에 가입하여 취미와 관련된 다양한 정보를 공유하거나 새로운 사람을 만나기도 한다.

01 동창회는 어떤 모임이고 동호회는 어떤 모임입니까?

▶ 위에 나와 있는 글을 똑같이 읽지 않습니다.

동창회는 같은 학교를 졸업한 사람들끼리 친목을 도모하기 위해 만든 모임입니다. 한편 동호회는 사진 촬영, 악기 연주, 등산, 스포츠, 영어 공부 등 같은 취미를 가진 사람들이 모여서 함께 즐기는 모임입니다.

02 동호회에 가입하면 어떤 점이 좋습니까?

취미 활동을 할 수 있을 뿐만 아니라 새로운 사람을 만날 수도 있고 다양한 정보를 얻을 수도 있습니다.

03 _____ 씨는 어떤 동호회에 가입하고 싶습니까?
그 이유는 무엇입니까?

저는 여유가 생기면 봉사활동을 하는 동호회에 가입하여 활동하고 싶습니다. 제가 한국에 처음 왔을 때 다른 사람들의 도움으로 한국에 잘 적응하게 되었는데 이제는 저처럼 어려움을 겪는 사람들에게 도움이 되고 싶습니다.

04 '교육열'이 무엇입니까? 한국의 교육열이 높은 이유는 무엇입니까?
한국은 교육열이 높은 편인데 이것의 장점과 단점은 무엇입니까?

▶ 교재에 나와 있는 내용을 함께 이야기합니다.

교육열이란 한국의 부모들이 자신의 자녀에게 교육을 잘 시키고 싶어 하는 열정을 말합니다. 한국의 높은 교육열은 좋은 대학을 졸업하면 좋은 회사에 취직할 수 있고 좀 더 행복하게 살 수 있다고 생각하는 데서 비롯되었습니다. 왜냐하면 한국에서는 높은 학력이 신분 상승의 한 방법이라고 생각하기 때문입니다.

한국은 높은 교육열로 인해서 실력이 있는 인재를 많이 키워 낼 수 있었고 이는 한국이 자원이 부족한데도 짧은 시간에 빠르게 경제 성장을 이룰 수 있었던 원동력이었습니다. 즉, 교육열 덕분에 한국이 빠르게 발전하게 된 것입니다. 하지만 교육열 때문에 여러 가지 문제가 생기기도 했습니다. 초등학생부터 고등학생까지 거의 모든 학생들이 학교가 끝난 후에 학원에 다니기 때문에 학부모들은 사교육비에 대한 부담을 느끼게 되고 학생들은 학생들대로 학업 스트레스가 높습니다.

05 '저출산'의 의미를 설명해 보세요. '고령화'의 의미를 설명해 보세요.
저출산과 고령화의 문제를 해결할 수 있는 방법에는 어떤 것이 있습니까?

▶ 교재에 나와 있는 내용을 함께 이야기합니다.

저출산이란 아이를 적게 낳는 것을 말하는데 한국의 출산율은 2023년을 기준으로 0.72명이라고 합니다. 고령화란 전체 인구 중에 65세 이상 노인 인구가 차지하는 비율이 높아지는 현상을 말합니다. 그런데 한국은 이미 저출산, 고령화 사회가 되었습니다.

저출산과 고령화 문제를 해결하기 위해서는 정부가 많은 노력을 해야 한다고 생각합니다. 한국에서는 점점 결혼 연령이 높아지거나 아예 결혼을 포기하는 사람들도 늘고 있습니다. 또한 결혼을 한다고 해도 맞벌이 부부가 많아지면서 자녀를 출산하는 것을 포기하거나 아기를 낳더라도 한 명만 낳는 부부들도 많습니다. 이런 점을 해결하기 위해서는 정부에서 맞벌이 부부들이 자녀를 양육할 수 있는 좋은 환경을 조성해 주어야 한다고 생각합니다. 예를 들면 육아휴직을 3년으로 늘린다든지, 사교육비가 들지 않도록 교육 환경을 변화시켜 줄 필요가 있습니다. 또한 한국 사람들의 평균 수명이 늘어나고 있는데 정년퇴임은 60세를 전후로 하게 되어 있으므로 노인들의 일자리가 부족한 상태입니다. 노인들도 일할 수 있는 일자리를 만들어 주거나 노인복지정책을 늘려야 한다고 생각합니다.

참고자료 **말하기 요령**

- '-아요/어요' 또는 '-습/ㅂ니다' 형식으로 말합니다.
- 면접관의 얼굴을 보고 이야기합니다. (아래나 다른 곳을 보지 않습니다.)
- 먼저 생각해 보고 천천히 또박또박 이야기하면 됩니다. 너무 빨리 말하면 실수할 수 있습니다.
- 질문을 이해하지 못했을 경우 '다시 질문해 주세요'라고 공손히 말합니다.
- 단어나 단답형, 짧은 문장으로 말하지 말고, 질문의 문장을 이용해서 길게 대답합니다.

〈좋은 대답의 예〉
면접관: _____ 씨는 시간이 있을 때 무엇을 자주 해요?
응시자: 저는 시간이 있을 때 한국 영화를 자주 봐요.

〈좋지 않은 대답의 예〉
면접관: _____ 씨는 시간이 있을 때 무엇을 자주 해요?
응시자: 영화 봐요.

실전 모의고사 p.102

※ 작문형과 구술형은 별도 표기하였습니다.

필기시험

객관식 (01~36번)

01	02	03	04	05	06	07	08	09	10
③	④	③	①	④	②	③	①	②	③
11	12	13	14	15	16	17	18	19	20
②	④	④	③	②	③	③	①	③	④
21	22	23	24	25	26	27	28	29	30
④	②	②	④	①	④	④	④	④	③
31	32	33	34	35	36				
①	②	②	③	②	②				

귀화용 (01~10번)

01	02	03	04	05	06	07	08	09	10
③	①	②	①	④	④	③	①	③	②

객관식

01 시간을 나타내는 부사 고르기

제인 씨와 수잔 씨가 학교에 오지 않은 상태가 현재까지 계속되고 있으므로 ③의 '아직'이
정답입니다.

▶ 아직: 어떤 일이나 상태가 끝나지 않고 계속되고 있는 것을 나타내는 말

예 아직 숙제가 끝나지 않았다.

① 금방: 조금 전에 막

예 금방 밥을 먹었는데도 배가 고프다.

② 먼저: 시간으로나 차례에 앞서서 (↔ 나중)

예 전화를 걸 때는 먼저 자기 이름을 말해야 한다.

④ 일찍: 늦지 않고 이르게

예 남편은 항상 아침에 일찍 일어난다.

어휘　'시간'을 나타내는 단어

☑ 벌써: 이미 오래전에, 생각했던 것보다 이르게

예 벌써 점심시간이다.

☑ 내일: 오늘의 다음 날

예 오늘 일을 내일로 미루면 안 된다.

☑ 나중: 어느 정도 시간이 지난 뒤

예 나중에 후회하면 안 된다.

---

02 문맥에 알맞은 형용사 고르기

사고로 남편을 잃었다고 했으므로 ④의 '안타까운'이 정답입니다.

▶ 안타까운: '안타깝다'는 '뜻대로 되지 않거나 보기에 딱하여 가슴 아프고 답답하다'는 뜻이다.

예 축구 경기에서 이기지 못해 안타깝다.

풀이

① 답답한: '답답하다'는 '숨이 막힐 듯하다, 근심이나 걱정으로 애가 타다, 공간이 비좁아 시원한 느낌이 없다'는 뜻이다.

예 답답하니까 창문을 좀 열어 주세요. / 방이 좁아서 답답하다.

② 어색한: '어색하다'는 '어떤 경우나 환경에 잘 어울리지 않고 불편한 느낌이 있다'의 뜻이다.

예 낯선 사람을 만나면 어색해서 말을 잘 못한다.

③ 시끄러운: '시끄럽다'는 '듣기 싫을 만큼 소리가 크고 떠들썩하다'의 뜻이다.

예 수업 시간에 시끄럽게 이야기하면 안 된다.

03 문맥에 알맞은 동사 고르기

요즘 젊은 사람들은 주택보다 아파트를 더 좋아한다는 뜻으로 ③의 '선호한다'가 정답입니다.

▶ 선호하다: '선호하다'는 '여러 가지 중에서 특별히 좋아하다'의 뜻이다.

  예 나는 차보다 커피를 선호한다.

풀이

① 독립한다: '독립하다'는 '다른 것에 속하거나 의존하지 않는 상태가 되다'의 뜻이다.

  예 나는 20살에 부모님에게서 독립했다.

② 분가한다: '분가하다'는 '가족의 일부가 갈라져 나가 따로 살림을 차리다'의 뜻이다.

  예 형은 분가해서 따로 살고 있었다.

④ 전담한다: '전담하다'는 '어떤 일을 모두 다 맡아서 하다'의 뜻이다.

  예 어머니는 가족의 살림을 혼자서 전담했다.

04 문맥에 알맞은 명사 고르기

한국어 실력이 부족해서 의사소통이 어렵다는 뜻으로 ①의 '고충'이 정답입니다.

▶ 고충: 괴롭고 어려운 사정

  예 나는 친구들에게 내 고충을 이야기했다.

▶ 실력: 실제로 가지고 있는 힘이나 능력

  예 내 친구는 한국어 실력이 좋다.

▶ 의사소통: 서로 자기의 생각을 알려 주는 것

  예 해외여행에서 의사소통이 되지 않아서 힘들었다.

풀이

② 이익: 정신적으로나 경제적으로 보탬이 되는 일 (↔ 손해)

  예 이 회사는 수출을 많이 해서 큰 이익을 얻었다.

③ 이해: 말이나 글의 뜻을 깨달아 아는 것

  예 선생님 말씀이 이해가 되지 않는다.

④ 적응: 어떠한 상황이나 환경에 익숙해지거나 알맞게 변하는 것

  예 그 사람은 새로운 환경에 적응을 잘 한다.

05 이유를 나타내는 표현 고르기

인터넷이 느린 이유를 지하에 있기 때문에 와이파이가 연결이 잘 안 되는 것으로 추측하고 있으므로, ④의 '있어서 그런지'가 정답입니다.

▶ 있어서 그런지: '-아/어서 그런지'는 동사·형용사와 결합하며 명확히 말하기 어려운 이유를 추측하여 말할 때 사용한다.

  예 잠시드 씨는 피곤해서 그런지 수업이 끝나자마자 집에 갔다.

①∼④의 기본형은 형용사 '있다'이다.

① 있어야: '-아/어야'는 동사·형용사와 결합하며 앞의 내용이 뒤의 내용의 필수 조건이 될 때 사용한다.

  예 여권이 <u>있어야</u> 해외여행을 갈 수 있다.

② 있어도: '-아/어도'는 동사·형용사와 결합하며 앞의 행동이나 상태와 관계없이 뒤의 상황이 있음을 나타낼 때 사용한다.

  예 민수 씨는 날씨가 <u>추워도</u> 꼭 차가운 커피만 마신다.

③ 있는 데다가: '-(으)ㄴ/는 데다가'는 동사·형용사와 결합하며 어떤 동작이나 상태와 비슷한 다른 동작이나 상태가 더해짐을 나타낼 때 사용한다.

  예 이 집은 주차장도 <u>있는 데다가</u> 근처에 공원도 있어서 좋다.

06 시간의 순서를 나타내는 표현 고르기

지금 밥 먹으러 갈 건지를 묻는 질문에 이 일을 끝낸 후에 가자고 대답하고 <u>있으므로</u>, ②의 '끝낸 다음에'가 정답입니다.

  ▶ 끝낸 다음에: '-(으)ㄴ 다음에'는 동사와 결합하며 앞의 행위를 먼저 한 후에 뒤의 행위를 함을 나타낼 때 사용한다.

  예 우리 이번 주말에 저녁을 <u>먹은 다음에</u> 영화를 볼까요?

①∼④의 기본형은 동사 '끝내다'이다.

① 끝내려면: '-(으)려면'은 동사와 결합하며 어떤 일을 이루기 위한 조건을 말할 때 사용한다.

  예 출입국·외국인청에 가서 비자를 <u>연장하려면</u> 먼저 방문 예약을 해야 돼요.

③ 끝내고 해서: '-고 해서'는 동사·형용사와 결합하며 앞의 내용이 뒤의 내용의 이유 중 하나임을 나타낼 때 사용한다.

  예 외국인 친구하고 언어도 다르고 문화도 <u>다르고 해서</u> 친하지 않아요.

④ 끝내 가지고: '-아/어 가지고'는 동사·형용사와 결합하며 앞의 내용이 뒤의 내용의 방법, 원인, 이유를 나타낼 때 사용하는데 주로 구어에서 사용한다.

  예 휴대 전화가 너무 <u>비싸 가지고</u> 지금 못 사겠어요.

07 원인이나 이유, 근거를 나타내는 표현 고르기

포도가 맛있게 보여서 많이 샀다는 뜻이므로, ③의 '맛있어 보여서'가 정답입니다.

▶ 맛있어 보여서: '-아/어 보이다'는 형용사와 결합하며 사람이나 사물의 상황을 보고 짐작이나 느낌을 말할 때 사용한다.

> 예 머리를 자르니까 <u>깔끔해 보이네요</u>.

풀이

①~④의 기본형은 형용사 '맛있다'이다.

① 맛있더니: '-더니'는 동사·형용사와 결합하며 과거에 관찰해서 알게 된 사실에 이어진 행동이나 상황을 나타낼 때 사용한다.

> 예 친구가 제 선물을 <u>보더니</u> 마음에 든다고 했어요.

② 맛있는 한: '-는 한'은 동사와 결합하며 앞에 오는 말이 뒤의 행동이나 상태에 대한 조건을 나타낼 때 사용한다.

> 예 우리가 노력하지 <u>않는 한</u> 환경 오염 문제는 심각해질 거예요.

④ 맛있는 대신에: '-는 대신에'는 동사·형용사와 결합하며 앞선 행동에 대한 보상이나 대체를 나타낼 때 사용한다.

> 예 전염병 때문에 자주 만나지 <u>못하는 대신에</u> 전화라도 자주 해야지.

08 앞의 일과 관계없이 뒤의 일이 있음을 나타내는 표현 고르기

늦게 자든지 일찍 자든지 잠을 자는 시간과 관계없이 아침 6시에 일어나서 집 앞 공원을 달린다는 뜻이므로, ①의 '자도'가 정답입니다.

▶ 자도: '-아/어도'는 동사·형용사와 결합하며 앞의 행동이나 상태와 관계없이 뒤의 상황이 있음을 나타낼 때 사용한다.

> 예 이번 체육대회는 비가 <u>와도</u> 계획대로 진행됩니다.

풀이

①~④의 기본형은 동사 '자다'이다.

② 자면: '-(으)면'은 동사·형용사와 결합하며 앞의 내용이 뒤의 내용의 조건이나 가정이 될 때 사용한다.

> 예 방학을 <u>하면</u> 제주도로 여행을 갈 거예요.

③ 자면서: '-(으)면서'는 동사와 결합하며 두 가지 이상의 행동이 동시에 일어남을 나타낸다.

> 예 저는 음악을 <u>들으면서</u> 산책하는 것을 좋아해요.

④ 자니까: '-(으)니까'는 동사·형용사와 결합하며 어떤 일의 이유나 원인을 말할 때 사용한다.

> 예 사무실이 <u>더우니까</u> 에어컨을 켤까요?

09 문장 뒤에 이어지는 알맞은 말 고르기 1

작년에 한국어 말하기 대회에 나갔다는 과거의 경험을 말하고 있으므로, ②의 '나간 적이 있다'가 정답입니다.

> **참고자료** '경험'을 나타내는 표현
>
> 경험을 나타내는 표현에는 '동사 + -(으)ㄴ 적이 있다/없다'와 '동사 + -아/어 보다'가 있다. 두 표현 모두 과거의 경험이 있고 없음을 나타내는 표현이지만, '동사 + -(으)ㄴ 적이 있다/없다'는 사람과 사물을 모두 주어로 사용할 수 있고, '동사 + -아/어 보다'는 내가 의도한 경험에 사용하므로 사물을 주어로 사용하지 않는다.
>
> 예 나는 미국 여행을 한 적이 있어요. (○)
>   나는 미국 여행을 해 봤어요. (○)
>   이 사거리에서 예전에 교통사고가 난 적이 있어요. (○)
>   이 사거리에서 예전에 교통사고가 나 봤어요. (×)

10 문장 뒤에 이어지는 알맞은 말 고르기 2

꼼꼼한 사람이라도 서두르면 실수하는 게 당연하다는 내용이 오는 것이 자연스러우므로, ③의 '실수하는 법이다'가 정답입니다.

> **참고자료** 동사 + -(으)ㄴ/는 법이다
>
> 동사와 결합하며 앞의 상태나 행동이 당연하거나 이미 그렇게 정해진 것임을 나타낼 때 사용한다.
> 예 최선을 다하면 좋은 결과를 얻는 법이지요.

11 알맞은 표현으로 한 문장 만들기 1

동생이 매일 운동한 결과 건강이 좋아졌다는 내용이 오는 것이 가장 자연스러우므로, ②의 '동생은 매일 열심히 운동하더니 건강이 좋아졌다'가 정답입니다.

> **참고자료** 동사 · 형용사 + -더니, 명사 + (이)더니
>
> – 앞의 원인 때문에 뒤의 결과가 되었다는 뜻으로 열심히 운동을 한 원인 때문에 건강이 좋아지는 결과가 되었다는 의미이다.
>   예 제임스 씨가 돈을 열심히 모으더니 집을 샀어요.
> – 또한 과거의 경험이 현재와 다를 때도 사용할 수 있다.
>   예 지가 고등학교 때는 이곳이 산이더니 지금은 아파트가 됐어요.

12 알맞은 표현으로 한 문장 만들기 2

만일 게임을 계속한다면 중독될 수 있다. 따라서 게임을 많이 못 하게 해야 한다는 의미가 가장 자연스러우므로, ④의 '게임을 계속하면 중독될 수 있으니까 못 하게 해야 한다'가 정답입니다.

참고자료	동사 + -게 하다

다른 사람에게 스스로 어떤 일을 하도록 하는 것을 나타낸다. 게임을 계속하면 중독될 수 있으니까 게임 대신 다른 취미를 찾아보게 하는 등의 방법으로 도와줘야 한다.

예 아이가 몸이 약하면 음식을 골고루 <u>먹게 하세요</u>.

13 주어진 글과 일치하지 <u>않는</u> 설명 고르기

투명 페트병은 분리해서 전용 수거함에 배출하라고 했으므로 옳지 않은 것은 ④의 '투명 페트병은 유색 페트병과 함께 전용 수거함에 배출한다'입니다.

▶ 배출: 불필요한 물질은 밖으로 내보냄

　예 쓰레기 종량제 실시로 쓰레기 <u>배출</u>이 감소하였다.

▶ 이물질: 어떤 물질과 다른 물질

　예 눈에 <u>이물질</u>이 들어가서 눈이 너무 아프다.

▶ 제거: 바람직하지 않은 것을 없애버리는 것

　예 냉장고나 신발장의 냄새 <u>제거</u>에는 숯이 좋다고 한다.

▶ 펼쳐서: '펼치다'는 '구겨져 있거나 오므라져 있던 것을 펴다'의 뜻이다.

　예 동생은 구겨진 종이를 <u>펼쳐서</u> 다시 바르게 접고 있다.

▶ 전용: 특정한 사람, 단체만 사용하게 되어 있는 것

　예 버스 <u>전용</u> 차로가 있어서 출퇴근 시간에 버스를 이용하면 좋다.

▶ 수거함: 무엇을 한데 모아 가져가려고 담아 두는 통이나 상자

　예 요즘은 어디에나 쓰레기 분리<u>수거함</u>이 있다.

▶ 비우고: '비우다'는 '없어지게 하다'의 뜻이다.

　예 나는 쓰레기통을 깨끗이 <u>비워서</u> 정리해 놓았다.

▶ 분리하여: '분리하다'는 '무엇에서 떨어져 나가다'의 뜻이다.

　예 쓰레기에서 재활용을 <u>분리하는</u> 일은 쉽지 않다.

▶ 재질: 재료나 목재의 성질

　예 이 가구는 <u>재질</u>이 좋지 않아서 오래 사용하기 어렵다.

14 문맥에 알맞은 표현이나 문장 고르기

스트레스를 받을 때 아무것도 하지 않고 휴식을 취하는 것보다 실내나 야외에서 취미 활동을 하면 스트레스를 더 잘 해소할 수 있다고 했으므로, ③의 '적극적인 방법으로'가 정답입니다.

▶ 차이: 서로 같지 않고 다른 것
> **예** 의견 <u>차이</u> 때문에 회의가 길어지고 있다.

▶ 해소하기: '해소하다'는 '좋지 않은 상태를 없애다'의 뜻이다.
> **예** 직원들의 불만을 <u>해소하기</u> 위해 노력해야 한다.

▶ 취한다고: '취하다'는 '무엇을 가지다'의 뜻이다.
> **예** 마음에 드는 물건만 <u>취할</u> 수는 없다.

▶ 야외: 마을에서 조금 떨어져 있는 곳
> **예** 오랜만에 <u>야외</u>에 나오니 기분이 아주 상쾌하다.

▶ 동호회: 같은 취미를 가지고 함께 즐기는 사람들의 모임
> **예** 이번에 등산 <u>동호회</u>에 가입했다.

15 제목 고르기

한국의 초, 중, 고등학교와 대학 입시, 그리고 대학 진학률 등을 설명하고 있으므로 ②의 '한국의 교육 제도'가 정답입니다.

16 ㉠에 알맞은 표현이나 문장 고르기

대학의 입시 유형에는 수시 모집과 정시 모집외의 특별한 전형이 있는데 그 전형이 요구하는 조건을 갖춘 학생만 대학에 지원할 수 있다는 내용이므로 일반 학생이 아닌 특별한 조건을 가진 학생이 ㉠의 내용에 적합합니다. 그러므로 ③의 '외국인이나 다문화 가정 자녀'가 정답입니다.

▶ 의무: 마땅히 해야 할 일
> **예** 권리에는 <u>의무</u>가 따르는 법이다.

▶ 무상: 대가나 보상을 받지 않는 것
> **예** 초등학교에서는 교과서를 <u>무상</u>으로 나누어 준다.

▶ 검정고시: 정규 학교를 졸업한 것과 수준이 비슷한 기술이나 지식이 있음을 알아보기 위해 국가에서 실시하는 시험
> **예** 민수 씨는 고등학교를 중퇴하고 <u>검정고시</u> 시험을 준비하고 있다.

▶ 자격: 어떤 신분이나 지위를 가지는 데에 필요한 조건이나 능력
> **예** 누구나 일정한 <u>자격</u>을 갖추면 공무원이 될 수 있다.

▶ 입시: '입학시험'의 줄임말
> **예** 한국의 고등학교는 <u>입시</u>를 중심으로 교육한다.

▶ 유형: 서로 비슷한 성질이나 모양을 가진 사람들이나 사물들이 모여서 이루는 종류

　예 여러 유형의 문제를 풀어 봐야 시험에서 좋은 성적을 받을 수 있다.

▶ 전형: 사람의 됨됨이나 재능 따위를 가려서 뽑음

　예 우리 회사는 두 번의 전형을 거쳐서 10명의 신입 사원을 뽑았다.

▶ 진학률: 한 교육 과정을 마치고 상급 학교에 가는 비율

　예 한국의 대학 진학률은 70%로 아주 높은 편이다.

▶ 교육열: 교육에 대한 열성

　예 한국의 부모님들은 교육열이 높기로 유명하다.

▶ 부작용: 목적했던 일과 함께 일어나는 바람직하지 못한 일

　예 이 약은 부작용으로 두통과 복통을 일으킬 수 있다.

17 〈사회〉 한국의 직장 문화에 대한 옳은 설명 고르기

한국의 직장은 보통 오전 9시부터 오후 6시까지 하루에 8시간 정도 일을 하며 일주일에 5일만 일하는 '주 5일제'가 적용됩니다(ㄴ). 또한 퇴근 시간 이후에 밤늦게까지 일하는 것을 '시간 외 근무'라고 하며(ㄹ) 근무가 끝난 후에 회사 직원들끼리 식사하거나 술을 마시는 것을 '회식'이라고 합니다. 그러므로 ③의 'ㄴ, ㄹ'이 정답입니다.

풀이

ㄱ. 보통 회사에서는 12시를 전후로 해서 1시간 정도가 점심시간이기 때문에 오전 9시부터 오후 6시까지 하루에 8시간 정도 일을 한다.

ㄷ. '회식'은 일이 끝난 후에 회사 직원들끼리 회사 근처에서 식사하거나 술을 마시면서 스트레스를 푸는 것을 의미한다.

18 〈사회〉 교통수단에 대한 옳은 설명 고르기

요즘에는 휴대 전화나 버스 정류장의 전광판에서 시내버스의 도착 시간을 미리 알 수 있으며(ㄱ), 도로 일부를 버스만 다닐 수 있도록 지정한 버스 전용 차로제가 시행되고 있습니다. 고속철도는 한국에서 가장 빠른 기차로 다른 기차보다 요금이 비싸고(ㄴ), 지하철은 대도시를 중심으로 있으며 전국 어디에나 있는 것은 아닙니다. 그러므로 ①의 'ㄱ, ㄴ'이 정답입니다.

풀이

ㄷ. 현재 지하철은 서울을 포함한 수도권, 부산, 대구, 광주, 대전에서 운행되고 있다.

ㄹ. 도로 일부를 버스만 이용할 수 있는 전용 차로로 사용하는 것을 '버스 전용 차로제'라고 한다.

- 시내버스
  - 버스 정류장에서 탄다.
  - 도착 시간을 미리 알 수 있어 편리하다.
  - 다른 버스나 지하철로 갈아탈 수 있다.

- 지하철
  - 주로 대도시에서 이용한다.
  - 다른 노선이나 버스로 갈아탈 수 있다.
  - 이동에 걸리는 시간이 비교적 일정하다.

- 택시
  - 빠르고 편하게 이동할 수 있다.
  - 기본요금이 있고 이동거리가 멀수록 비싸다.
  - 서비스가 좋은 모범택시와 짐을 실을 수 있는 대형택시(콜밴)가 있다.

- 시외버스와 고속버스
  - 도시 밖으로 이동할 때 이용한다.
  - 버스터미널에서 탄다.

- 기차
  - 기차역에서 이용할 수 있다.
  - 고속철도(KTX, SRT), 새마을호, 무궁화호, 누리로 등이 있다.
  - 고속철도(KTX, SRT)는 한국의 기차 중 가장 빠르며 다른 기차보다 비싸다.

19 〈교육〉 초·중등 교육에 대한 옳지 <u>않은</u> 설명 고르기

각 학년은 1학기와 2학기로 나누어져 있으며, 매년 3월에 1학기가 시작됩니다. 또한 7월과 8월 사이에는 여름방학이, 12월과 다음 해 2월 사이에는 겨울방학이 있습니다. 그러므로 ③의 '각 학년은 1학기와 2학기가 있으며 매년 9월에 1학기가 시작된다'가 옳지 않은 설명입니다.

풀이

① 한국 국민은 초등학교 6년과 중학교 3년의 의무 교육을 꼭 받아야 한다.
② 자녀를 학교에 1년 늦게 보내거나 1년 앞당겨서 보내고 싶은 경우에는 행정복지센터에 미리 신청하면 된다.
④ 가정통신문과 알림장을 보내 학부모에게 각종 교육 정보를 제공하므로 학부모는 이를 잘 살펴야 한다.

한국에서는 중학교와 고등학교에서 중등 교육을 담당한다. 중학교는 일반 중학교와 특수목적 중학교로 구분되며, 특수목적 중학교에서는 예술, 체육, 외국어 등의 교육을 한다. 고등학교는 일반계 고등학교, 전문계 고등학교, 특수목적 고등학교로 구분되며, 전문계 고등학교는 직업 교육을 하는 학교이고, 특수목적 고등학교는 과학, 외국어, 체육, 예술 등을 교육하는 학교이다.

20 〈교육〉 한국에서의 대학 입학 방법에 대한 옳은 설명 고르기

한국에서의 대학 입학 방법에는 수시 모집과 정시 모집이 있습니다. 수시 모집은 학교 생활 기록부를 중심으로 학생을 모집하는 방법이고, 정시 모집은 수능 성적을 중심으로 학생을 모집하는 방법입니다. 대학교마다 학생 선발 방법이 다르므로 학생들은 자신이 진학하고 싶은 대학의 모집 요강을 잘 살펴보고 지원해야 합니다. 수능 시험은 매년 11월에 실시되며 대학 진학을 위한 가장 중요한 시험입니다. 그러므로 ④의 '수능 시험은 매년 11월에 실시되며 대학 진학을 위한 중요한 시험이다'가 정답입니다.

21 〈문화〉 한국인의 공동체 의식 이해하기

한국인들은 과거 농경 사회를 거치면서 개인보다 공동체를 중요하게 생각해 왔습니다. 이는 과거 농촌의 두레와 품앗이 같은 상부상조 풍습에서 엿볼 수 있고, 1997년 외환 위기 당시 '금 모으기 운동'을 통하여 위기를 극복하려 했던 모습에서도 찾아볼 수 있습니다. 또한 한국인들은 자신과 관계있는 이야기를 할 때 '우리'라는 표현을 사용합니다. 그러므로 ④의 '한국 사람들은 공동체를 중요하게 생각한다'가 정답입니다.

▶ 두레: 마을 사람들끼리 힘을 모아서 공동으로 농사일을 하기 위해 만든 조직

　예 농촌 사람들은 두레라는 조직을 만들어 함께 농사를 지었다.

▶ 품앗이: 서로서로 일을 거들어 주어 품을 지고 갚는 교환 노동

　예 내일은 품앗이 일을 가야 한다.

22 〈문화〉 장례식에 대한 옳은 설명 고르기

사람이 죽으면 예를 갖추어 돌아가신 분을 보내는 의례를 장례식이라고 합니다. 요즘에는 주로 병원의 장례식장이나 단독 장례식장에서 3일 동안 장례를 치르고(ㄱ) 고인을 묘지에 매장하거나 화장한 후에 봉안당이나 추모공원에 모십니다(ㄹ). 고인의 사진에 두 번, 유족에게는 한 번 절을 하고 문상객들은 검은색의 옷을 입고 조의금을 준비합니다. 그러므로 ②의 'ㄱ, ㄹ'이 정답입니다.

▶ 고인: 죽은 사람

　예 장례식에 가서 고인을 추모했다.

▶ 유족: 죽은 사람의 남은 가족

　예 장례식에 가서 유족들을 위로했다.

▶ 문상객: 죽은 사람과 그 가족을 위로하기 위해 방문하는 손님

　예 아버지의 장례식에 많은 문상객이 오셨다.

▶ 축의금: 축하하는 뜻을 나타내기 위해 내는 돈이나 물품

　예 결혼식에 갈 때는 축의금을 준비한다.

▶ 조의금: 상을 당한 가족에게 위로의 뜻을 나타내기 위해 내는 돈이나 물품

　예 직장 동료의 장례식에 갈 수 없어서 조의금을 조금 보냈다.

▶ 봉안당: 시신을 화장한 후 유골을 모셔 두는 곳

　예 과거에는 매장을 선호했으나 최근에는 화장한 후 봉안당에 모시는 분위기가 형성되었다.

23 〈정치〉 대통령의 권한이 <u>아닌</u> 것 고르기

한국의 대통령은 대한민국을 대표하는 사람으로 국가 운영에 관한 권한을 많이 행사할 수 있습니다. 대통령의 주요 권한으로는 국군을 지휘하는 권한, 범죄를 저지른 사람의 형벌을 줄이거나 면제하는 권한(①), 국무총리, 장관 등의 공무원을 임명하는 권한(③), 국회가 만든 법을 거부할 권한, 외국과 조약을 맺을 수 있는 권한(④)이 있습니다. 그러므로 ②의 '나라 살림에 필요한 예산을 확정한다'가 대통령의 권한이 아닙니다.

풀이

② 나라 살림에 필요한 예산을 확정하는 기관은 입법부인 국회이다.

24 〈정치〉 행정부에 대한 옳은 설명 고르기

한국의 행정부는 국민에게 필요한 일을 직접 하면서 나라의 살림을 이끄는 곳입니다. 최고 책임자는 대통령이며 임기는 5년이고 중임이나 연임이 허용되지 않습니다(ㄴ). 행정부에는 법무부나 교육부 같은 여러 기관이 있고 각 기관은 장관을 중심으로 국민을 위한 정책을 집행합니다(ㄹ). 그러므로 ④의 'ㄴ, ㄹ'이 정답입니다.

▶ 단임: 원래 정해진 임기 후에 다시 임용하지 않음

　예 대통령은 5년 단임으로 선출한다.

▶ 중임: 임기가 끝나거나 임기 중에 있을 때 다시 그 자리에 임용함

　예 한국의 대통령은 중임할 수 없다.

▶ 연임: 원래 정해진 임기를 다 마친 뒤에 다시 계속해서 그 자리에 머무름

　예 우리 모임의 회장은 연임이 가능하다.

풀이

ㄱ. 법을 해석하고 적용하여 분쟁을 해결하는 곳은 사법부이다.

ㄷ. 국민의 뜻에 따라 국민을 위한 법을 만드는 곳은 입법부이다.

행정부의 2인자 국무총리

- 대통령을 도와 행정부를 관리한다.
- 대통령의 지명과 국회의 동의를 받아 정한다.

25 〈정치〉 알맞은 선거의 종류 고르기

5년마다 3월에 정부의 최고 책임자를 뽑는 것은 대통령 선거이고, 4년마다 6월에 각 지역의 대표자를 뽑는 것은 지방 선거입니다. 그러므로 ①의 '(가) – 대통령 선거, (나) – 지방 선거' 가 정답입니다.

국회의원 총선거

국회의원 총선거는 4년마다 4월에 실시되고 300명의 국회의원을 뽑는 선거이다.

26 〈경제〉 한국의 빠른 경제 성장의 배경 고르기

과거에 매우 가난했던 한국이 50여 년 만에 빠른 경제 성장을 한 것을 가리켜 '한강의 기적' 이라고 합니다. 이러한 경제 성장의 배경에는 어려움을 빨리 극복하겠다는 강한 의지와 가난해도 공부하겠다는 높은 교육열이 있었습니다. 그러므로 ④의 '한국의 빠른 경제 성장 배경에는 한국인의 의지와 교육열이 있었다'가 정답입니다.

풀이

① 한국은 풍부한 노동력을 활용한 경공업 중심의 수출로 경제를 발전시켰다.
② 한국 경제의 미래에 대한 내용이다. 한국 경제는 앞으로 첨단 산업의 발달에 더욱 힘을 쓸 것이다.
③ 한국의 무역 규모에 대한 내용이다. 한국은 2011년에 무역 규모가 1조 달러를 넘어 세계 9위의 무역 강대국이 되었다.

27 〈경제〉 은행의 특징 고르기

은행이란 전국적으로 있는 시중은행과 지방에 있는 지방은행을 모두 의미합니다. 은행을 이용하기 위해서는 은행 계좌를 만들어야 하는데 이때 반드시 본인의 신분증을 가지고 직접 은행을 방문해야 합니다. 한국에서는 모든 금융 거래를 자신의 이름으로 해야 하는 '금융실명제'가 실시되고 있습니다(ㄴ). 또한 한국에서는 사람들이 안심하고 은행에서 금융 거래를 할 수 있도록 '예금자 보호제도'를 시행하고 있는데(ㄹ), 이것은 거래하고 있는 금융 기관에 문제가 생겨 예금을 지급할 수 없게 될 경우 정부 기관인 예금보험공사가 대신 예금을 지급해 주는 제도입니다. 그러므로 ④의 'ㄴ, ㄹ'이 정답입니다.

▶ 금리: 이자율

예 보통예금은 <u>금리</u>가 높지 않다.

ㄱ. 은행은 규모가 크고 안전하여 누구나 돈을 맡길 수 있지만 예금 금리가 낮다.

ㄷ. 시중은행보다 이자율이 높지만 규모가 작고 지점의 수가 적은 것은 상호저축은행이다.

참고자료 한국의 은행

- **시중은행**
  - 전국 곳곳에 있는 신한은행, 국민은행, 하나은행, 우리은행, 기업은행, 농협은행 등
- **지방은행**
  - 지역 경제 발전을 위한 자금의 제공이 목적이다.
  - 경남은행, 광주은행, 부산은행, 대구은행, 전북은행, 제주은행 등
- **은행 이외의 금융 기관**
  - 단위농협, 우체국, 새마을금고, 상호저축은행, 인터넷전문은행 등

28 〈경제〉 한국의 시장에 대한 옳지 <u>않은</u> 내용 고르기

한국의 시장은 정기 시장과 상설 시장이 있습니다. 정기 시장은 정해진 날짜에만 정기적으로 열리는 시장을 말하는데 3일장, 5일장이 남아 있습니다. 상설 시장에는 대형 마트, 백화점, 슈퍼마켓, 전통 시장, 편의점 등이 있습니다. 대형 마트나 백화점은 다양한 물건을 파는 현대식 시장으로 넓은 주차장, 문화 시설, 편의 시설을 갖추고 있어서 쇼핑하기에 편리합니다. 전통 시장은 대체로 물건 값이 쌉니다. 그리고 상인들의 인심이 좋아 물건을 사면 덤을 주기도 하고 소비자와 상인이 물건 값을 흥정하기도 합니다. 슈퍼마켓과 편의점은 주로 식료품과 간단한 생활용품을 판매하는 곳입니다. 특히 편의점은 24시간 이용할 수 있어서 편리합니다. 자신이 직접 키운 농산물을 파는 시장은 정기 시장에 대한 설명이므로, ④의 '대형 마트는 물건값이 대체로 싸고 자신이 직접 키운 농산물을 판다'가 옳지 않은 내용입니다.

▶ 흥정: 상품을 원하는 값으로 사고팔기 위해 파는 사람과 사는 사람이 서로 의논하여 값을 정하는 일

예 이모는 여러 가게에서 <u>흥정</u>을 하다가 값이 맞지 않아 결국 신발을 사지 못했다.

29 〈법〉 설명에 맞는 외국인을 위한 법 고르기

재한외국인처우기본법은 2007년에 제정되었으며, 외국인들이 한국 사회에 잘 적응하고 행복한 생활을 할 수 있도록 만들었습니다. 이 법으로 외국인들은 한국 사회에서 불합리하게 차별받지 않고 인권을 보장받을 수 있습니다. 그러므로 ④의 '재한외국인처우기본법'이 정답입니다.

> **풀이**
>
> ① 국적법: 대한민국 국민의 국적 취득과 상실 요건에 관하여 규정한 법
> ② 소비자 기본법: 소비자의 기본적인 권리와 이익을 도모하고, 소비 생활의 향상과 합리화를 꾀하기 위하여 제정된 법
> ③ 출입국 관리법: 대한민국에 입국하거나 대한민국에서 출국하는 모든 사람의 출입국 관리와 대한민국에 체류하고 있는 외국인의 등록에 관한 일을 규정한 법

30 〈법〉 부부 별산제와 부부의 공동 재산 이해하기

부부 별산제란 부부가 각각 자기의 재산을 가질 수 있고 자기의 뜻에 따라 재산을 처분할 수 있는 권리를 말합니다. 하지만 부부 중 한쪽의 이름으로 되어 있는 재산이라도 부부가 결혼한 후에 함께 노력하여 모은 재산이라면 공동 재산으로 봅니다. 그러므로 ③의 '(가) – 부부 별산제, (나) – 공동 재산'이 정답입니다.

31 〈법〉 설명에 맞는 귀화의 종류 고르기

〈보기〉의 내용은 간이귀화를 신청할 수 있는 조건에 대한 설명입니다. 〈보기〉 이외에도 부모 중 최소 한쪽이 한국에서 태어났고, 본인도 한국에서 태어났다면 간이귀화를 신청할 수 있으며, 혼인귀화도 간이귀화에 포함됩니다. 그러므로 ①의 '간이귀화'가 정답입니다.

> **참고자료** **귀화의 종류**
>
> – 일반귀화: 한국과 아무 관계가 없는 외국인이 국적을 취득하는 방법
> – 간이귀화: 한국과 일정한 관계가 있는 외국인이 국적을 취득하는 방법
> – 특별귀화: 부모 중 한쪽이 한국 국민이거나 한국에 특별한 공로가 있을 때 국적을 취득하는 방법

32 〈역사〉 한국의 역사 순서 고르기

한국의 역사는 기원전 2333년 고조선의 건국으로 시작합니다. 그 후 '(나) 삼국 시대', '(마) 남북국 시대'를 거쳐 '(가) 고려 시대', '(라) 조선 시대', '(다) 일제강점기'를 지나 1948년 8월 15일에 대한민국 정부가 수립되었습니다. 그러므로 ②의 '(나) → (마) → (가) → (라) → (다)'의 순서가 정답입니다.

33 〈역사〉 백제의 찬란한 문화 이해하기

백제는 화려하고 섬세한 문화를 꽃피웠습니다. 이러한 백제의 문화는 중국뿐만 아니라 일본에까지 영향을 주게 됩니다. 일본의 역사서를 보면 백제의 아직기와 왕인이 일본 태자의 스승이 되어 유교의 경전을 가르쳐 주었다는 기록이 나옵니다. 또한 아직기가 왕인 박사를 소개하자 일본 왕이 왕인 박사를 모셔다가 일본 사람들에게 천자문과 논어 등을 가르치게 하였습니다. 백제는 이후에도 유교 경전을 잘 아는 오경박사, 천문학과 의학에 지식이 있는 사람들과 음악인들을 보내 주어 일본의 문화 발전에 많은 도움을 주었고 일본에 불교 문화를 전파하였습니다. 그러므로 ②의 '백제'가 정답입니다.

34 〈역사〉 한국 역사 속의 여성 이해하기

(가)는 유관순에 대한 설명으로 이화학당의 학생이었던 유관순은 1919년 3 · 1 운동이 일어나자 친구들과 함께 독립운동에 참여했고 고향인 천안에 내려가서 만세 운동을 벌였습니다. (나)는 허난설헌에 대한 설명으로 허난설헌은 홍길동전을 지은 허균의 누나이며 어렸을 때부터 글재주가 뛰어나 시를 잘 지었습니다. 허난설헌은 27세의 젊은 나이에 세상을 떠났지만 그녀의 시는 중국과 일본에 전파되어 높은 평가를 받고 큰 인기를 얻었습니다. 그러므로 ③의 '(가) – 유관순, (나) – 허난설헌'이 정답입니다.

35 〈지리〉 한국의 기후와 계절에 대한 옳은 설명 고르기

한국의 봄에는 꽃이 많이 피고 대체로 날씨가 따뜻해지지만 초봄에는 꽃샘추위가 있습니다. 또 황사나 미세 먼지가 있으므로 외출을 자제하거나 마스크를 쓰는 것이 좋습니다. 여름에는 무덥고 비가 많이 내리며 집중호우, 홍수, 태풍 등이 발생하기도 합니다. 가을이 되면 낮에는 무더위가 남아 있지만 아침과 저녁에는 시원해지며 맑고 화창한 날씨를 볼 수 있습니다. 겨울에는 찬바람이 부는 날이 많고 대체로 춥고 건조합니다. 그러므로 ②의 '여름에는 무덥고 습하며 집중호우, 태풍이 올 수 있으므로 대비해야 한다'가 정답입니다.

풀이

① 지구 온난화의 영향으로 여름이 더 길어지고 무더워지는 경향이 있다.
③ 가을은 낮에는 덥지만, 아침과 저녁은 시원해지고 단풍과 낙엽을 볼 수 있다.
④ 봄에 황사와 미세 먼지가 자주 있어서 마스크를 꼭 써야 한다.

36 〈지리〉 서울에 대한 옳은 설명 고르기

〈보기〉에서 설명하는 지역은 한국의 수도 '서울'입니다. 서울은 1392년 이성계가 조선을 세운 후부터 한반도의 수도가 되었습니다. 면적은 한반도 전체의 0.6%밖에 되지 않지만 인구는 2024년 기준 약 1,000만 명입니다. 서울에는 국회와 같은 주요 국가기관, 금융기관과 대기업의 본사, 문화 시설, 대학교, 동대문시장과 같은 대규모 상업 시설 등이 자리 잡고 있습니다. 그러므로 ②의 '대한민국의 수도로 정치, 경제, 문화, 역사의 중심지이다.'가 정답입니다.

풀이

① 수도권과 영남, 호남지역을 이어주는 교통의 중심지는 충청지역이다.

③ 국토의 균형 있는 발전을 위해 충청지역에 세종특별자치시를 만들었다. 정부 주요 기관들이 세종시로 옮겨 가면서 행정의 새로운 중심지가 되고 있다.

④ 수도권에서 2번째로 큰 도시로 한국 최대의 국제공항을 중심으로 세계 많은 나라 간의 교류를 이어주고 있는 지역은 인천이다.

〈여기서부터는 귀화용(심화) 문제입니다.〉

01 〈대한민국의 국민〉 사회보험에 해당하지 않는 것 고르기

사회보험은 국가가 국민의 건강과 소득을 보호하려고 만든 사회보장제도 중 하나입니다. 사회보험에 가입한 국민은 질병, 실업, 노령, 사망 등의 사회적 위험에 대비할 수 있는데, 한국의 사회보험에는 건강보험, 고용보험, 국민연금, 산업재해보상보험이 있습니다. 의료급여제도는 공공부조의 하나로 생계유지능력이 없는 국민에게 의료 서비스를 지원하는 제도입니다. 그러므로 ③의 '의료급여제도'가 사회보험에 해당하지 않는 것입니다.

02 〈대한민국의 역사와 발전〉 한국의 분단 배경의 원인 고르기

광복 이후에 한국의 안정을 위해 위도 38도선을 기준으로 북쪽에는 소련군이, 남쪽에는 미군이 들어오면서 한반도는 소련과 미국의 영향을 강하게 받게 되었습니다. 미국과 소련은 각각 자기 나라에 유리한 정부를 한국에 만들려고 하였고 이 과정에서 한반도가 남북으로 분단되었습니다. 그러므로 ①의 '북쪽은 소련의 영향을, 남쪽은 미국의 영향을 많이 받게 되었다'가 정답입니다.

② 광복 이전 대한민국 임시정부에 대한 설명이다.

③ UN이 한반도에서 총선거를 하기로 결정하고 북한이 이를 거절하면서 남한에서만 총선거가 실시된 후 이승만 대통령은 남한만의 정부를 구성하고 대한민국 정부를 수립하였다.

④ 일제강점기에 대한 설명이다.

03 〈대한민국의 정치와 외교〉 국민들의 정치 참여 방법 이해하기

〈보기〉의 내용은 국민이 정치에 참여할 수 있는 방법들입니다. 국민들은 선거와 투표를 하여 대표자를 뽑고 집회나 시위에 참가하거나 정당, 시민단체, 이익집단에 가입하여 정치에 참여할 수 있습니다. 그러므로 ②의 '국민이 정치에 참여할 수 있는 여러 가지 방법이 있다'가 정답입니다.

① 한국 정치는 기본적으로 간접민주주의를 채택하고 있으며 국민 투표와 같이 부분적으로 직접민주주의 요소를 적용한다.

③ 한국은 1948년 8월 15일 대한민국 정부 수립 이후, 4 · 19 혁명, 5 · 18 민주화 운동, 1987년 6월 민주 항쟁 등을 거쳐 민주 정치를 발전시켜 왔다.

④ 한국의 '지방자치체'의 장점에 대한 설명이다.

참고자료 이익집단과 시민단체 구분하기

구분	이익집단	시민단체
활동 목적	자기 집단만의 특수한 이익 실현	공익 추구
활동 영역	자기 집단과 관련된 특수한 문제	사회 전반의 다양한 문제
예시	노동조합, 의사협회 등	소비자단체, 환경단체 등
공통점	정치 과정에 영향력 행사	

04 〈대한민국의 경제〉 시장경제체제에서 정부의 역할로 옳지 않은 것 고르기

정부는 시장경제체제가 잘 작동하도록 사회적으로 피해를 주는 행위를 막는데, 환경을 오염시키거나 국민의 건강에 해로운 상품을 유통시킨 기업을 처벌하고 있습니다(②). 또한 공정한 경쟁이 유지되도록 공정거래위원회를 운영해 독과점 기업 등이 다른 기업이나 소비자에게 피해를 주지 못하게 막고 있습니다(③). 한편 정부는 다양한 복지 정책을 실시하여 경제적 약자들이 시장 경쟁에서 소외되지 않도록 보호하고 있습니다(④). 그러므로 ①의 '정부가 경제 활동 전반을 효율적으로 계획하고 통제한다'가 시장경제체제에서 정부가 하는 역할로 옳지 않은 설명입니다.

풀이

① 정부가 경제 활동 전반을 계획하고 통제하는 것은 계획경제체제에 대한 설명으로, 북한과 쿠바 등이 대표적인 나라이다.

참고자료 대한민국 헌법에 나타난 시장경제체제

- 헌법 제15조: 모든 국민은 직업선택의 자유를 가진다. (직업선택의 자유 보장)
- 헌법 제23조 제1항: 모든 국민의 재산권은 보장된다. (사유 재산권 보장)
- 헌법 제119조 제1항: 대한민국의 경제질서는 개인과 기업의 경제상의 자유와 창의를 존중함을 기본으로 한다. (개인의 자유와 창의 존중)

05 〈대한민국의 법질서〉 정당한 이혼의 조건 이해하기

〈보기〉의 내용은 한국에서 정당하게 이혼을 요구할 수 있는 경우를 설명하고 있습니다. 이 외에도 배우자 또는 그의 부모로부터 심히 부당한 대우를 받았을 때, 자기의 부모가 배우자로부터 심히 부당한 대우를 받았을 때 정당하게 이혼을 요구할 수 있습니다. 그러므로 ④의 '정당하게 이혼을 요구할 수 있다'가 정답입니다.

▶ 부정한: '부정하다'는 '옳지 않다'의 뜻이다.
  예 이승만은 1960년 3월 15일 <u>부정한</u> 방법으로 재집권을 시도했다.
▶ 동거: 한집이나 한방에서 같이 삶
  예 친구와의 <u>동거</u> 기간이 길어지면서 싸움도 많아졌다.
▶ 부양하지: '부양하다'는 '생활 능력이 없는 사람의 생활을 돌보다'의 뜻이다.
  예 민수 씨는 부모님이 일찍 돌아가셔서 동생들을 <u>부양했다</u>.
▶ 정당하게: '정당하다'는 '바르고 옳다'의 뜻이다.
  예 규칙을 어겼을 때는 벌칙을 받는 것이 <u>정당하다</u>.

풀이

① 자녀가 있는데 이혼을 하게 되면 경우 자녀의 양육자를 정하고, 양육비는 공동으로 부담해야 한다.
② 한국에서 혼인이 법적으로 정당화되기 위해서는 혼인 신고를 해야 한다.
③ 죽은 사람의 재산에 관한 권리와 의무를 이어주거나 이어받는 것을 '상속'이라고 하며 상속 1순위는 배우자와 자녀이다.

06 〈대한민국의 외교와 정치〉 정당에 대한 설명으로 옳지 <u>않은</u> 것 고르기

정당은 정치적인 견해가 비슷한 사람들이 만든 집단으로(①), 정치적 주장을 통해서 국민의 이익을 대변하고(②), 국민들은 투표를 통해서 정당을 지지합니다. 또한 정당은 여러 가지 공약과 정책을 개발하고 다른 정당과 경쟁하면서(③) 정치에 참여하고 있습니다. 한국에서는 헌법으로 복수정당제를 보장하고 있으므로, ④의 '민법에서 2개 이상의 정당이 활동할 수 있도록 복수정당제를 보장한다'가 옳지 않은 답입니다.

> **참고자료   복수정당제**
>
> 한국은 헌법으로 복수정당제를 보장한다. 복수정당제는 2개 이상의 정당이 정치활동에 참여할 수 있도록 보장하는 것으로 국민의 다양한 의견을 정치에 반영하고 특정 세력이 정치 권력을 독점하는 것을 막을 수 있는 장점이 있다.

07 〈대한민국의 경제〉 주식과 채권 이해하기

주식의 가격이 오르면 주주들은 회사로부터 배당금을 받을 수 있습니다. 반대로 주가가 내리면 주주들은 손해를 볼 수도 있습니다. 채권은 국가에서 발행하는 국채와 회사에서 발행하는 회사채 등이 있는데 정부나 기업에서 돈이 필요할 때 사람들에게 돈을 빌리기 위하여 발행하는 증서입니다. 그러므로 ③의 '(가) - 배당금, (나) - 채권'이 정답입니다.

08 〈대한민국의 법질서〉 혼인의 종류 이해하기

한국에서 혼인 신고를 통해 법적인 부부로 인정받는 혼인을 법률혼이라고 합니다. 반면에 혼인 신고는 하지 않았지만 서로 혼인할 의사를 가지고 부부 생활을 하는 경우는 사실혼이라고 합니다. 사실혼은 법적인 권리를 일부 보장받을 수는 있지만 혼인 신고를 하지 않았기 때문에 법적인 부부로 인정받을 수 없습니다. 또한 같이 살기는 하지만 서로 혼인할 의사가 없는 경우는 동거라고 합니다. 그러므로 ①의 '혼인 신고'가 정답입니다.

09 〈대한민국의 국민〉 헌법 이해하기

헌법은 국가 통치 체제의 기초에 관한 모든 근본을 정해 놓은 법으로 국가를 어떻게 조직하고 통치할 것인지, 국민들이 가지고 있는 권리와 의무가 무엇인지 등을 규정하고 있습니다. 그러므로 ③의 '헌법'이 정답입니다.

> **풀이**
>
> ① 민법은 개인의 권리와 관련된 법규를 의미한다.
> ② 형법은 범죄와 형벌에 관한 법률로, 어떤 행위가 처벌되고 행위에 따라 처벌의 범위는 어느 정도인가를 정하고 있다.
> ④ 근로기준법은 근로자의 기본적인 생활을 보장하고 향상시키며 균형 있는 국민 경제의 발전을 목적으로 헌법에 의거하여 근로 조건의 기준을 정하여 놓은 법률이다.

10 〈대한민국의 역사와 발전〉 4·19 혁명과 유신 체제 이해하기

초대 대통령 이승만은 권력을 오래 유지하고자 1960년에 부정 선거를 저질렀습니다. 그래서 시민들과 학생들이 전국적으로 항의 시위를 하게 됐는데 이것을 4·19 혁명이라고 합니다 (가). 4·19 혁명으로 이승만 대통령은 국민의 뜻에 따라 대통령직에서 물러났습니다. 이후 대통령이 된 박정희는 1972년 유신 헌법을 발표하여 대통령의 권한을 더욱 강화하였습니다. 이것을 유신 체제라고 합니다(나). 그러므로 ②의 '4·19 혁명'과 '유신 체제'가 정답입니다.

다음 내용을 포함하여 '내가 하고 싶은 일'이라는 제목으로 답안지에 200자 내로 글을 쓰시오.

- 앞으로 한국에서 어떤 일을 하고 싶습니까?
- 왜 그 일을 하고 싶습니까?
- 그 일을 하기 위해서 지금 무엇을 하고 있습니까?

※ 작문시험 답안지에 제목은 생략하고 <u>본문만 쓰세요.</u>

	나	는		앞	으	로		한	국	에	서		요	리	사	로		일	하
고		싶	다	.	왜	냐	하	면		요	리	하	는		것	을		좋	아
하	고		한	국		요	리	도		잘	할		수		있	기		때	문
이	다	.	하	지	만		아	직		한	국	어		실	력	이		부	족
하	다	.	그	래	서		나	는		요	리	사	가		되	기		위	해
주	말	에	는		한	국	어	를		열	심	히		공	부	하	고		평
일	에	는		인	터	넷	으	로		한	국		요	리	도		공	부	하
고		있	다	.	요	리	사	가		되	면		고	향		사	람	들	에
게	는		한	국		음	식	을		소	개	하	고		한	국		사	람
들	에	게	는		고	향		음	식	을		소	개	하	고		싶	다	.

- 하고 싶은 일과 직업을 구체적으로 씁니다.
- '돈을 많이 벌고 싶다. 잘 살고 싶다.'와 같이 막연한 내용은 쓰지 않습니다.
- 지금 노력하고 있는 부분을 꼭 씁니다.

구술시험

[01-03] 다음 글을 읽고 구술감독관의 질문에 답하여 주시기 바랍니다.

> 과학 기술이 발전하면서 음성으로 정보 검색을 할 수 있는 인공 지능이 등장하였다. 특히 날씨나 뉴스 등 궁금한 것을 물어보면 사람의 음성을 인식하여, 내장된 컴퓨터로 검색한 정보를 제공하는 인공 지능 스피커의 인기가 많다. 요즘은 집 안을 청소해 주는 로봇 청소기나 노인의 식사나 샤워를 돕는 실버 로봇, 병원에서 수술을 할 때 쓰이는 의료 로봇도 주목받고 있다. 또한 휴대 전화 하나로 집 안의 모든 것을 제어할 수 있는 사물 인터넷(IoT), 가고 싶은 여행지를 가상 현실 속에서 체험할 수 있는 가상 현실(VR) 등이 개발되어 우리의 삶을 편리하게 만들고 있다. 예전에는 사람들이 모든 일을 직접 했지만 이제는 과학 기술이 사람의 일을 대신해 주고 있으며 이러한 새로운 기술이 앞으로 우리의 사회를 어떻게 변화시킬지 기대가 된다.

01 과학 기술의 발전으로 새롭게 생긴 것들에는 무엇이 있습니까?

▶ 과학 기술의 발전으로 새롭게 생긴 것들을 예시와 함께 말합니다.

과학 기술의 발달로 인공 지능, 다양한 분야의 로봇, 사물 인터넷, 가상 현실 등이 새롭게 생겼습니다. 인공 지능을 활용해 음성으로 정보 검색이 가능하고, 청소를 해 주는 로봇 청소기, 노인들을 도와 주는 실버 로봇, 병원에서 유용한 의료 로봇 등이 관심을 받고 있는 것입니다. 또한 휴대 전화 하나로 집 안의 모든 것을 제어할 수 있는 사물 인터넷과 가고 싶은 곳을 여행할 수 있는 가상 현실도 과학 기술이 발전하면서 새롭게 등장했습니다.

02 과학 기술의 발전으로 사람들의 삶이 어떻게 변화했습니까?

예전에는 사람들이 모든 일을 직접 했지만 이제는 과학 기술이 사람의 일을 대신해 주고 있어서 사람들의 삶이 더 편리해졌습니다.

03 _____ 씨는 과학 기술의 발전으로 어떤 변화를 경험했습니까?
더 편리해진 것이 있습니까?

▶ 구체적인 예를 들어 말합니다.

저는 집 근처에 있는 무인 카페에 자주 갑니다. 무인 카페는 편의점처럼 24시간 운영되고 있으며 원하는 메뉴를 고르고 버튼만 누르면 커피가 자동으로 나와서 기다리지 않고 바로 커피를 마실 수 있습니다. 또 직원이 있는 카페에 가면 혹시 한국어를 실수할까 봐 걱정될 때도 있는데 무인 카페에서는 그런 걱정 없이 편하게 커피를 마실 수 있어서 매우 편리하다고 생각합니다.

04 생활 속에서 일어나고 있는 가벼운 범죄를 경범죄라고 합니다.
경범죄에는 어떤 것들이 있습니까?
경범죄를 저지르지 말아야 하는 이유는 무엇입니까?

▶ 경범죄의 구체적인 예를 2~3가지 정도 이야기합니다.

경범죄는 생활 속에서 일어나기 때문에 사람들이 대수롭지 않게 생각하는 경우가 많습니다. 쓰레기를 아무 곳에나 버리는 쓰레기 투기, 술을 마시고 시끄럽게 하는 음주 소란, 주변을 시끄럽게 하는 인근 소란도 모두 경범죄입니다. 살인, 강도와 같은 범죄만 다른 사람에게 피해를 주는 것이 아니라 경범죄도 다른 사람에게 피해를 주거나 불안감을 줍니다. 모두 함께 안전하게 살아가는 사회를 만들기 위해서는 이런 경범죄도 저지르면 안 된다고 생각합니다.

05 _____ 씨는 한국에서 어디에 가 봤습니까?

왜 그곳에 갔습니까? 그곳은 어떠했습니까?

_____ 씨가 가 본 곳을 소개하고 그곳의 특징을 말해 보세요.

　　저는 지난주에 친구와 함께 경복궁에 가 봤습니다. 경복궁은 조선 시대의 궁궐로 서울에 있어서 누구나 가기 좋습니다. 예전에도 한번 가 본 적이 있지만 이번에는 해설사의 안내를 들으며 경복궁을 구경했습니다. 해설사가 경복궁의 여러 건물들을 재미있는 이야기와 함께 소개하는 것을 들으면서 1시간 30분 정도 경복궁을 구경했습니다. 해설사의 설명을 들으니까 예전에 친구들과 함께 왔을 때는 몰랐던 사실도 알게 되어서 정말 좋았습니다. 그리고 한국 역사와 한국 문화를 더 많이 이해하게 되었습니다. 경회루와 칠궁은 특별 관람으로 운영되고 있다고 해서 다음에 오면 경회루와 칠궁에 대한 해설도 듣고 싶습니다. 그리고 야간에도 개장한다고 하니 밤의 경복궁도 꼭 보고 싶습니다.

참고자료　**말하기 요령**

－ '-아요/어요' 또는 '-습/ㅂ니다' 형식으로 말합니다.
－ 두 가지를 같이 사용하지 말고 한 가지만 사용하는 것이 좋습니다.
－ 면접관의 얼굴을 보고 이야기합니다. (아래나 다른 곳을 보지 않습니다.)
－ 천천히 또박또박 이야기해도 괜찮습니다. 너무 빨리 말하면 실수할 수 있습니다.
－ 질문을 이해하지 못했을 경우 '다시 질문해 주세요'라고 공손히 말합니다.
－ 단답형이나 짧은 문장으로 말하지 말고, 질문의 문장을 이용해서 길게 대답합니다.

〈좋은 대답의 예〉
면접관: _____ 씨는 시간이 있을 때 무엇을 자주 해요?
응시자: 저는 시간이 있을 때 한국 영화를 자주 봐요.

〈좋지 않은 대답의 예〉
면접관: _____ 씨는 시간이 있을 때 무엇을 자주 해요?
응시자: 영화 봐요.

실전 모의고사 p.120

※ 작문형과 구술형은 별도 표기하였습니다.

필기시험

객관식 (01~36번)

01	02	03	04	05	06	07	08	09	10
③	③	①	④	③	②	③	④	③	④
11	12	13	14	15	16	17	18	19	20
②	①	②	②	④	②	①	④	①	④
21	22	23	24	25	26	27	28	29	30
④	②	②	①	②	③	①	②	①	④
31	32	33	34	35	36				
②	③	③	①	③	③				

귀화용 (01~10번)

01	02	03	04	05	06	07	08	09	10
②	③	④	③	③	①	③	①	②	④

객관식

01 약의 종류를 나타내는 명사 고르기

머리가 아플 때 고통을 없애기 위해서 먹는 약이므로, ③의 '두통약'이 정답입니다.

▶ 두통: 머리가 아픈 증세

例 스트레스를 받으면 <u>두통</u>이 생긴다.

풀이

① 감기약: 감기에 걸렸을 때 먹는 약

例 감기에 걸려서 <u>감기약</u>을 먹고 푹 잤더니 괜찮아졌다.

② 소화제: 소화가 안 될 때 먹는 약

例 과식을 해서 그런지 소화가 안 돼서 <u>소화제</u>를 한 알 먹었다.

④ 해열제: 열이 날 때 먹는 약

　　예 아기가 열이 39도까지 올라서 해열제를 먹었다.

02 문맥에 알맞은 동사 고르기

스트레스가 생길 때 조용한 음악을 들으면서 산책을 한다는 내용이므로, ③의 '쌓이면'이 정답입니다.

　▶ 맑아집니다: '맑아지다'는 '깨끗하고 흐리지 않은 상태로 되다'의 뜻이다.

　　예 어제는 흐리고 비가 왔는데 오늘은 날씨가 맑아졌다.

풀이

① 걸리면: '걸리다'는 '병이 들다'의 뜻이다.

　　예 지난겨울에 심한 감기에 걸려서 고생을 했다.

② 받으면: '받다'는 '다른 사람이 주거나 보내오는 물건을 가지다. 행동이나 심리적 작용을 당하거나 입다'의 뜻으로 보통 '스트레스를 받다'의 형태로 사용한다.

　　예 매달 25일에 회사에서 월급을 받는다. / 회사 일 때문에 스트레스를 받는다.

④ 풀리면: '풀리다'는 '풀다(피로나 독기가 없어지게 하다)'의 피동사이다.

　　예 이틀 동안 푹 쉬었더니 쌓였던 피로가 싹 풀렸다.

참고자료　'스트레스'와 관련된 표현

－ 스트레스를 받다. / 스트레스를 풀다.

　　예 저는 스트레스를 받으면 명상을 하면서 스트레스를 풀어요.

－ 스트레스가 쌓이다. / 스트레스가 풀리다.

　　예 스트레스가 쌓이면 등산을 해 보세요.

　　　맑은 공기를 마시면 스트레스가 풀려요.

03 문맥에 알맞은 형용사 고르기

한국어와 중국어를 잘하는 직원을 구한다는 의미이므로 ①의 '능통한'이 정답입니다.

　▶ 능통한: '능통하다'는 '사물의 이치에 훤히 통달하다'의 뜻이다. 외국어 능력과 관련하여 '명사 + 에 능통하다'라는 표현으로 자주 사용된다.

　　예 그는 3개 국어에 능통한 인재이다.

풀이

② 대단한: '대단하다'는 '몹시 크거나 많다. 출중하게 뛰어나다'의 뜻이다.

　　예 그녀는 그림 실력이 대단하다.

③ 불편한: '불편하다'는 '몸이나 마음이 편하지 아니하고 괴롭다'의 뜻이다.

　　예 예전에 살던 집은 부엌이 좁아서 요리를 하기에 불편했다.

④ 지나친: '지나치다'는 '일정한 한도를 넘어 정도가 심하다'의 뜻이다.

　　예 그는 돈에 대한 욕심이 지나쳤다.

04 문맥에 알맞은 부사 고르기

휴대폰을 물에 빠뜨렸을 때는 어떠한 경우에도 전원을 켜면 안 된다는 의미이므로 ④의 '절대로'가 정답입니다.

▶ 빠뜨렸을: '빠뜨리다'는 '물 또는 깊은 곳에 빠지게 하다'의 뜻이다.
   예 친구들이 생일을 맞은 그를 학교 연못에 빠뜨렸다.

▶ 전원: 전기 코드의 콘센트와 같이 기계에 전류가 오는 원천
   예 사용하지 않는 가전제품의 전원을 끄면 전기요금을 아낄 수 있다.

▶ 절대로: '어떠한 경우에도 반드시'의 뜻으로 뒤에는 부정 표현(안/못)이 함께 쓰인다.
   예 절대로 나쁜 일을 해서는 안 된다.

풀이

① 아마: 뒤에 추측 표현과 함께 쓰여 '단정할 수 없지만 미루어 짐작하거나 생각해 볼 때 그럴 가능성이 크다'는 뜻이다.
   예 이번 여름도 아마 많이 더울 것 같아요.

② 온통: 있는 전부. 또는 쪼개거나 나누지 아니한 덩어리
   예 창문을 열었더니 눈이 와서 세상이 온통 하얘졌습니다.

③ 저절로: 다른 힘을 빌리지 아니하고 제 스스로. 자연적으로
   예 그는 기분이 좋아서 어깨춤이 저절로 났다.

05 어떤 사실을 그렇게 알고 있음을 나타내는 표현 고르기

왜 이렇게 작은 가방을 샀냐는 질문에 인터넷에서 사진만 보고 큰 가방일 것이라 생각했다고 대답하는 내용이므로 ③의 '가방인 줄 알았어요'가 정답입니다.

▶ 가방인 줄 알았어요: '-(으)ㄴ/는 줄 알다'는 동사·형용사와, '인 줄 알다'는 명사와 결합하며 어떤 사실을 그렇게 알고 있음을 나타낼 때 사용하는 표현이다.
   예 라민 씨는 매운 음식을 못 먹는 줄 알았어요.

풀이

①~④의 기본형은 '가방이다'이다.

① 가방이 아니에요: '이/가 아니에요'는 명사와 결합하며 주어의 내용이나 어떤 사실을 부정할 때 사용하는 표현이다.
   예 이것은 연필이 아니에요. 볼펜이에요.

② 가방이면 좋겠어요: '-(으)면 좋겠다'는 동사·형용사와, '(이)면 좋겠다'는 명사와 결합하며 희망을 말할 때 사용하는 표현이다.
   예 이번 시험에 꼭 합격하면 좋겠어요.

④ 가방이기 때문이에요: '-기 때문이다'는 동사·형용사와, '이기 때문이다'는 명사와 결합하며 이유를 나타내는 표현이다.
   예 도시가 복잡한 이유는 사람과 자동차가 많기 때문이다.

희망을 나타내는 '-고 싶다'와 '-(으)면 좋겠다'

'-고 싶다'와 '-(으)면 좋겠다'는 모두 희망을 나타낼 때 사용하지만 '-고 싶다'는 사람이 주어일 때 동사와만 결합하여 사용하며 주어가 1인칭(나)이나 2인칭(너)일 때는 '-고 싶다'를 사용하고, 주어가 3인칭(다른 사람)일 때는 '-고 싶어 하다'를 사용한다. 이와 달리 '-(으)면 좋겠다'는 모든 주어에 사용할 수 있고 동사·형용사와 모두 결합한다. 또한 '-(으)면 좋겠다'의 강조 표현으로 '-았/었으면 좋겠다'를 사용한다.

예 저는 커피를 <u>마시고 싶어요</u>. (○)
   민수 씨는 커피를 <u>마시고 싶어 해요</u>. (○)
   오늘 눈이 <u>오고 싶어요</u>. (×)
   오늘 눈이 <u>오면 좋겠어요</u>. (○)
   오늘 눈이 꼭 <u>왔으면 좋겠어요</u>. (강조)

06 **계획이나 약속이 있음을 나타내는 표현 고르기**

'이번 주말에 같이 등산을 할까요?'라는 질문에 '미안해요.'라고 대답했기 때문에, 함께 등산을 갈 수 없고 이번 주말에는 친구와 경복궁에 갈 약속이 있다는 말이 이어져야 합니다. 그러므로 ②의 '가기로 했어요'가 정답입니다.

▶ 가기로 했어요: '-기로 하다'는 동사와 결합하며 미래 계획에 대한 결정이나 결심한 사실을 나타낸다.
   예 앞으로 열심히 <u>공부하기로 했어요</u>.

풀이

①~④의 기본형은 동사 '가다'이다.

① 가라고 했어요: '-(으)라고 하다'는 동사와 결합하며 다른 사람에게 들은 명령을 전달할 때 사용하는 표현이다.
   예 9시에 시작하니까 지각하지 <u>말라고 했어요</u>.

③ 가는 편이에요: '-(으)ㄴ/는 편이다'는 동사·형용사와 결합하며 어떤 일이나 어떤 쪽에 대체로 가깝다고 평가할 때 사용하는 표현이다.
   예 이번에 이사한 집은 지난번 집보다 조금 <u>큰 편이에요</u>.

④ 가는 법이에요: '-는 법이다'는 동사와 결합하며 앞의 상태나 행동이 당연하거나 이미 그렇게 정해진 것임을 나타낼 때 사용하는 표현이다.
   예 잘못한 사람은 벌을 <u>받는 법이다</u>.

07 시간의 순서를 나타내는 표현 고르기

공항에 도착한 후에 바로 연락하겠다는 의미이므로 ③의 '도착하자마자'가 정답입니다.

▶ 도착하자마자: '-자마자'는 앞의 일이 일어난 후에 바로 뒤의 일이 일어남을 나타낸다.
　예 수업이 끝나자마자 학생들이 모두 교실을 나갔다.

풀이

①~④의 기본형은 동사 '도착하다'이다.

① 도착해야: '-아/어야'는 동사·형용사와 결합하며 앞에 오는 내용이 뒤에 오는 내용의 필수 조건이 됨을 나타내는 표현이다.
　예 초등학생은 부모님이 있어야 핸드폰을 개통할 수 있다.

② 도착하면서: '-(으)면서'는 동사와 결합하며 두 가지 이상의 행동이 동시에 일어남을 나타내는 표현이다.
　예 저는 음악을 들으면서 공부해요.

④ 도착하고 해서: '-고 해서'는 동사·형용사와, '이고 해서'는 명사와 결합하며 앞의 내용이 뒤의 내용의 이유 중의 하나임을 나타내는 표현이다.
　예 날씨도 덥고 해서 바다에 가려고 해요.

08 정도를 나타내는 표현 고르기

월급을 많이 받는 것이 좋다는 의미이므로 ④의 '받을수록'이 정답입니다.

▶ 받을수록: '-(으)ㄹ수록'은 동사·형용사와 결합하며 시간이 지나면서 어떤 상황이나 정도가 점점 심해짐을 나타낸다. '-(으)면 -(으)ㄹ수록'의 형태로 사용하기도 한다.
　예 나이가 어리면 어릴수록 외국어를 빨리 배운다고 해요.

풀이

①~④의 기본형은 동사 '받다'이다.

① 받도록: '-도록'은 동사와 결합하며 뒤에 오는 행동에 대한 목적이나 결과를 표현할 때 사용한다.
　예 아이가 지각하지 않도록 저녁에 일찍 재우세요.

② 받든지: '-든지'는 동사·형용사와 결합하며 여러 가지 중에서 어떤 것을 선택하거나 그 어느 것을 선택하더라도 상관없음을 나타낸다.
　예 졸업식에 꽃이 필요하니까 싸든지 비싸든지 살 거예요.

③ 받으려면: '-(으)려면'은 동사와 결합하며 어떤 일을 할 의도가 있음을 가정할 때 사용한다.
　예 여름 휴가에 해수욕장에 가려면 다이어트를 해야겠어요.

09 문장 뒤에 이어지는 알맞은 말 고르기 1

밖이 시끄러워서 책을 못 읽었다는 내용이 가장 자연스러우므로, ③의 '읽을 수 없었다'가 정답입니다.

> **참고자료**　**동사·형용사 + -(으)ㄹ 수 있다/없다**
>
> 이 표현은 '어떤 상황이나 일이 가능하거나 가능하지 않거나 어떤 일을 할 수 있는 능력이 있거나 없다'고 말할 때 사용한다. '-(으)ㄹ 수 없다'는 '못'으로 바꿔서 사용할 수 있다.
> **예** 저는 한국 음식을 먹을 수 없어요.
> 　　저는 한국 음식을 못 먹어요.

10 문장 뒤에 이어지는 알맞은 말 고르기 2

버스가 끊겨서 택시를 타는 방법 말고 다른 방법은 없다는 뜻이므로, ④의 '탈 수밖에 없었어요'가 정답입니다.

> **참고자료**　**동사·형용사 + -(으)ㄹ 수밖에 없다**
>
> 이 표현은 '다른 방법이나 가능성이 없거나 그 상황에서는 그렇게 하는 것이 당연하다'고 말할 때 사용한다.
> **예** 생활비가 부족해서 아르바이트를 할 수밖에 없다. (다른 방법이 없다.)
> 　　옷을 그렇게 얇게 입었으니까 추울 수밖에 없지. (추운 게 당연하다.)

11 알맞은 표현으로 한 문장 만들기 1

'몸이 아플 때는 부모님 생각이 나는 것이 당연하다'라는 의미가 자연스러우므로, ②의 '몸이 아프면 부모님 생각이 나기 마련이다'가 정답입니다.

> **참고자료**　**동사·형용사 + -기 마련이다**
>
> 이 표현은 어떤 일이 당연하거나 자연스럽다고 말할 때 사용한다. 일반적으로 그렇다고 이야기하는 것이므로 주어는 '민수 씨가 ~'로 사용할 수 없으며, '사람은 ~' 등으로 사용해야 한다.
> **예** 아이는 부모를 따라하기 마련이다. (아이는 부모를 따라하는 것이 당연하다.)
> 　　여름은 비도 많이 오고 덥기 마련이다. (여름은 더운 것이 자연스럽다.)

12 알맞은 표현으로 한 문장 만들기 2

'버스를 타기 위해서 무단횡단을 하다가 오토바이에 부딪히기 직전의 상태까지 갔지만 다행히 부딪히지 않았다'라는 의미이므로 ①의 '버스를 타려고 무단횡단을 하다가 오토바이에 부딪힐 뻔했다'가 정답입니다.

> **참고자료** 동사 + -(으)ㄹ 뻔하다
>
> 이 표현은 어떤 일이 일어나기 직전의 상태까지 갔음을 나타내며 조금만 잘못했다면 그 일이 일어났을 것이라는 뜻을 나타낸다.
> **예** 늦잠을 자는 바람에 비행기를 놓칠 뻔했어요.

13 문맥에 알맞은 표현이나 문장 고르기

사람들이 우울함을 경험하기도 하는데 이러한 기분에서 벗어나지 못하고 2주 이상 계속된다면 우울증이 아닌지 생각해 봐야 한다는 의미이므로, ②의 '우울한 기분이 지속된다면'이 정답입니다.

▶ 일시적: 잠시 동안의 짧은 때. 한동안만 일어나거나 나타나는 것
  예 이 약은 기침을 일시적으로 멈추게 할 뿐이다.
▶ 우울함: 슬프고 불행한 감정에 빠져 있는 정신 상태
  예 우리는 우울함을 즐거움으로 바꾸기 위해 노래방에 가기로 했다.
▶ 벗어나지: '벗어나다'는 '빠져나오거나 그 상태를 극복하다'의 뜻이다.
  예 나는 이 지긋지긋한 시험에서 벗어나고 싶다.
▶ 우울증: 마음이 편하지 않아 불안해하고 슬퍼하거나 고민에 빠지며 모든 일에 의욕을 잃게 되는 병증
  예 그는 교통사고의 충격으로 한동안 우울증을 앓았다.
▶ 고통받고: '고통받다'는 '몸과 마음의 아픔이나 괴로움을 겪다'의 뜻이다.
  예 최근에 부모와의 갈등으로 고통받는 청소년이 증가하고 있다.
▶ 의심될: '의심되다'는 '확실히 알지 못하여 믿음이 생기지 못하다'의 뜻이다.
  예 몸에 이상이 있다고 의심되는 경우 바로 병원에 가서 검진을 받아야 한다.
▶ 치료: 병이나 상처를 잘 다스려 낫게 함
  예 그는 꾸준히 치료를 받은 덕분에 건강이 많이 좋아졌다.
▶ 지속된다면: '지속되다'는 '어떤 상태가 오래 계속되다'의 뜻이다.
  예 당분간 추운 날씨가 지속될 것으로 예상된다.
▶ 발견하여: '발견하다'는 '미처 찾아내지 못했거나 아직 알려지지 아니한 것을 찾아내다'의 뜻이다.
  예 우연히 서랍 안에서 아버지의 사진을 발견했다.

14 주어진 글과 일치하는 설명 고르기

비용은 무료지만 입장료와 교통비는 개인 부담이라고 했으므로, ②의 '입장료와 교통비는 개인이 각자 준비해야 한다'가 정답입니다.

▶ 아카데미: 학문이나 예술의 중심이 되는 협회나 학회를 통틀어 이르는 말
> 예 그는 프랑스 의학 아카데미의 회원이다.

▶ 성인: 자라서 어른이 된 사람. 보통 만 19세 이상의 남녀를 이름
> 예 성인이 되면 편의점에서 술을 살 수 있다.

▶ 선착순: 먼저 와 닿는 순서
> 예 영화관에서 입장객에게 선착순으로 선물을 나눠 주기로 했다.

▶ 단: 앞의 말을 받아 예외적인 사항이나 조건을 덧붙일 때 쓰는 말
> 예 근무 시간은 오전 9시부터 오후 6시까지이다. 단, 금요일은 오후 2시까지로 한다.

▶ 부담: 금전적인 면에서 지게 되는 책임
> 예 해외여행은 경제적 부담이 크다.

▶ 이론: 사물이나 현상의 이치를 논리적으로 일반화한 체계
> 예 우리 학교는 이론뿐만 아니라 실기도 함께 가르친다.

▶ 탐방: 명승지나 유적지를 구경하기 위하여 찾아감
> 예 이번 여름 방학에는 경주에 가서 불국사 탐방을 하려고 한다.

▶ 참석하면: '참석하다'는 '모임이나 회의의 자리에 참여하다'의 뜻이다.
> 예 제 결혼식에 꼭 참석해 주시기를 바랍니다.

▶ 수료증: 학교나 학원에서 일정한 과정을 다 마친 사람에게 주는 증서
> 예 민수는 바리스타 양성과정을 다 마치고 수료증을 받았다.

▶ 발급: 증명서 등의 문서를 발행하여 줌
> 예 엘리나 씨는 외국인 등록증을 분실해서 다시 발급받았다.

풀이

① 이 강의는 9월~10월 두 달 동안 매주 토요일에 진행된다.
③ 이론 강의 4회와 탐방 4회에 모두 참석하면 수료증을 발급해 준다.
④ 이 강의는 한국의 문화유산에 대해 알고 싶은 성인만 들을 수 있다.

15 제목 고르기

고혈압, 당뇨, 암과 같은 성인병의 원인이 생활 습관과 관련이 있으며 이러한 질병을 예방하려면 올바른 생활 습관을 지켜야 한다는 이야기를 하고 있으므로, ④의 '성인병 예방을 위한 건강한 생활 습관'이 정답입니다.

16 ㉠에 알맞은 표현이나 문장 고르기

고혈압, 당뇨, 암이 현대인의 생활 습관병이라고 말하면서 이 성인병들의 원인은 음주, 흡연, 운동 부족, 잘못된 식습관 등과 관련이 있다고 했으므로 ②의 '잘못된 생활 습관'이 정답입니다.

▶ 고혈압: 정상보다 높은 혈압

[예] <u>고혈압</u>은 중년 이후에 많이 발생하는 질병이다.

▶ 당뇨: 소변에 당분이 많이 섞여 나오는 병

[예] 아버지께서는 작년부터 <u>당뇨</u>가 심해지셔서 건강이 많이 안 좋아지셨다.

▶ 암: 세포가 무제한 증식하여 악성 종양을 일으키는 병

[예] 우리 회사 과장님은 조기에 <u>암</u>을 발견하여 방사선 치료를 받고 다 나았다.

▶ 성인병: 주로 중년 이후의 사람들에게 생기는 여러 가지 병을 이르는 말

[예] 과도한 스트레스와 잘못된 생활 습관으로 <u>성인병</u>에 걸리는 사람이 늘고 있다.

▶ 명확하게: '명확하다'는 '명백하고 확실하다'의 뜻이다.

[예] 이 문제에 대해서 <u>명확한</u> 입장을 밝혀 주세요.

▶ 밀접한: '밀접하다'는 '아주 가깝게 맞닿아 있다'의 뜻이다.

[예] 휴대 전화는 우리 생활과 <u>밀접하게</u> 연관되어 있다.

▶ 탄수화물: 3대 영양소 가운데 하나로 포도당, 과당, 녹말 등이 있다.

[예] 한국인들의 주식인 밥에는 <u>탄수화물</u>이 풍부하다.

▶ 섭취: 생물체가 양분을 몸속에 빨아들이는 일

[예] 1960년대보다 지방 <u>섭취</u>가 늘어난 탓에 비만 인구가 늘고 있다.

▶ 기름진: '기름지다'는 '음식물에 기름기가 많다'의 뜻이다.

[예] 음식이 너무 <u>기름져서</u> 소화가 잘 안 된다.

▶ 식습관: 음식을 먹는 습관

[예] 어릴 때부터 올바른 <u>식습관</u>을 가질 수 있게 가르쳐야 한다.

▶ 균형: 어느 한쪽으로 기울거나 치우치지 아니하고 고른 상태

[예] 그는 술에 취해서 걷다가 <u>균형</u>을 잃고 넘어졌다.

17 〈사회〉 〈보기〉의 내용에 공통적으로 해당하는 사회 복지 제도 고르기

〈보기〉의 내용은 공공부조에 대한 설명입니다. 공공부조는 생활이 어려운 사람의 기본적인 생활 수준을 보장하기 위해 국가나 지방자치단체에서 생활비, 교육비, 의료비 등을 지원해 주는 제도입니다. 소득이 최저 생계비보다 적은 저소득층을 대상으로 하며, 국민기초생활보장제도로 생활비를 지원받을 수 있습니다. 그러므로 ①의 '공공부조'가 정답입니다.

▶ 최저 생계비: 대한민국 국민이 인간으로서 건강하고 문화적인 생활을 해 나가는 데 필요한 최소 비용

[예] 정부에서 <u>최저 생계비</u> 지원 선정 기준을 완화하고 대상자를 늘리기로 했습니다.

▶ 저소득층: 낮은 소득과 낮은 소비 수준을 특징으로 하는 계층

[예] 정부에서는 <u>저소득층</u> 가구의 자녀를 위해 고등학교 등록금을 지원해 준다.

② 사회보험: 건강보험, 고용보험, 국민연금, 산업재해보상보험이 있다.

③ 건강보험: 질병에 걸려 병원에 갈 때 의료비의 일부를 지원한다.

④ 사회복지서비스: 어려운 사람을 금전적으로 지원하기보다 직접적·실제적·전문적인 도움을 제공하는 제도이다.

18 〈사회〉 농촌의 문제점을 해결하기 위한 방법으로 맞는 것 고르기

한국은 1960년대까지 농촌 인구가 도시 인구보다 많았습니다. 그렇지만 공부, 취업 등의 이유로 사람들이 농촌을 떠나면서 농촌에 여러 가지 문제점이 생겼습니다. 이러한 문제점을 해결하려고 농촌 지역의 지방자치단체에서는 다시 농촌으로 돌아가 농사를 지으려는 사람들을 위해 많은 지원을 하고 있으며, 품종 개발 등의 새로운 기술이나 농업의 기계화 및 자동화를 도모해 농촌의 생산성을 높이고 있습니다(ㄹ). 또한 도시에 비해 부족한 편의 시설이나 문화 시설을 늘리고 인터넷 활용과 같은 정보화 교육을 실시하고 있습니다(ㄷ). 그러므로 ④의 'ㄷ, ㄹ'이 정답입니다.

ㄱ. 귀농을 하려는 사람들이 많아지고는 있지만 이것 때문에 주택이 부족하거나 신도시를 건설하지는 않는다. 신도시는 도시의 인구 집중 문제를 해결하기 위한 방법이다.

ㄴ. 급속한 산업화로 농촌 인구가 도시로 이동하게 되었으며, 농업의 기계화로 농촌의 생산성을 높이기 위해 노력하고 있다.

참고자료 도시 문제 해결 방법

도시 문제에는 교통 혼잡, 환경 오염, 주택 부족 등이 있다. 우선 교통 혼잡 문제를 해결하기 위해 대중교통 환승 할인제와 버스 전용 차로제를 시행하고 있으며, 교통이 혼잡한 지역에서는 혼잡 통행료를 받기도 한다. 환경 오염 문제를 해결하기 위해서는 쓰레기 분리수거와 일회용품 사용 규제 등의 노력을 하고 있으며 주택 부족 문제를 해결하기 위해서는 공공 임대 주택과 신도시를 건설하고 도시 재개발 사업을 추진하고 있다.

19 〈교육〉 한국의 고등 교육기관에 대한 옳지 않은 설명 고르기

한국의 고등 교육기관에는 대학교, 대학원이 있으며 고등학교는 중등 교육기관입니다. 그러므로 ①의 '한국의 고등 교육기관에는 고등학교, 대학교, 대학원이 있다'가 옳지 않습니다.

▶ 석사 과정: 석사 학위를 수여하는 대학원의 교과 과정

　　예 석사 학위를 취득하기 위해 대학원 석사 과정에 입학하였다.

▶ 박사 과정: 박사 학위를 수여하는 대학원의 박사 과정

　　예 석사 과정을 마쳐야 박사 과정에 지원할 수 있다.

20 〈교육〉 용어로 알 수 있는 한국의 사회 현상 고르기

엿, 휴지, 포크, 찹쌀떡은 한국에서 중요한 시험을 볼 때 시험을 잘 보라는 뜻으로 선물하는 것들입니다. 그러므로 ④의 '대학수학능력시험이 중요하므로 시험을 잘 보라는 의미로 선물한다'가 정답입니다.

▶ 진학률: 상급학교에 입학하는 비율. 예를 들면 고등학교 졸업자 중에서 몇 명이 대학교에 입학하느냐가 대학 진학률이다.

　예 한국은 대한 <u>진학률</u>이 높은 나라이다.

▶ 사교육: 공교육의 반대되는 개념으로 학교 밖에서 이루어지는 교육을 의미한다.

　예 한국의 부모님들은 아이들에게 <u>사교육</u>을 많이 시킨다.

▶ 모집 요강: 사람이나 작품, 물품을 뽑기 위하여 알리는 내용

　예 대학마다 <u>모집 요강</u>이 다르므로 잘 확인해야 한다.

　풀이

① 한국의 대학 진학률은 70% 정도로 높은 편이다.

② 한국에서는 좋은 대학에 들어가기 위해 경쟁이 치열한데 이것 때문에 입시 스트레스가 크고 사교육도 많이 받는다.

③ 모집 요강은 대학교에 지원할 때 꼭 확인해야 하는 내용이다.

21 〈교육〉 평생교육에 대한 옳지 않은 설명 고르기

평생교육은 국가평생교육진흥원, 시·도 평생교육진흥원, 각 지역 평생학습관, 학교 부설 평생교육원, 행정복지센터, 도서관, 문화 시설, 박물관, 사회 복지관, 노인 복지관, 장애인 복지관, 청소년 수련 시설 등의 다양한 장소에서 이루어지며 수강료도 싼 편입니다(①). 평생학습 경험은 온라인 학습이력시스템인 학습계좌제에 기록하여 체계적으로 관리할 수 있으며(②) 이것으로 학력이나 자격을 인정받을 수도 있고 고용 정보로도 활용할 수 있습니다. 그리고 평생교육을 받고 싶은 소외 계층은 평생교육 바우처 제도로 필요한 비용을 지원받을 수 있으며(③), 최근에는 인터넷 등을 이용한 평생교육도 늘고 있습니다. 그러므로 ④의 '최근에는 인터넷 등 미디어를 이용한 평생교육은 감소하고 있다'가 옳지 않습니다.

22 〈문화〉 한국 음식에 대한 옳은 설명 고르기

한국에서는 식사할 때 밥, 국, 반찬을 함께 먹으며 숟가락과 젓가락을 사용합니다(ㄱ). 한국의 발효 음식으로는 김치, 된장, 간장, 고추장, 새우젓, 오징어젓 등이 있습니다. 그리고 한국 사람들은 옛날부터 떡을 즐겨 먹었는데, 명절, 생일, 제사, 손님맞이 등을 할 때 항상 떡을 먹었습니다(ㄷ). 그러므로 ②의 'ㄱ, ㄷ'이 정답입니다.

　풀이

ㄴ. 불고기는 발효 음식이 아니다.

ㄹ. 밥과 함께 먹는 국은 고기, 해물, 채소 등을 물에 넣고 푹 끓여 만든 음식으로 재료에 따라 다양한 맛이 난다.

23 〈문화〉 빈칸에 공통으로 들어갈 말 고르기

〈보기〉의 내용은 대중문화에 대한 설명입니다. 대중문화는 많은 사람이 즐기는 문화를 말하며 여기에는 드라마, 영화, 노래, 공연, 전시, 스포츠 경기, 게임뿐만 아니라 일상생활에서 볼 수 있는 옷이나 머리 모양 등의 유행도 포함됩니다. 그러므로 ②의 '대중문화'가 정답입니다.

▶ 한류: 한국의 대중문화가 해외로 확대되면서 대중적 인기를 끌게 되는 현상

   예 요즘 한류의 영향으로 한국어를 공부하는 외국인이 늘고 있다.

▶ 대중 매체: 많은 사람에게 대량의 정보를 전달하는 매체로 대중 매체의 종류에는 텔레비전, 신문, 라디오, 인터넷 등이 있다.

   예 요즘은 대중 매체를 통해서 많은 정보를 얻을 수 있다.

24 〈정치〉 선거의 4대 원칙 알아보기

선거의 4대 원칙은 보통 선거, 평등 선거, 직접 선거, 비밀 선거입니다. 이 중에서는 보통 선거는 한국 국민으로서 만 18세 이상이면 성별, 재산, 학력, 종교 등에 관계없이 누구나 선거에 참여할 수 있다는 원칙입니다. 그러므로 ①의 '보통 선거는 만 20세가 된 국민은 누구나 선거에 참여할 수 있다는 것이다'가 옳지 않은 답입니다.

25 〈정치〉 〈보기〉의 내용에 해당하는 사람이 할 수 있는 일 고르기

영주권을 얻은 지 3년이 지났으며 지방자치단체의 외국인등록대장에 이름이 올라가 있는 만 18세 이상의 외국인에게는 지방 선거 투표권이 주어지므로, ②의 '지방 선거'가 정답입니다.

풀이

① 국민 투표: 선거 이외에 국정의 중요한 사항에 대하여 대한민국 국민이 행하는 투표

③ 대통령 선거: 대통령을 투표로 뽑는 일

④ 국회의원 출마: 국회의원에 당선되기 위하여 국회의원 후보자가 되는 것

26 〈정치〉 〈보기〉의 내용에 해당하는 기관 고르기

〈보기〉의 내용은 사법부에 대한 설명입니다. 사법부는 법을 해석하고 적용하여 법에 따라 분쟁을 해결하는 곳입니다. 사법부의 역할은 법원에서 하고 있는데, 법원에는 대법원, 고등법원, 지방법원, 가정법원 등이 있습니다. 그러므로 ③의 '사법부'가 정답입니다.

풀이

① 행정부: 대통령이 최고 책임자로, 국민에게 필요한 정책을 집행하고 나라 살림을 하는 곳

② 입법부: 원칙적으로 국회를 이르는 말로, 국민의 뜻을 반영하여 법을 만드는 역할을 하는 곳

④ 헌법 재판소: 법률이나 정책이 헌법에 합치하는지 어긋나는지 해석하고 판단하는 곳

27 〈경제〉 한국의 경제 성장 요인이 <u>아닌 것 고르기</u>

한국 경제가 빠르게 성장할 수 있었던 요인은 첫째, 풍부한 노동력입니다(②). 한국은 땅이 좁아 자본과 지원이 많지 않았지만 인구가 많은 점을 이용해 경제 성장을 할 수 있었습니다. 둘째는 뜨거운 교육열입니다(③). 한국은 인구도 많았지만 교육을 받은 우수한 노동력이 많아서 경제를 빠르게 성장시킬 수 있었습니다. 셋째는 경제 위기를 극복하겠다는 한국 사람들의 의지입니다(④). 그러므로 ①의 '자본과 자원'은 한국의 경제 성장 요인이 아닙니다.

28 〈경제〉 금융 기관에 대한 옳은 설명 고르기

한국에는 여러 가지 금융 기관이 있습니다. 신한은행, 국민은행, 하나은행, 우리은행, 기업은행, 농협은행과 같은 시중은행뿐만 아니라 단위농협, 우체국, 새마을금고도 전국에 많은 지점이 있어 안심하고 편리하게 사용할 수 있습니다(ㄱ). 요즘에는 지점을 따로 만들지 않는 인터넷 전문 은행도 생겼는데, 사용 절차가 간단하고 수수료가 시중은행에 비해 낮으며 언제든지 사용할 수 있다는 장점이 있습니다(ㄷ). 그러므로 ②의 'ㄱ, ㄷ'이 정답입니다.

▶ 금리: 빌려준 돈이나 예금에 붙는 이자

  예 은행에 저축을 하면 <u>금리</u>가 낮은 편이다.

▶ 수수료: 어떤 일을 처리해 준 데 대한 요금

  예 다른 은행으로 돈을 보내기 위해서는 <u>수수료</u>를 내야 한다.

풀이

ㄴ. 경남은행, 광주은행, 대구은행, 부산은행, 전북은행, 제주은행과 같은 은행을 지방은행이라고 하며 지방은행은 시중은행처럼 금리가 낮은 반면 안정성이 높다.

ㄹ. 한국은행은 화폐를 발행하는 곳이고, 시중은행과 지방은행은 개인이 돈을 맡기고 빌리는 대표적인 기관이다.

29 〈경제〉 전통 시장에 대한 옳은 설명 고르기

전통 시장은 대형 마트, 백화점, 슈퍼마켓, 편의점과 같이 매일 열리는 상설 시장입니다(ㄱ). 또한 전통 시장은 작은 상점이 모여 있는 곳으로 상점 주인과 가격 흥정을 할 수 있습니다(ㄴ). 그러므로 ①의 'ㄱ, ㄴ'이 정답입니다.

▶ 흥정: 자기에게 유리하게 사거나 팔려고 노력함. 소비자는 값을 낮게, 상점 주인은 높게 부르며 값을 조절함

  예 의견 차이가 너무 커서 <u>흥정</u>이 이루어지지 않았다.

풀이

ㄷ. 편의점에 대한 설명이다.

ㄹ. 대형 마트에 대한 설명이다.

30 〈법〉 국적을 결정하는 방법에 대한 설명으로 옳지 않은 설명 고르기

대한민국의 국적법은 혈통주의를 따르므로 아이가 어디에서 태어났는지는 중요하지 않으며, 부모의 국적이 어느 나라인지가 중요합니다. 따라서 ④의 '부모가 모두 외국인이라도 한국에서 태어난 자녀는 대한민국 국민이 될 수 있다'가 옳지 않은 답입니다.

> **참고자료 속인주의와 속지주의**
>
> - 속인주의: 출생 시의 부모의 국적에 따라 국적을 결정하는 원칙으로 혈통주의라고도 부름. 속인주의를 따르는 나라에는 한국, 중국, 호주 등이 있음
> - 속지주의: 어떤 나라의 영토 안에서 태어난 사람은 그 출생지의 국적을 얻게 된다는 원칙으로 출생지주의라고도 부름. 속지주의를 따르는 나라에는 미국, 캐나다 등이 있음

31 〈법〉 한국의 법 집행기관에 대한 옳은 설명 고르기

한국의 대표적인 법 집행기관에는 검찰과 경찰이 있습니다. 경찰은 국민의 생명, 신체, 재산을 보호하고(ㄷ), 범죄를 예방하고 수사하는 일을 하며 교통 단속이나 음주운전 단속 등 공공질서를 지키는 일도 합니다. 검찰은 범죄를 수사하고 법원에 재판을 청구할 수 있습니다(ㄱ). 또한 검찰에서 업무를 담당하는 검사는 형사 재판에 직접 참여하여 범죄자에게 내릴 형벌을 법원에 청구할 수 있습니다. 그러므로 ②의 'ㄱ, ㄷ'이 정답입니다.

> **풀이**
>
> ㄴ. 교통 단속과 음주운전 단속은 경찰이 하는 일이다.
> ㄹ. 재판에 직접 참여하여 형벌을 결정하는 것은 검사의 일이다.

32 〈역사〉 고조선 이해하기

고조선은 한국 최초의 국가입니다. 청동기로 만든 무기(ㄷ)를 가지고 있었던 환웅 부족은 곰을 숭배하는 부족과 힘을 합쳐, 단군왕검(ㅁ)을 왕으로 세운 새로운 나라를 만들었는데, 그 나라가 고조선입니다. 고조선은 8조법(ㄴ)을 만들어 사회질서를 유지하였는데, 이 중에서 세 가지 내용이 남아 있습니다. 그러므로 ③의 'ㄴ, ㄷ, ㅁ'이 정답입니다.

> **풀이**
>
> ㄱ. 왕건은 고려를 세운 사람이다.
> ㄹ. 화랑도는 신라 시대 때 귀족과 평민의 청년들로 구성된 조직이다.
> ㅂ. 남북국 시대는 남쪽의 통일신라와 북쪽의 발해가 함께 있었던 시대를 말한다.

33 〈역사〉 역사적인 사건 순서대로 배열하기

〈보기〉의 내용을 순서대로 배열하면 '(다) 대한 제국 수립(1897년)', '(가) 3·1 운동(1919년 3월 1일)', '(라) 대한민국 임시정부 수립(1919년 4월 11일)', '(나) 8·15 광복(1945년 8월 15일)'가 됩니다. 그러므로 ③의 '(다) − (가) − (라) − (나)'가 정답입니다.

34 〈역사〉 조선 시대 과학 기술에 대한 옳지 <u>않은</u> 설명 고르기

조선 시대에는 백성들의 생활에 도움을 주고, 부유하고 강한 조선을 만들기 위해 과학 기술을 매우 중요하게 생각했습니다. 그러므로 ①의 '백성들에게 세금을 많이 받기 위해 과학 기술을 중요하게 생각했다'가 옳지 않은 답입니다.

▶ 혼천의: 천체의 위치와 운행을 관측했던 기구
　　예 만 원짜리 지폐에 <u>혼천의</u> 그림이 있다.
▶ 측우기: 강우량을 측정하는 기구
　　예 조선 시대 세종 때 <u>측우기</u>가 만들어졌다.

35 〈지리〉 공통으로 들어갈 말 고르기

〈보기〉의 내용은 갯벌에 대한 설명입니다. 한국의 해안에서는 갯벌을 볼 수 있는데, 서해안과 남해안은 수심이 얕고 밀물과 썰물의 차이가 커서 갯벌이 발달했습니다. 특히 서해안의 갯벌은 미국 동부의 조지아 연안, 캐나다 동부 연안, 브라질의 아마존 유역 연안, 유럽의 북해 연안과 함께 세계 5대 갯벌로 손꼽힙니다. 그러므로 ③의 '갯벌'이 정답입니다.

▶ 수심: 물의 깊이
　　예 이 강은 <u>수심</u>이 깊어서 조심해야 한다.
▶ 밀물: 바닷물이 밀려 들어와 있는 상태
　　예 <u>밀물</u> 시간이 되어서 더 이상 조개를 주울 수 없다.
▶ 썰물: 바닷물이 빠져나간 상태
　　예 <u>썰물</u>이 되면 조개를 주울 수 있다.
▶ 갯벌: 바닷물이 빠져나갔을 때 드러나는 진흙으로 되어 있는 넓은 땅
　　예 <u>갯벌</u>은 어부들에게 중요한 곳이다.
▶ 연안: 강, 호수, 바다 근처의 물가
　　예 이 강 <u>연안</u>에서 물고기가 많이 잡힌다.

풀이

① 산지: 산이 있는 곳
　　예 우리 고향은 <u>산지</u>가 많아서 사람들이 주로 밭농사를 짓고 있다.
② 평야: 지표면이 평평하고 넓은 들
　　예 <u>평야</u>에서는 주로 논농사를 짓는다.
④ 하천: 크고 작은 강이나 시내
　　예 오랜 가뭄으로 <u>하천</u>이 마르고 있다.

36 〈지리〉 전라지역의 특성 알기

〈보기〉의 내용은 전라지역의 특성입니다. 전라지역은 전라남도와 전라북도(전북특별자치도)를 포함하는 곳으로 평야와 양식장이 있어서 식량자원이 풍부합니다. 그래서 음식문화가 발달했으며, 판소리와 민요 등의 전통문화도 잘 보존되어 있습니다. 또한 최근에는 중국과의 교류가 늘면서 상업과 무역이 발달하고 있습니다. 그러므로 ③의 '전라지역'이 정답입니다.

01 〈대한민국의 국민〉 사회보험 제도 고르기

한국은 국민의 인간다운 삶을 보장하고 생활 수준을 향상시키기 위해 사회보험 제도를 실시하고 있습니다. 사회보험은 질병, 사망, 노령, 실업 등의 사회적 위험에 대비하여 보험의 방식으로 국가가 국민을 보호하기 위해 만든 것입니다. 이러한 사회보험에는 건강보험, 국민연금, 고용보험, 산업재해보상보험이 있습니다. 그러므로 ②의 'ㄱ, ㄴ, ㄹ'이 정답입니다.

▶ 노령: 늙은 나이

예 한국의 노령 인구가 점점 늘어나고 있다.

풀이

의료급여제도(ㄷ)와 국민기초생활보장제도(ㅁ)는 공공부조이다.

02 〈대한민국의 역사와 발전〉 6월 민주 항쟁 이해하기

〈보기〉의 내용은 6월 민주 항쟁에 대한 내용입니다. 1987년에 한 대학생이 경찰의 조사를 받다가 죽었다는 사실과 전두환 정부가 다음 대통령을 간접 선거로 선출하겠다는 발표로 인해 많은 시민과 학생이 직접 선거를 요구하는 시위를 벌였습니다. 강한 진압에도 불구하고 전국적으로 시위가 커지자 정부는 국민들의 요구를 받아들여 6·29 민주화 선언을 발표하였고, 이에 따라 국민의 직접 선거로 대통령을 선출하게 되었습니다. 그리므로 ③의 '국민의 직접 선거로 대통령 선출'이 정답입니다.

풀이

① 초대 대통령이었던 이승만 대통령이 3·15 부정 선거를 저지르자 시민과 학생들이 시위를 벌였는데 이를 4·19 혁명이라고 한다.
② 박정희 대통령의 사망 이후 군인들이 정권을 잡자 이에 반대하는 시위가 전국 각지에서 일어났는데, 이 당시 정권을 잡고 있던 군인들이 모든 정치활동을 금지하고 시위를 강력하게 진압하면서 비상계엄을 실시하였다.
④ 박정희 대통령은 1972년에 유신 헌법을 발표하여 대통령의 권한을 더욱 강화하였는데 이를 유신 체제라고 한다.

03 〈대한민국의 정치와 외교〉 국제기구에서 활약하는 한국인 알아보기

〈보기〉의 인물들은 국제기구에서 활약하는 한국인들입니다. 반기문은 아시아인 최초로 유엔(UN) 사무총장으로 일했으며, 이종욱은 세계보건기구(WHO) 사무총장이었습니다. 그리고 김종양은 인터폴(INTERPOL)의 총재입니다. 이 밖에 김용은 세계은행(World Bank) 총재로 일을 했고, 이회성은 기후변화에 관한 정부 간 협의체(IPCC) 의장으로 일하고 있습니다. 그러므로 ④의 '국제기구에서 활약하는 한국인'이 정답입니다.

04 〈대한민국의 경제〉 근로자의 근로 여건을 보장하는 제도 이해하기

〈보기〉의 최저 임금제와 주 52시간 근무제는 한국에서 근로자의 근로 여건을 보장하기 위한 제도입니다. 최저 임금제는 근로자의 기본적인 생계유지를 위한 최소한의 금액을 임금으로 받을 수 있도록 정해 놓은 제도입니다. 또한 근로자가 일할 수 있는 시간은 1일 8시간, 1주 40시간으로 정해 놓았으며 추가 근로를 할 때도 1주에 최대 12시간까지 할 수 있도록 주 52시간 근무제를 실시하고 있습니다. 이 밖에 근로자가 임금을 한 달에 한 번 이상 받을 수 있는 방법을 정해 놓았고, 근로자의 휴식을 보장하기 위한 제도도 있습니다. 그러므로 ③의 '한국에는 근로자의 근로 여건을 보장하기 위한 제도가 있다'가 정답입니다.

> **풀이**
> ① 한국 국민에게는 일할 기회를 요구하고 적절한 임금을 받을 수 있는 권리가 있다.
> ② 한국은 시장경제체제로 누구나 자유롭게 경제 활동을 할 수 있다.
> ④ 시장경제체제의 부작용을 줄이기 위해 한국 정부는 시장에서 공정한 경쟁이 이루어지도록 노력하고 있다.

05 〈대한민국의 법질서〉 이혼에 대한 옳지 <u>않은</u> 설명 고르기

한국의 이혼에는 협의 이혼과 재판상 이혼이 있습니다. 협의 이혼은 두 사람이 이혼에 모두 동의할 때 하는 것이고, 재판상 이혼은 어느 한쪽만 이혼을 원할 때 가정법원의 판결에 따라 이혼하는 것을 말합니다. 그러므로 ③의 '한국에서는 두 사람 모두 이혼에 동의해야 이혼이 가능하다'가 옳지 않은 답입니다.

06 〈대한민국의 역사와 발전〉 김구 이해하기

〈보기〉에서 설명하고 있는 인물은 김구입니다. 김구는 대한민국 임시정부의 지도자였으며, 광복(1945년 8월 15일) 이후, 한반도가 남과 북으로 나뉘게 될 것을 걱정하여 '3천만 동포에게 읍고함'이라는 글을 써서 남한에만 정부가 세워지는 것을 반대했습니다. 또한 남북 협상에 참석해 남한에서만 총선거가 실시되는 것을 막고 통일 정부를 만들기 위해 북한의 정치인들과 의논하기도 했습니다. 그러므로 ①의 '김구'가 정답입니다.

> **풀이**
> ②·③ 1948년 8월 15일 대한민국 정부가 수립되어 초대 대통령으로 이승만이, 부통령으로 이시영이 선출되었다.
> ④ 김대중은 한국의 15대 대통령으로 남북 정상 회담을 개최하였다.

07 〈대한민국의 역사와 발전〉 저출산과 고령화 이해하기

대한민국은 여성의 사회 활동 참여 비율이 높아지고, 젊은 사람들의 결혼이 늦어지면서 출산율이 크게 낮아졌습니다. 그리고 보건, 의료 기술이 발전하면서 생활 수준이 향상되어 평균 수명이 늘어나 고령화 현상이 가속화되고 있습니다(③). 앞으로 이렇게 저출산, 고령화가 계속되면 한국 사회는 청년층의 인구가 줄고 노년층의 인구가 늘어나 인구의 구성이 바뀌게 될 것입니다(①). 이것은 또한 경제 활동을 할 수 있는 인구가 줄어드는 것을 의미합니다(②). 한편으로는 노인 인구가 많은 사회에 적극적으로 대비해야 한다는 의견도 제기되고 있습니다(④). 즉 ①, ②, ④는 저출산과 고령화로 인해 앞으로 예상되는 현상이며, ③은 고령화 현상이 나타나게 된 원인으로 볼 수 있습니다. 그러므로 ③의 '생활 수준이 향상되고 평균 수명이 늘어날 것이다'가 정답입니다.

08 〈대한민국의 국민〉 국민의 의무 이해하기

의무란 마땅히 해야 하는 일을 말합니다. 대한민국 국민의 의무에는 납세의 의무, 국방의 의무, 교육의 의무, 근로의 의무가 있습니다. 납세의 의무는 국가에 세금을 납부해야 하는 의무이고, 국방의 의무는 독립 유지와 영토 보전을 위해 나라를 지켜야 하는 의무입니다. 교육의 의무는 모든 국민과 그들의 자녀는 교육을 받아야 할 의무가 있으며, 근로의 의무는 개인의 행복과 나라의 발전을 위해 자신이 맡은 일을 열심히 해야 하는 의무가 있음을 말합니다. 그러므로 ①의 '의무'가 정답입니다.

09 〈대한민국의 경제〉 보험의 종류 이해하기

보험은 평소에 일정한 금액을 내면서 미래의 위험에 대비하는 금융상품입니다. 보험의 종류에는 크게 손해보험과 생명보험이 있습니다. 손해보험은 물건 또는 재산의 손해에 대비하여 가입하는 보험인데 대표적으로 자동차보험이 있습니다. 그리고 생명보험은 사람의 생존과 사망에 대비하는 보험인데 대표적으로 사망보험이 있습니다. 그러므로 ②의 '(가) – 손해보험, (나) – 생명보험'이 정답입니다.

10 〈대한민국의 법질서〉 임차권 등기명령 이해하기

주택 임대차 계약이 끝나서 이사를 가야 하는데 보증금을 돌려받지 못하는 경우에는 법원에 임차권 등기명령을 신청할 수 있습니다. 임차권 등기명령을 하면 등기부에 등록이 돼서 집주인이 해당 부동산을 처리할 때 보증금을 먼저 돌려받을 수 있습니다. 그러므로 ④의 '임차권 등기명령'이 정답입니다.

> **풀이**
> ① 가압류: 법원이 나중에 강제 집행을 하기 위해 재산을 임시로 확보하는 일
> ② 가처분: 권리관계 등 보전을 위해서 임시로 처분하는 것
> ③ 내용증명: 법적 분쟁 상황에서 자신이 상대방에게 했던 의사표시를 증명하는 방법으로, 우체국을 통해 상대방에게 언제, 어떤 내용을 발송했는지 증명하기 위해 동일한 편지를 3부 작성하여 한 통은 보내는 사람이, 한 통은 받는 사람이, 한 통은 우체국이 보관하는 제도

작문형

다음 내용을 포함하여 '내가 원하는 리더'라는 제목으로 답안지에 200자 내로 글을 쓰시오.

- 여러분은 어떤 리더를 원합니까?
- 리더가 갖춰야 할 자질에는 무엇이 있습니까?
- 왜 그렇게 생각합니까?

※ 작문시험 답안지에 제목은 생략하고 <u>본문만 쓰세요</u>.

		나	는		행	정		경	험	이		풍	부	하	고		전	문	성	이
있	는		민	주	적	인		리	더	를		원	한	다	.		리	더	가	
갖	춰	야		할		자	질	로	는		뛰	어	난		업	무		능	력	
과		높	은		도	덕	성	,		탁	월	한		소	통		능	력	이	
있	다	고		생	각	한	다	.		왜	냐	하	면		자	신	이		맡	은
일	에	서		뛰	어	난		능	력	을		발	휘	하	고		도	덕	적	
이	어	야		그		리	더	를		믿	고		따	를		수		있	기	
때	문	이	다	.		또		다	른		사	람	의		의	견	을		경	청
하	면	서		소	통	해	야		더		아	름	답	고		발	전	된		
사	회	를		만	들		수		있	다	고		생	각	한	다	.			

쓰기 요령

- 자신이 원하는 리더의 자질을 소개합니다.
- 도덕성, 소통 능력, 판단력과 추진력, 행정 경험과 전문성 등 자신이 원하는 리더의 자질과 특성을 구체적으로 씁니다.
- 왜 그런 자질이 필요한지 이유를 씁니다.

어휘 **인간의 특성 및 성격 관련 어휘**

☑ 외향적이다 / 내성적이다 / 직설적이다 / 소극적이다 / 적극적이다 / 소심하다 / 신중하다 / 꼼꼼하다 / 까다롭다 / 고집이 세다 / 호기심이 있다 / 추진력이 있다 / 집중력이 있다 / 동정심이 많다 / 독창적이다 / 책임감이 강하다 / 참을성이 있다 / 리더십이 있다 / 성실하다 / 다정하다 / 무뚝뚝하다

구술시험

[01-03] 다음 글을 읽고 구술감독관의 질문에 답하여 주시기 바랍니다.

한국의 대표적인 명절로는 설날과 추석이 있다. 설날은 음력 1월 1일인데 이날에는 가족들이 모두 모여서 아침 일찍 차례를 지낸다. 아랫사람이 윗사람에게 세배를 하면 윗사람은 아랫사람에게 덕담을 하고 아이들에게 세뱃돈을 준다. 설날 아침에는 가족들이 함께 떡국을 먹는데 설날에 떡국을 먹으면 나이를 한 살 더 먹는다는 말이 있다. 또한 가족과 친척들이 모여서 전통놀이인 윷놀이를 하기도 한다.

한국의 또 다른 명절로는 추석이 있는데 한가위라고도 부른다. 추석은 음력 8월 15일로 조상에게 차례를 지내는데 그해 처음 수확한 햇곡식과 햇과일로 음식을 준비해서 조상에게 감사하는 마음을 표현한다. 추석에는 송편을 만들어 먹는데 송편을 예쁘게 빚으면 예쁜 아이를 낳는다는 말이 있다. 또한 추석날 밤에는 보름달을 보면서 소원을 빌기도 한다.

01 설날의 대표적인 문화에는 어떤 것들이 있습니까?

▶ 여러분이 배운 한국의 설날에 대해서 이야기합니다.

설날은 음력 1월 1일로 가족이 모두 모여 아침 일찍 차례를 지냅니다. 아랫사람이 윗사람에게 세배를 하면 윗사람은 아랫사람에게 덕담을 하고 아이들에게는 세뱃돈을 줍니다. 설날 아침에는 명절 음식인 떡국을 먹는데 이것은 나이를 한 살 더 먹는다는 의미라고 합니다. 또한 설날에는 가족이 모여서 윷놀이를 하며 놀기도 합니다.

02 추석의 대표적인 문화에는 어떤 것들이 있습니까?

▶ 여러분이 배운 한국의 추석에 대해서 이야기합니다.

추석은 음력 8월 15일로 한가위라고도 합니다. 추석에는 햇곡식과 햇과일로 음식을 준비해서 조상에게 한 해의 수확을 감사하는 마음으로 차례를 지냅니다. 추석에 한국 사람들은 송편을 먹는데 송편을 예쁘게 빚으면 예쁜 아이를 낳는다고 말합니다. 그리고 추석날 밤에는 보름달을 보면서 소원을 빕니다.

03　_____ 씨 고향에는 어떤 명절이 있습니까?
　　　그 명절에 먹는 특별한 음식이 있습니까? 어떤 의미로 먹습니까?
　　　_____ 씨 고향의 명절 문화에 대해 이야기해 보세요.

　베트남에도 명절이 있습니다. 대표적인 명절로는 뗏이라는 명절이 있는데 한국의 설날과 같습니다. 베트남 사람들은 뗏이 되면 반쯩을 만들어 먹습니다. 반쯩은 바나나 잎에 찹쌀과 돼지고기, 녹두를 넣고 네모나게 싸서 오랫동안 물에 끓인 음식입니다. 한국의 백설기라는 떡과 비슷합니다. 반쯩의 네모난 모양은 땅을 상징하고 그 안에 들어 있는 곡식과 고기는 한 해의 풍성한 수확을 상징합니다. 베트남 사람들은 뗏이 되면 절에 가서 기도도 하고 가족이 모두 모여서 즐겁게 명절을 보냅니다. 한국처럼 세배를 하지는 않지만 아이들에게 세뱃돈을 주기도 합니다.

04　_____ 씨는 인터넷을 자주 사용합니까?
　　　인터넷의 장점과 단점에 대해 이야기해 보세요.

　네, 저는 인터넷을 자주 사용합니다. 인터넷은 정말 편리하고, 할 수 있는 일이 아주 많습니다. 다양한 분야의 정보를 검색할 수 있고 인터넷 뱅킹이나 인터넷 쇼핑도 할 수 있습니다. 이메일을 보내거나 인터넷 강의를 들을 수도 있습니다. 영화를 감상하거나 SNS(에스엔에스)를 하고 유튜브를 볼 수도 있습니다. 한국어 공부를 할 때는 어휘의 뜻을 찾을 수 있고 게임도 할 수 있습니다.

　하지만 인터넷에는 확인되지 않거나 유해한 정보도 있기 때문에 조심해야 합니다. 또한 잠시라도 인터넷을 하지 않으면 불안해하는 중독 현상을 지닌 사람도 많아지고 있습니다. 잠자리에서 스마트폰을 계속 사용하다 보니 불면증이나 시력 악화와 같은 건강 문제도 늘고 있습니다. 심지어 온라인상의 인간관계에만 치중하고 실제 인간관계에서는 대화가 줄어 소통이 단절되는 경우도 있습니다. 개인 정보 유출이나 사생활 노출 등 심각한 문제가 발생하기도 합니다. 이처럼 인터넷은 잘 사용하면 정말 편리하지만 잘못 사용하면 큰 피해를 겪게 될 수도 있으므로 잘 조절해야 한다고 생각합니다.

05 한국에는 많은 국경일이 있습니다. 국경일에는 집 대문이나 창가에 태극기를 답니다. 한국의 국경일 중 삼일절과 광복절의 날짜와 의미를 이야기해 보세요.

삼일절은 3월 1일입니다. 삼일절은 일본의 지배에 저항하여 1919년 3월 1일에 태극기를 들고 독립운동을 한 것을 기념하는 날입니다. 이 독립운동에 많은 사람이 함께했는데 그중에 유관순도 있습니다.

광복절은 8월 15일입니다. 광복절은 1910년부터 일본의 지배를 받기 시작한 한국이 1945년 8월 15일에 일본의 지배에서 벗어나 독립을 맞이한 것을 기념하는 날입니다.

참고자료 말하기 요령

- '-아요/어요' 또는 '-습/ㅂ니다' 형식으로 말합니다.
- 면접관의 얼굴을 보고 이야기합니다. (아래나 다른 곳을 보지 않습니다.)
- 먼저 생각해 보고 천천히 또박또박 이야기하면 됩니다. 너무 빨리 말하면 실수할 수 있습니다.
- 질문을 이해하지 못했을 경우 '다시 질문해 주세요'라고 공손히 말합니다.
- 단어나 단답형, 짧은 문장으로 말하지 말고, 질문의 문장을 이용해서 길게 대답합니다.

〈좋은 대답의 예〉
면접관: _____ 씨는 시간이 있을 때 무엇을 자주 해요?
응시자: 저는 시간이 있을 때 한국 영화를 자주 봐요.

〈좋지 않은 대답의 예〉
면접관: _____ 씨는 시간이 있을 때 무엇을 자주 해요?
응시자: 영화 봐요.

실전 모의고사 p.138

※ 작문형과 구술형은 별도 표기하였습니다.

필기시험

객관식 (01~36번)

01	02	03	04	05	06	07	08	09	10
④	②	④	②	④	①	②	③	②	④
11	12	13	14	15	16	17	18	19	20
②	②	④	③	①	④	④	④	④	②
21	22	23	24	25	26	27	28	29	30
④	②	②	④	③	③	④	④	④	③
31	32	33	34	35	36				
②	②	④	②	④	③				

귀화용 (01~10번)

01	02	03	04	05	06	07	08	09	10
③	③	④	②	②	①	①	④	②	①

객관식

01 문맥에 알맞은 명사 고르기

이 영화에 유명한 배우들이 출연하면서 개봉하기 전부터 많은 사람이 이 영화에 대해 이야기를 했다는 뜻이므로, ④의 '화제'가 정답입니다.

▶ 출연하면서: '출연하다'는 '연극, 영화, 방송 등에 나와 연기나 연주를 하다'의 뜻이다.

예 이번 연극에 출연할 사람들을 뽑고 있다.

▶ 개봉: 새 영화를 처음으로 상영하는 것

예 세 편의 영화가 동시에 개봉되었다.

▶ 화제: 여럿이 서로 말을 주고받을 때의 이야깃거리. 이야기의 주제

예 인기 가수의 학교 방문이 화제가 되었다.

① 인기: 무엇에 대하여 쏠리는 많은 사람들의 관심이나 좋아하는 마음

예 이 책은 <u>인기</u>가 많은 책이다.

② 작품: 창작 활동으로 만든 것

예 이번 주까지 미술 <u>작품</u> 전시회가 열린다.

③ 주연: 연극이나 영화에서 주인공으로 출연하는 것. 또는 주인공으로 출연하는 배우

예 이 드라마의 <u>주연</u> 배우는 멋있고 연기도 잘 한다.

어휘 드라마나 영화를 평가하는 문장

☑ 시청률이 높다

예 인기 있는 배우가 나와서 이 드라마의 <u>시청률이 높다</u>.

☑ 연기력이 뛰어나다

예 젊은 배우인데도 <u>연기력이 뛰어나서</u> 상을 받았다.

☑ 배경음악이 아름답다

예 영화 <u>배경음악이 아름다워서</u> 영화의 인기가 높다.

☑ 배우가 멋있다

예 영화의 내용보다는 <u>배우가 멋있어서</u> 인기가 많은 경우가 많다.

☑ 줄거리가 흥미롭다

예 그 드라마에는 경찰들의 다양한 이야기가 있어서 <u>줄거리가 흥미롭다</u>.

☑ 영상미가 뛰어나다

예 아름다운 여행지를 배경으로 한 이 영화는 <u>영상미가 뛰어나다</u>.

---

02 **문맥에 알맞은 부사 고르기**

회사에 버스를 타고 가려고 나왔는데, 나오자마자 딱 맞게 버스가 와서 기다리지 않았다는 뜻이므로, ②의 '마침'이 정답입니다.

▶ 마침: 필요하던 그 순간에

예 커피를 마시고 싶었는데 <u>마침</u> 친구가 커피를 사 왔다.

① 거의: 전부에서 조금 모자라게. 대부분

예 숙제를 <u>거의</u> 다 했다.

③ 아마: 확실하게 말하기는 어렵지만

예 이 독감 주사는 <u>아마</u> 많이 아플 것이다.

④ 역시: 또한. 아무리 생각해도. 예상한 대로

예 나 <u>역시</u> 너와 같은 생각이다. / 공부는 <u>역시</u> 오전에 하는 것이 좋다.

미나 씨는 <u>역시</u> 노래를 잘 부른다.

03 문맥에 알맞은 형용사 고르기

평일에 놀이동산에 가면 주말보다는 사람이 없고 복잡하지 않다는 뜻이므로, ④의 '한산하다'가 정답입니다.

▶ 놀이동산: 돌아다니며 놀 수 있도록 여러 가지 놀이시설을 모아 놓은 곳 (= 놀이공원)

> 예 시험이 끝나서 친구들과 함께 <u>놀이동산</u>에 갔다.

▶ 한산하다: 조용하고 쓸쓸하다.

> 예 일요일 오전의 거리는 차가 없고 <u>한산하다</u>.

풀이

① 쌀쌀하다: 싸늘하게 느껴질 정도로 차다.

> 예 봄이기는 하지만 아침, 저녁에 매우 <u>쌀쌀하다</u>.

② 친절하다: 남을 대하는 태도가 다정하고 정성스럽다.

> 예 이 식당은 음식도 맛있고 <u>친절해서</u> 항상 손님이 많다.

③ 유명하다: 이름이 널리 알려져 있다.

> 예 제주도는 한국에서 가장 <u>유명한</u> 여행지이다.

04 문맥에 알맞은 동사 고르기

'결국'이란 부사를 볼 때 근처 병원으로 옮겨져서 치료를 받았지만 좋지 않은 결과가 일어났음을 알 수 있으므로, ②의 '사망한'이 정답입니다.

▶ 인근: 가까운 곳

> 예 보통 농촌 지역에는 <u>인근</u>에 병원이 없어서 도시까지 나가야 한다.

▶ 이송돼: '이송되다'는 '다른 곳으로 옮겨 보내지다'의 뜻이다.

> 예 사고가 나서 응급 환자가 병원으로 <u>이송되었다</u>.

▶ 치료: 병을 낫게 하는 일

> 예 병이 난 후에 <u>치료</u>하는 것보다 아프지 않게 예방하는 것이 더 중요하다.

▶ 사망한: '사망하다'는 '사람이 죽다'의 뜻이다.

> 예 빗길 교통사고로 5명이 <u>사망했다</u>.

풀이

① 발생한: '발생하다'는 '어떤 일이 일어나다'의 뜻이다.

> 예 사건이 <u>발생한</u> 지 10일 만에 범인이 잡혔다.

③ 입원한: '입원하다'는 '환자가 치료나 요양을 위해 일정 기간 동안 병원에 들어가서 묵다'의 뜻이다.

> 예 할머니께서 편찮으셔서 병원에 <u>입원하셨다</u>.

④ 체포한: '체포하다'는 '죄인이나 죄를 저지른 의심이 있는 사람을 붙잡다'의 뜻이다.

> 예 어젯밤 강도 사건의 범인을 경찰이 <u>체포했다</u>.

05 상태나 결과를 유지하는 표현 고르기

여기 앉아서 기다리라는 말에 앉지 않고 서서 있겠다는 뜻이므로, ④의 '서 있을게요'가 정답입니다.

▶ 서 있을게요: '-아/어 있다'는 동사(피동사 및 목적어가 필요 없는 동사)와 결합하며 어떤 일이나 변화가 끝난 후에 그 상태나 결과가 유지되는 것을 나타낸다.

　예 수잔 씨는 몸이 아파서 침대에 계속 <u>누워 있어요</u>.

참고자료　**피동사**

남의 행동으로 인해 행해지는 동작을 나타내는 동사

> 보다 → 보이다 / 놓다 → 놓이다 / 바꾸다 → 바뀌다
> 닫다 → 닫히다 / 잡다 → 잡히다 / 막다 → 막히다
> 듣다 → 들리다 / 팔다 → 팔리다 / 열다 → 열리다
> 끊다 → 끊기다 / 안다 → 안기다 / 쫓다 → 쫓기다

　예 교실에 책상이 <u>놓여 있어요</u>.
　　교통사고가 나서 길이 많이 <u>막혀요</u>.
　　이번 겨울에는 날씨가 따뜻해서 두꺼운 옷이 많이 안 <u>팔렸어요</u>.
　　도둑이 경찰에게 <u>쫓기고 있어요</u>.

풀이

①~④의 기본형은 동사 '서다'이다.

① 서 볼게요: '-아/어 보다'는 동사와 결합하며 어떤 일을 한번 시도해 보거나 이미 과거에 경험했음을 나타낸다.

　예 제주도에 <u>가 봤어요</u>? 아직 안 <u>가 봤으면</u> 한번 <u>가 보세요</u>.

② 서 갈게요: '-아/어 가다'는 동사와 결합하며 어떤 행동이나 상태가 계속 변화하거나 진행되고 있음을 나타낸다.

　예 한국 문화를 <u>알아 가는</u> 중입니다.

③ 서 놓을게요: '-아/어 놓다'는 동사와 결합하며 어떤 일이 끝나고 그 상태를 유지하는 것을 나타낸다.

　예 다음 달에 고향에 가려고 비행기 표를 <u>예매해 놓았어요</u>.

참고자료　**동사 + -(으)ㄹ게요**

동사와 결합하며 미래에 대한 약속이나 의지를 나타낼 때 사용한다.
　예 앞으로 한국어를 열심히 <u>공부할게요</u>.

06 어떤 행동을 하는 것이 괜찮다는 표현 고르기

김 과장님은 책임감이 강해서 믿어 볼 가치가 있거나 믿어도 괜찮다는 뜻이므로, ①의 '믿을 만한'이 정답입니다.

▶ 책임감: 책임(꼭 하기로 하고 맡은 일)을 중요하게 여기는 마음

   예 에릭 씨는 <u>책임감</u>이 강하고 성실해요.

▶ 믿을 만한: '-(으)ㄹ 만하다'는 동사와 결합하며 그 일을 해 볼 가치가 있거나 해도 괜찮다는 뜻을 나타낸다.

   예 그 영화는 내용이 어렵지 않아서 외국인들도 <u>볼 만하다</u>.

풀이

①~④의 기본형은 동사 '믿다'이다.

② 믿기로 하는: '-기로 하다'는 동사와 결합하며 미래의 계획에 대해 결정하거나 결심한 것을 나타낸다.

   예 다음 방학에 제주도에 <u>가기로 했어요</u>.

③ 믿을 것 같은: '-(으)ㄹ 것 같다'는 동사·형용사와 결합하며 정확하지는 않은 사실을 추측할 때 사용한다.

   예 오늘 저녁에 비가 <u>올 것 같아요</u>.

④ 믿을 수 없는: '-(으)ㄹ 수 있다/없다'는 동사와 결합하며 어떤 일에 대한 능력이 있고 없음을 나타낸다.

   예 저는 수영을 <u>할 수 없어요</u>.

참고자료 동사 + -(으)ㄹ 만하다

- 동사와 결합하며 그 일을 할 가치가 있거나 해도 괜찮다는 의미로 남에게 어떤 일을 추천할 때 많이 사용한다.
- 추천할 때는 '시도'의 의미를 더해서 '-아/어 볼 만하다'의 형태로 자주 사용한다.

   예 제주도는 아름다워서 한번 <u>가 볼 만해요</u>.

07 원인이나 이유를 나타내는 표현 고르기

친구가 너무 슬퍼서 말도 못 하고 계속 울기만 했다는 뜻이므로, ②의 '슬픈 나머지'가 정답입니다.

▶ 슬픈 나머지: '-(으)ㄴ 나머지'는 동사·형용사와 결합하며 앞의 상태나 행동의 결과로 뒤의 내용이 일어났음을 말할 때 사용한다.

   예 너무 <u>긴장한 나머지</u> 발표할 내용을 잊어버렸어요.

풀이

①~④의 기본형은 형용사 '슬프다'이다.

① 슬픈 데다가: '-(으)ㄴ/는 데다가'는 '동사 + -는 데다가', '형용사 + -(으)ㄴ 데다가'의 형태로 결합하며 어떤 동작이나 상태와 비슷한 다른 동작이나 상태가 더해짐을 나타낸다.

예 이번에 새로 이사한 집은 교통도 <u>편리한 데다가</u> 근처에 공원도 있어서 참 좋아요.
③ 슬픈 척하고: '-(으)ㄴ/는 척하다'는 '형용사 + -(으)ㄴ 척하다', 현재의 경우 '동사 + -는 척하다', 과거의 경우 '동사 + -(으)ㄴ 척하다'의 형태로 결합하며 앞의 행동이나 상태를 거짓으로 그럴 듯하게 꾸밀 때 사용한다.
예 처음 한국에 왔을 때 한국말을 잘 이해하지 못했는데 그냥 <u>알아듣는 척했어요</u>.
④ 슬픈 줄 알고: '-(으)ㄴ/는 줄 알았다'는 '형용사 + -(으)ㄴ 줄 알았다', 현재의 경우 '동사 + -는 줄 알았다', 과거의 경우 '동사 + -(으)ㄴ 줄 알았다'의 형태로 결합하며 어떤 사실을 그러한 것으로 알고 있음을 나타낼 때 사용한다.
예 인터넷에서 사진만 보고 책상이 <u>큰 줄 알았어요</u>.

08 그 상황 이상의 것이 더해짐을 나타내는 표현 고르기
회사 면접을 준비하느라고 너무 바빠서 다른 사람도 못 만나고 친구도 못 만날 정도였다는 뜻이므로, ③의 '조차'가 정답입니다.
▶ 조차: '조차'는 명사와 결합하며 그 상황 이상의 것이 더해짐을 나타낸다. 일반적으로 말하는 사람이 기대나 예상을 하기 어려운 극단적인 상황까지 포함함을 나타낸다.
예 친구들도 모두 떠나고 <u>가족조차</u> 그를 떠났다.

풀이
① 만큼: '만큼'은 명사와 결합하며 앞의 명사와 비교할 때 그 정도가 비슷함을 나타낸다.
예 학교 앞 식당은 엄마가 해 주시는 <u>음식만큼</u> 맛있어서 자주 가게 된다.
② 든지: '-든지'는 '명사 + (이)든지', '동사·형용사 + -든지'의 형태로 결합하며 어떤 것을 선택해도 관계없음을 나타낼 때 사용한다.
예 여행은 <u>바다든지 산이든지</u> 어디나 다 좋아요.
④ 에게: '에게'는 명사와 결합하며 행위의 영향을 받는 대상임을 나타낸다.
예 고향에 있는 <u>친구에게</u> 이메일을 보냈어요.

09 문장 뒤에 이어지는 알맞은 말 고르기 1
누구나 몸이 아프면 고향 생각이 나는 것은 당연하고 자연스러운 일이므로 ②의 '많이 나는 법이다'가 정답입니다.

참고자료 동사 + -는 법이다

앞의 상태나 행동이 당연하거나 이미 그렇게 정해진 것임을 나타낼 때 사용한다. 모든 사람이 당연하다고 생각하는 표현에 사용하기 때문에 한 사람을 주어로 사용하거나, '나'를 주어로 사용하지 않는다.
예 서두르면 <u>실수하는 법이다</u>. (○)
　　민수 씨는 서두르면 <u>실수하는 법이다</u>. (×)
　　나는 서두르면 <u>실수하는 법이다</u>. (×)

10 문장 뒤에 이어지는 알맞은 말 고르기 2

담배를 끊으려고 했지만 결국 다시 담배를 피우게 되었다는 의미이므로 ④의 '피우고 말았다'가 정답입니다.

> **참고자료** **동사 + -고 말다**
>
> 의도하지 않은 어떤 일이 결국 일어났을 때 사용한다. 주로 원하지 않은 일이 발생한 것에 안타까운 마음이 있음을 나타낸다. '동사 + -아/어 버리다'로 바꾸어 쓸 수도 있다.
> 예 옷에 커피를 쏟고 말았다. (= 옷에 커피를 쏟아 버렸다.)

11 알맞은 표현으로 한 문장 만들기 1

요리를 한 것이 다치게 된 원인이므로 '-다가'를 사용한 ②의 '요리를 하다가 조금 다쳤어요'가 정답입니다.

> **참고자료** **동사 + -다가**
>
> - 앞에 오는 말이 뒤에 오는 말의 원인이나 근거가 될 때 사용한다.
>   예 나는 과식을 하다가 배탈이 났다.
> - 어떤 행동이나 일이 중단되고 다른 행동이나 일로 바뀌는 것을 나타낼 때도 사용한다.
>   예 영화를 보다가 잠이 들었어요.

12 알맞은 표현으로 한 문장 만들기 2

내일 비가 오거나 눈이 오거나 어떤 날씨라도 상관없이 등산을 꼭 하겠다는 뜻이므로, ②의 '내일 비가 오든지 눈이 오든지 등산을 꼭 할 것이다'가 정답입니다.

> **참고자료** **동사·형용사 + -든지, 명사 + (이)든지**
>
> 여러 가지 중에서 어떤 것을 선택해도 상관없음을 나타낼 때 사용한다.
> 예 너무 배가 고프니까 빵이든지 밥이든지 빨리 주세요.

13 문맥에 알맞은 표현이나 문장 고르기

지난달에 '문화가 있는 날'을 이용해서 50% 할인을 받아 전시회를 관람했고, 이렇게 문화생활을 하면 돈도 절약할 수 있다고 했으므로, 이날은 할인을 받아서 문화생활을 즐길 수 있다는 내용이 와야 합니다. 그러므로 ④의 '싼 가격이나 무료로'가 정답입니다.

▶ 전시회: 어떤 특정한 물건을 벌여 놓고 찾아온 사람들에게 보여 주는 모임
  예 엘레나는 졸업 작품 전시회에 출품할 작품을 준비하느라고 매우 바쁘다.

▶ 즐길: '즐기다'는 '어떤 일을 좋아하여 자주 하다'의 뜻이다.

　예 잠시드 씨는 휴일에 되면 낚시를 즐긴다.

▶ 할인: 일정한 값에서 얼마를 뺌

　예 봄이 되면 백화점마다 할인 행사를 한다.

▶ 관람했습니다: '관람하다'는 '연극, 공연, 운동 경기 등을 지켜보며 즐기다'의 뜻이다.

　예 우리 가족은 모처럼 다 같이 연극을 관람했다.

▶ 절약할: '절약하다'는 '함부로 쓰지 않고 꼭 필요한 데에만 써서 아끼다'의 뜻이다.

　예 환경 보호를 위해서 자원을 절약해야 한다.

14 주어진 글과 일치하지 않는 설명 고르기

이 빌라는 4층짜리 건물이고 매물인 원룸은 3층에 있습니다(④). 이 집에 살면 근처에 버스 정류장과 지하철역이 있으므로 대중교통을 이용하기 편리합니다(①). 또 전망이 좋고 햇빛이 잘 들어온다고 했으므로 내부가 밝고 창문 밖 경치도 좋음을 알 수 있습니다(②). 그리고 냉방 시설이 있다고 했으므로 이미 에어컨이 설치되어 있을 것입니다. 그러므로 ③의 '이 집으로 이사 올 사람은 에어컨을 사야 한다'가 옳지 않은 내용입니다.

▶ 매물: 팔기 위해서 내놓은 물건

　예 조건이 좋은 매물이 있으면 저에게 연락해 주십시오.

▶ 보증금: 계약을 맺을 때 계약 이행의 담보로 내는 금전

　예 지영 씨는 보증금 500만 원에 월세 20만 원으로 그 집을 계약했다.

▶ 월세: 매달 내는 집세

　예 나는 월세로 가게를 얻어서 창업을 했다.

▶ 상세: 낱낱이 구체적이고 분명함

　예 그 사건에 대해서 상세하게 이야기해 주세요.

▶ 전망: 멀리 내다보이는 경치

　예 산 위에서 내려다보는 전망이 너무 아름다웠다.

▶ 냉방 시설: 실내의 온도를 낮춰 차게 할 수 있는 시설

　예 이 건물은 새로 지어서 그런지 냉방 시설이 완벽하게 갖추어져 있다.

▶ 공인중개사: 땅이나 건물을 사고팔 때, 사고팔 사람을 연결해 주는 일을 할 수 있는 법적인 자격을 갖춘 사람

　예 삼촌은 공인중개사 시험에 합격하신 뒤 부동산을 차리셨다.

▶ 내부: 물건이나 공간의 안쪽 부분

　예 그 식당의 주방은 유리로 되어 있어서 내부가 잘 보인다.

풀이

③ 냉방 시설이 있으므로 이 집으로 이사 올 사람은 에어컨을 살 필요가 없다.

15 제목 고르기

집을 구할 때 집 안과 집 주변 환경을 살펴보면서 확인해야 할 것들과 계약을 할 때 조심해야 할 것들을 설명하고 있으므로, ①의 '집을 구할 때 주의 사항'이 정답입니다.

16 ㉠에 알맞은 표현이나 문장 고르기

㉠의 뒤 문장을 보면 집을 계약하는 사람이 진짜 집주인인지 꼭 확인을 해야 한다고 했으므로, 집주인이 누구인지 확인할 수 있는 등기부 등본을 살펴볼 필요가 있습니다. 그러므로 ④의 '등기부 등본을 반드시 확인해야 한다'가 정답입니다.

▶ 주변: 어떤 대상의 둘레

　　예 오늘 봉사활동으로 학교 주변의 쓰레기를 주웠다.

▶ 환경: 인간, 동식물의 생존이나 생활에 영향을 주는 자연적인 조건

　　예 누구나 깨끗한 환경에서 살 권리가 있다.

▶ 꼼꼼하게: '꼼꼼하다'는 '매우 차근차근하고 자세하여 빈틈이 없다'의 뜻이다.

　　예 뚜엔 씨는 무척 꼼꼼한 성격이라서 메모하는 습관이 있다.

▶ 확인해야: '확인하다'는 '확실히 인정하거나 알아보다'의 뜻이다.

　　예 학교에 가기 전에 숙제를 챙겼는지 다시 확인해야 한다.

▶ 난방: 추위를 막기 위해 실내의 온도를 인위적으로 올리는 일

　　예 한옥의 온돌은 아주 훌륭한 난방 시설이다.

▶ 편의 시설: 이용자에게 유익하거나 편한 환경이나 조건을 갖춘 시설

　　예 요즘 대형 마트에 가 보면 건물 안에 영화관, 미용실 등의 편의 시설이 갖추어져 있어서 정말 편리하다.

▶ 계약: 사람이나 조직 사이에서 서로 지켜야 할 의무를 글이나 말로 정하는 약속

　　예 나는 마음에 드는 집이 있어서 오늘 전세 계약을 맺었다.

▶ 부동산 중개업자(공인중개사): 타인 간의 매매, 전세, 월세 등 계약을 중개하고 수수료를 받는 영업을 하는 사람

　　예 민수 씨는 부동산 중개업자의 소개로 이 집을 사게 되었다.

▶ 계약서: 서로에 대한 권리와 의무에 대한 약속이 성립되었음을 증명하는 문서

　　예 계약서를 꼼꼼하게 읽어본 후에 서명을 해야 한다.

▶ 계좌: 은행에서 고객의 저축이나 대출 상황을 기록한 것

　　예 나는 핸드폰 요금이 매달 계좌에서 자동으로 빠져나가게 했다.

▶ 입금: 예금을 하거나 빚을 갚기 위해 은행에 돈을 넣음

　　예 내일까지 은행에 입금을 해야 한다.

▶ 특약 사항: 특별한 조건을 붙여서 약속하거나 계약을 한 것

　　예 계약을 할 때 집주인과의 약속은 특약 사항으로 기록해야 한다.

▶ 자세하게: '자세하다'는 '사소한 부분까지 구체적이고 분명하다'의 뜻이다.

　　예 선생님께서 내가 이해하지 못한 부분을 자세하게 설명해 주셨다.

▶ 사기: 나쁜 꾀로 남을 속임

예 그 사람은 아무 것도 모르는 사람들을 상대로 사기를 쳐서 많은 돈을 벌었다.

▶ 안전하다: '안전하다'는 '위험이 생기거나 사고가 날 염려가 없다'의 뜻이다.

예 목적지까지 안전하게 모셔다 드리겠습니다.

참고자료 동사 + -는 척하다, 형용사 + -(으)ㄴ 척하다

어떤 상태에 있지 않은데도 그런 것처럼 그럴 듯하게 거짓으로 꾸밈을 나타낼 때 사용한다.

예 저는 어렸을 때 학교에 가기 싫으면 배가 아픈 척했어요.

---

17 〈사회〉 한국의 국경일과 국가기념일 이해하기

한국에서는 국경일이나 국가기념일이 되면 대문이나 창가에 태극기를 답니다. 국경일에는 삼일절, 제헌절, 광복절, 개천절, 한글날이 있고, 국가기념일에는 현충일, 국군의 날 등이 있습니다. 삼일절은 3월 1일로 일본의 지배에 저항하여 1919년에 일으킨 독립운동을 기념하는 날입니다. 현충일은 6월 6일로 국가를 위해 목숨을 바친 순국선열을 기념하는 날입니다. 이날은 슬픈 날이라 조기 게양을 합니다. 제헌절은 7월 17일로, 1948년 7월 17일에 대한민국 최초의 헌법이 제정된 것을 기념하는 날입니다. 광복절은 8월 15일로, 1945년 8월 15일에 일본의 지배에서 벗어나 독립을 맞이한 것을 기념하는 날입니다. 개천절은 10월 3일로, 한반도에 최초의 국가가 세워진 것을 기념하는 날입니다. 한글날은 10월 9일로, 세종대왕이 훈민정음(한글)을 만든 것을 기념하는 날입니다. 그러므로 ④의 '광복절: 1945년 일본의 지배에서 벗어나 독립을 맞이한 것을 기념하는 날'이 정답입니다.

풀이

① 삼일절: 일본의 지배에 저항하여 1919년 3월 1일에 일으킨 독립운동을 기념하는 날
② 한글날: 세종대왕이 한글을 만든 것을 기념하는 날
③ 제헌절: 대한민국 최초로 헌법이 제정된 것을 기념하는 날

---

18 〈사회〉 한국에서의 안전한 생활에 대한 옳지 않은 설명 고르기

한국에서는 행정안전부를 중심으로 중앙부처, 지방자치단체, 공공 기관이 다양한 재난에 대비하고 있으며(②) 중앙부처와 지방자치단체에서 매년 1회 이상 재난 대비 훈련을 의무적으로 실시하고 있습니다. 큰 사고나 재난이 발생했을 때에는 긴급신고 통화서비스에 전화해 현재 자신의 위치와 사고 상황을 신고하면 됩니다(③). 또한 주변의 안전을 해칠 수 있는 시설을 발견하면 안전신문고에 신고해서 미리 사고를 예방할 수 있습니다(①). 그러므로 ④의 '지방자치단체에서 매달 1회 이상 재난 대비 훈련을 해야 한다'가 옳지 않은 설명입니다.

풀이

④ 지방자치단체에서 실시하는 재난 대비 훈련은 매년 1회 이상 실시해야 한다.

19 〈사회〉 공공부조의 혜택을 받을 수 있는 사람 고르기

공공부조는 원래 한국 국민들에게만 적용되지만 일정한 조건을 갖춘다면 외국인도 혜택을 받을 수 있습니다. 예를 들어 법에 따라 난민으로 인정받은 사람(ㄷ), 한국 국적의 미성년 자녀를 키우고 있는 외국인(ㄹ)은 한국 국민과 같은 공공부조 혜택을 받을 수 있습니다. 그러므로 ④의 'ㄷ, ㄹ'이 정답입니다.

▶ 혜택: 사회의 제도나 환경, 다른 사람 등이 사람들에게 주는 이익과 도움

　예 자연이 우리에게 주는 혜택은 끝이 없다.

▶ 저소득층: 소득이 적은 사회 계층

　예 정부는 저소득층을 위한 정책을 마련해야 한다.

풀이

ㄱ. 한국인과 결혼하여 임신을 했거나 한국 국적의 미성년 자녀를 키우는 경우가 아니면 외국인은 공공부조 혜택을 받을 수 없다.

ㄴ. 공공부조는 생활 능력이 없는 한국인의 기본 생활을 보장해 주는 제도이다.

참고자료　**한국의 사회복지 제도**

• 사회보험
 - 건강보험: 의료비를 지원받을 수 있다.
 - 고용보험: 회사에서 해고되었을 때 지원받을 수 있다.
 - 국민연금: 나이가 많아 돈을 벌기 어려울 때 지원받을 수 있다.
 - 산업재해보상보험: 일하다가 사고로 다쳤을 때 지원받을 수 있다.

• 공공부조(기본적으로 한국인만 가능)
 - 국민기초생활보장제도: 생활비, 주거비, 교육비 등을 지원받을 수 있다.
 - 의료급여제도: 의료비를 지원받을 수 있다.

20 〈사회〉 한국의 거주 형태에 대한 옳지 않은 설명 고르기

자가는 자기가 소유한 집에서 생활하는 것을 말하고(①) 전세는 보증금을 집주인에게 맡기고 계약 기간 동안 집을 빌려 쓰는 방식으로(③) 한국에서만 활용되는 독특한 임대 방법입니다. 월세는 매달 일정한 돈을 내고 집을 빌려서 생활하는 방식이며(④) 반전세는 전세와 월세를 혼합한 형태를 말합니다. 그러므로 ②의 '자가와 전세를 혼합한 반전세라는 방식도 늘고 있다'가 옳지 않은 설명입니다.

풀이

② 요즘은 월세가 많아지면서 전세와 월세를 혼합한 반전세로 집을 빌리는 경우가 증가하고 있다.

21 〈교육〉 어린이집과 유치원의 공통점 고르기

어린이집과 유치원은 초등학교 입학 전 영·유아를 보육하는 기관이며(ㄷ), 정부에서 발급하는 카드를 통해 어린이집이나 유치원에 다니는 아이의 보육료를 지원받을 수 있습니다(ㄹ). 그러므로 ④의 'ㄷ, ㄹ'이 정답입니다.

풀이

ㄱ. 유치원은 만 3세부터, 어린이집은 만 0세부터 들어갈 수 있다.

ㄴ. 국·공립 교육기관의 보육료는 일반적으로 사립 기관보다 싸기 때문에 신청한 후에 오래 기다려야 한다.

참고자료 유치원과 어린이집

- 유치원
  - 만 3세부터 만 5세까지(5~7세) 유치원에 다닐 수 있다.
  - 국립, 공립, 사립 유치원이 있다.
  - 보통 평일 오전 9시부터 오후 2시까지 운영한다.
  - 종일반은 오전 7시부터 오후 8시까지 운영한다.

- 어린이집
  - 만 0세부터 만 5세까지(0~7세) 어린이집에 다닐 수 있다.
  - 국립, 공립, 사립, 직장, 종교단체, 가정 어린이집 등이 있다.
  - 기본 보육은 평일 오전 9시부터 오후 4시까지이고 연장 보육은 오후 4시부터 오후 7시 30분까지 이루어진다.
  - 기관에 따라 24시간 보육, 휴일 보육, 거점형 야간 보육 등의 서비스가 지원되기도 한다.

22 〈교육〉 대학 진학률이 높은 이유 고르기

현재 한국의 대학 진학률은 70%에 육박하고 있습니다. 한국이 이렇게 진학률이 높은 이유는 대학교를 졸업한 사람은 고등학교까지만 졸업한 사람보다 취업에 유리하고(ㄱ), 대학교를 졸업해야 사회적 지위를 상승시킬 수 있기 때문입니다(ㄹ). 그러므로 ②의 'ㄱ, ㄹ'이 정답입니다.

풀이

ㄴ. 한국의 학부모들은 자녀를 좋은 대학교에 보내기 위해서 학생들에게 사교육을 많이 시키다 보니 학생들의 입시 스트레스가 높고, 학부모들의 사교육비 부담이 크다.

ㄷ. 고등학교는 무상으로 교육이 이루어지고 있으나 대학교는 등록금을 내야 하며 학교마다 등록금의 액수가 다르다.

23 〈문화〉 한옥의 특징 이해하기

한옥에는 온돌과 대청마루가 있습니다. 온돌은 아궁이에 불을 때어 방을 따뜻하게 하는 난방 장치로 겨울에 많이 사용했으며(나), 대청마루는 방과 방 사이에 나무로 긴 널빤지를 깔아 만든 공간으로 바람이 잘 통해 여름을 시원하게 보낼 수 있는 곳이었습니다(가). 그러므로 ②의 '(가) – 대청마루, (나) – 온돌'이 정답입니다.

▶ 널빤지: 판판하고 넓게 만든 나뭇조각

예 널빤지로 나무 상자를 하나 만들었다.

▶ 아궁이: 방이나 솥에 불을 때기 위해 만든 구멍

예 어렸을 때 살았던 집에는 아궁이가 있어서 불을 때어 밥을 지었다.

> **참고자료** **초가집과 기와집**
>
> 한옥은 한국의 전통적인 주거 양식으로 지붕의 재료에 따라 초가집과 기와집으로 나뉜다. 초가집은 지붕에 볏짚이나 억새를 엮어서 얹은 집으로 주로 서민들이 살았던 집이다. 반면에 기와집은 흙으로 기와를 만들어 지붕에 얹어서 만든 집으로 과거에 주로 신분이 높은 사람들(양반)이 살았던 집이다.

24 〈문화〉 한국의 여가 문화 이해하기

여가란 일과 삶의 균형을 갖춘 삶을 살기 위하여 자신이 좋아하거나 흥미를 느끼는 활동에 참여하는 시간을 말하며 여가와 관련하여 형성된 문화를 여가 문화라고 합니다. 한국은 2000년대 초·중반 무렵부터 주 52시간 근무제를 시행하고 1인당 국민소득이 3만 달러를 넘어섰으며 평균 기대 수명의 증가로 인해 여가의 중요성이 점점 높아지고 있습니다. 그러므로 ④의 '여가의 중요성이 점점 높아지고 있다'가 정답입니다.

▶ 주 52시간 근무제: 일주일 동안 총 근무시간이 52시간 이내여야 하는 제도. 하루에 8시간, 5일 근무를 하고 시간 외 근무를 하더라도 한 주에 12시간을 초과할 수 없다.

예 대부분의 회사는 주 52시간 근무제를 도입하였지만 경찰서, 소방서, 병원 등 교대 근무를 하는 곳도 있다.

▶ 평균 기대 수명: 0세의 출생자가 앞으로 평균적으로 살 수 있을 것이라고 기대되는 평균 수명

예 한국인의 평균 기대 수명은 83.3세라고 한다.

> **풀이**

① 의료 기술 향상은 평균 기대 수명이 증가한 원인 중 하나이다.

② 한국은 경제적 약자를 보호하기 위해서 복지제노를 마련하였다.

③ 누구나 원하면 교육을 받을 수 있는 것은 평생교육에 대한 설명이다.

25 〈정치〉 대한민국 국회의 구성에 대한 옳지 <u>않은</u> 설명 고르기

대한민국의 국회는 2024년 기준으로 300명의 국회의원이 활동하고 있는데(②), 국회의원은 지역구 국회의원과 비례대표 국회의원으로 나누어집니다. 지역구 국회의원은 각 지역구의 대표로 선거를 통해 뽑힌 국회의원이고(①) 비례대표 국회의원은 정당별 득표율에 따라 당선된 국회의원을 말합니다(④). 그러므로 ③의 '국회는 상원과 하원으로 구분되는 양원제 방식을 취한다'가 옳지 않은 설명입니다.

> **풀이**
>
> ③ 한국의 국회는 상원과 하원의 구분이 없는 단원제 방식으로 구성되어 있다. 상원과 하원으로 구분되는 양원제 방식을 취하는 국가로는 미국이 있다.

26 〈정치〉 지방자치제 이해하기

지방자치단체는 광역자치단체와 기초자치단체로 나뉘며(ㄴ), 지방의회에서 지역 실정에 맞는 정책을 결정하면 지방자치단체에서 지방의회가 결정한 정책을 집행합니다. 지방 선거는 4년에 한 번씩 이루어지며 이 지방 선거를 치러 각 지역의 대표를 선출합니다(ㄷ). 그러므로 ③의 'ㄴ, ㄷ'이 정답입니다.

> **풀이**
>
> ㄱ. 지방자치단체는 지방의회가 결정을 내린 정책을 집행한다.
> ㄹ. 지방의회는 지역에 맞는 정책을 결정한다.

27 〈경제〉 취업 시 반드시 알아야 할 것 고르기

외국인이 한국에서 취업할 때 그 업체가 하는 일은 무엇인지, 정식으로 등록되어 있는 불법적인 업체가 아닌지 꼭 확인해야 합니다. 또한 취업을 하게 되면 근로계약서를 반드시 작성해야 불이익을 당하지 않습니다. 취업 후에는 임금, 근로 조건 등에서 부당한 대우를 받지 않도록 근로자의 기본적인 권리를 확인해야 합니다. 그리고 일자리와 관련된 문제가 생겼을 때는 고용노동부나 한국산업인력공단 또는 각 지역의 외국인 근로자지원센터 등에서 도움을 받는 것이 좋습니다. 그러므로 ④의 '(가) – 근로계약서, (나) – 고용노동부'가 정답입니다.

28 〈경제〉 한국의 수출 상품 알아보기

한국은 수출을 많이 하면서 경제 성장을 이루기 위해 노력했습니다. 1950~1960년대에는 옷, 신발, 가방, 가발 등을 주로 수출하였고 1970년대에는 기계, 배, 철강 등을 수출했습니다. 1980년대부터는 자동차, 전기, 전자 제품 등의 수출이 늘어났으며, 1990~2010년대에는 반도체, 신소재 등의 수출이 크게 늘어났고 최근에는 드라마, 노래와 같은 문화 콘텐츠, 의료 서비스 등도 수출하고 있습니다. 그러므로 ④의 '1990~2010년대에는 반도체, 휴대폰, 신소재 등을 수출했다'가 정답입니다.

▶ 신소재: 지금까지는 없었던 새로운 소재

　　예 자동차용 신소재가 한국에서 개발되었다.

풀이

① 1950~1960년대에는 옷, 신발, 가방, 가발 등을 수출했다.

② 1970년대에는 기계, 배, 철강 등을 수출했다.

③ 1980년대에는 자동차, 전기, 전자 제품 등을 수출했다.

29 〈법〉 준법정신 이해하기

〈보기〉의 설명은 준법정신에 대한 설명입니다. 사람들의 권리를 보호하고 사회질서를 유지하기 위해서는 좋은 법을 만드는 것도 중요하고 법률이나 규칙을 잘 지키는 준법정신도 필요합니다. 왜냐하면 아무리 좋은 법이 있어도 사람들이 법을 잘 지키지 않으면 그 법은 소용이 없기 때문입니다. 그러므로 ④의 '준법정신'이 정답입니다.

▶ 정의: 사회나 공동체를 위한 옳고 바른 도리

　　예 민주주의 사회에서는 경제적 정의를 이루기 위해 노력해야 한다.

▶ 국제법: 국제 사회에서 국가 간의 권리와 의무에 대하여 규정한 법률

　　예 국제법에 따라 외국인들의 기본적인 인권을 보호해야 한다.

30 〈법〉 권리를 보호해 주는 기관 알아보기

대한민국에서는 국민의 권리 보호를 위해 여러 가지 기관이 운영되고 있는데, 대표적인 기관으로 국가인권위원회와 국민권익위원회가 있습니다. 국가인권위원회는 모든 사람의 기본적인 인권을 보호하기 위해서 만들어진 독립된 국가기관입니다. 인권침해를 당한 사람은 국가인권위원회에 상담, 조사, 구제 등을 요청할 수 있습니다. 또한 부패 방지와 국민의 권익 보호, 권리 구제를 목적으로 하는 국민권익위원회가 있습니다. 국가기관에 의해 피해를 입은 국민은 국민권익위원회에 문제를 제기할 수 있고 자신이 입은 피해를 구제해 달라고 요청할 수 있습니다. 그러므로 ③의 '(가)에 인권침해를 당한 사람들이 조사, 구제 등을 요청할 수 있다'가 정답입니다.

▶ 부패: 개인이나 집단이 도덕적, 정신적으로 타락함

　　예 선거를 앞두고 부패를 없애는 문제가 화제가 되고 있다.

▶ 구제: 어려움이나 위험에 빠진 사람을 돕거나 구하여 줌

　　예 이번 홍수로 고립된 사람들의 구제를 위해 헬기를 보냈다.

풀이

① 부패 방지와 국민의 권익 보호, 권리 구제를 하는 곳은 국민권익위원회이다.

② 모든 사람의 기본적인 인권을 보호하기 위한 기관은 국가인권위원회이다.

④ 각 지역의 외국인 지원센터에서 이민자나 외국인의 한국 적응을 돕고, 상담과 소송 진행을 도와준다.

31 〈역사〉 유교 문화의 영향 이해하기

〈보기〉의 내용은 조선 시대의 유교 문화에 대한 내용입니다. 조선 시대에는 유교 이념으로 나라를 다스렸는데 부모와 자녀 사이의 친밀한 관계, 왕과 신하 사이의 의리, 남편과 아내 사이의 서로 다른 역할 존중, 어른과 아이 사이에서 어른을 먼저 대우하는 것, 친구 사이의 믿음 등이 중시되었습니다. 그리고 이러한 유교 문화는 조금씩 달라지기는 했지만 오늘날에도 한국 사회에 큰 영향을 주고 있습니다. 그러므로 ②의 '조선의 유교가 오늘날까지 한국에 영향을 주고 있다'가 정답입니다.

32 〈역사〉 지폐 속 위인들 이해하기

〈보기〉에 나와 있는 사람들은 한국 지폐에 나오는 인물들입니다. 천 원짜리 지폐에는 이황이 있는데 조선을 대표하는 학자였습니다. 오천 원짜리 지폐에는 이이가 있는데 이이 또한 조선의 훌륭한 학자였으며, 오만 원짜리 지폐에 있는 신사임당의 아들이기도 합니다. 만 원짜리 지폐에는 조선의 네 번째 왕이며 한글을 만든 세종대왕이 있고, 오만 원짜리 지폐에는 이이의 어머니인 신사임당이 있습니다. 신사임당은 아들을 훌륭하게 키웠으며 글을 잘 쓰고 그림도 잘 그렸습니다. 그러므로 ②의 '한국의 화폐에 등장하는 인물들이다'가 정답입니다.

> **풀이**
> ① 전쟁을 승리로 이끈 인물들에는 고구려의 을지문덕, 조선의 이순신 등이 있다.
> ③ 제주도에 흉년이 들었을 때 쌀을 나누어 준 사람은 김만덕이다.
> ④ 시를 잘 지어서 중국과 일본에서 높은 평가를 받은 사람은 허난설헌이다.

33 〈역사〉 독립운동에 대한 옳지 않은 설명 고르기

한국인들은 나라를 되찾기 위해 끊임없이 독립운동을 했습니다. 1919년 3·1 운동에 수백만 명의 사람들이 거리로 나와 독립을 요구했으며(①), 3·1 운동의 결과로 김구 등이 중심이 되어 중국 상하이에 대한민국 임시정부를 세우고(②), 한국이 독립 국가라는 것을 세계에 알렸습니다. 또한 1920년부터는 중국 만주 지방에서 독립군이 일본군을 상대로 무장 투쟁을 하면서(③) 독립운동을 했습니다. 이화학당 학생이었던 유관순은 친구들과 함께 3·1 운동에 참여하였고, 고향으로 내려가 만세 운동을 벌였습니다. 이것 때문에 일본 경찰에 체포된 유관순은 서대문 형무소에서 19세의 나이로 죽음을 맞이했습니다. 그러므로 ④의 '유관순은 학생이었지만 중국에서 만세 운동을 벌여 성공했다'가 옳지 않은 설명입니다.

34 〈지리〉 경상도의 특징 이해하기

경상도는 경상북도, 경상남도, 대구광역시, 울산광역시, 부산광역시를 포함하는 지역으로 한국의 동남부에 위치하고 있으며 영남지역이라고도 합니다. 경상도에는 자동차, 조선, 철강, 기계 등을 만드는 공업 단지가 많이 있으며 경주를 중심으로는 신라의 불교 문화를, 안동을 중심으로는 조선의 유교 문화를 많이 찾아 볼 수 있습니다. 그러므로 ②의 '경상도'가 정답입니다.

35 〈지리〉 전라지역에 대한 설명으로 옳지 <u>않은</u> 것 고르기

〈보기〉의 내용에 해당하는 지역은 전라북도(전북특별자치도)와 전라남도, 광주광역시를 포함하는 전라지역입니다. 전라지역은 평야 지역에서 쌀을 많이 생산하고 서해와 남해의 양식장에서 다양한 해산물을 생산하고 있어 식량 자원이 풍부하고 이를 바탕으로 음식문화가 발달하였습니다. 또한 판소리, 민요 등과 같은 전통문화가 잘 보존되어 있습니다. 요즘에는 중국과의 교류가 늘어나면서 새만금 간척지구, 목포항을 중심으로 상업과 무역이 발달하고 있습니다. 전주에는 700여 채의 한옥이 있는 한옥마을이 있고, 2012년에는 여수에서 세계박람회가 열리기도 했습니다. 그러므로 ④의 '이 지역에 백제 문화제와 보령 머드 축제가 있다'가 옳지 않은 설명입니다.

▶ 간척: 땅 근처에 있는 바다나 호수의 일부를 막고, 그 안의 물을 빼내어 땅으로 만드는 일

　　예 <u>간척</u> 사업으로 농사지을 땅을 넓히고 있다.

▶ 보존된: '보존되다'는 '중요하거나 가치 있는 것을 잘 보살펴서 그대로 남아 있다'의 뜻이다.

　　예 가치 있는 문화재는 잘 <u>보존되어야</u> 한다.

▶ 양식장: 해산물을 인공적으로 기르는 곳

　　예 삼촌은 농사를 그만두고 <u>양식장</u>을 하려고 한다.

> **풀이**

④ 백제 문화제와 보령 머드 축제가 열리는 곳은 충청지역이다.

36 〈지리〉 충청지역의 특징 이해하기

〈보기〉의 대전광역시와 세종특별자치시는 충청지역에 있는 광역시와 특별자치시입니다. 대전광역시는 충청지역을 대표하는 도시로 대덕연구 단지가 있어서 과학 도시로 발전할 수 있었습니다. 그 결과 1993년 세계 과학 엑스포가 대전에서 열렸고 지금도 매년 10월에는 대전 사이언스 페스티벌이 열립니다. 세종특별자치시는 국토의 균형적인 발전과 수도권의 인구 집중 문제를 해결하기 위해 만든 도시로 중앙 행정 기관과 연구 기관이 위치하고 있어서 국가 행정 기능을 담당하고 있습니다. 또한 충청지역은 한국의 중간 부분에 있어서 조선 시대부터 지금까지 수도권과 경상·전라지역을 연결해 주는 교통의 중심지 역할을 하고 있습니다. 그러므로 ③의 '수도권과 경상·전라지역을 연결하는 교통의 중심지이다'가 정답입니다.

> **풀이**

① 여러 종류의 산업이 골고루 발달한 곳은 경기도이다.

② 서쪽과 남쪽의 해안 지역에 넓은 갯벌이 있는 곳은 전라지역이다.

④ 한국의 동남쪽에 위치하고 있으며 영남지역이라고도 하는 곳은 경상지역이다.

〈여기서부터는 귀화용(심화) 문제입니다.〉

01 〈대한민국의 경제〉 자영업자의 비중이 높은 이유 고르기

대한민국은 자영업자의 비중이 다른 나라에 비해 높은 편인데, 자영업자의 비중이 전체 취업자의 20%가 넘습니다. 이렇게 자영업자의 비중이 높은 이유로는 자영업은 정년퇴임이 없기 때문에 계속 일할 수 있다는 장점이 있고 취업이 어려운 청년층과 일찍 퇴직한 중장년층이 창업을 많이 하기 때문입니다. 그러므로 ③의 'ㄴ, ㄷ'이 정답입니다.

▶ 자영업: 자신이 스스로 경영하는 사업

　　예 민수 씨는 회사를 그만두고 자영업을 시작했다.

▶ 중장년층: 사회 구성원 가운데 나이가 중년과 장년에 해당하는 사람을 통틀어 이르는 말로 보통 40세~50세 정도를 의미하는 말

　　예 이 가수는 뛰어난 가창력으로 중장년층에게 특히 많은 사랑을 받고 있다.

▶ 정년퇴임: 직장에서 직원이 퇴직하도록 정해져 있는 나이가 되어 맡고 있던 직책이나 직위에서 물러남

　　예 많은 사람들이 정년퇴임을 하기 전에 노후 준비를 하고 있다.

▶ 가맹점: 프랜차이즈에 가입하여 상품을 판매하면서 대가를 지불하는 상점

　　예 이 카드가 있으면 가맹점에서 할인을 받을 수 있다.

풀이

ㄹ. 프랜차이즈는 가맹 본부를 중심으로 가맹점을 관리한다.

02 〈대한민국의 역사와 발전〉 산아 제한 운동 이해하기

최근 한국은 저출산 현상이 길어지면서 앞으로 인구가 줄어들 가능성이 높아졌지만 1960년대에는 합계 출산율이 6명을 넘을 정도로 자녀를 많이 낳았습니다. 대한민국의 국토는 좁은데 인구가 빠르게 늘어나자 정부는 1960년~1980년대에는 자녀를 적게 낳자는 산아 제한 운동을 벌이기도 했습니다. 그래서 그때는 "둘도 많다.", "아들, 딸 구별 말고 둘만 낳아 잘 기르자."와 같은 가족계획 포스터가 유행하기도 했습니다. 그러므로 ③의 '산아 제한 운동'이 정답입니다.

03 〈대한민국의 정치와 외교〉 분단의 문제점으로 볼 수 없는 것 고르기

대한민국은 6·25 전쟁 이후 분단 국가가 되어 오늘날에 이르렀고 남북 분단으로 많은 문제가 나타났습니다. 우선 남북 분단으로 이산가족이 생겼고 이 이산가족들은 헤어진 가족과 고향에 대한 그리움으로 고통을 받고 있습니다. 또한 오랜 분단으로 남북한의 언어와 생활 방식이 달라졌으며(②) 남북한이 모두 많은 비용을 국방비에 사용하고 있습니다(①). 그리고 북한의 핵실험, 미사일 발사 등으로 인해 갈등을 겪기도 하는데 이것 때문에 사람들이 불안해한다(③)는 점도 분단의 문제점으로 볼 수 있습니다. 그러므로 ④의 '이산가족들이 자유롭게 고향을 방문할 수 있다'를 분단의 문제점으로 볼 수 없습니다.

▶ 국방비: 나라를 지키는 일에 필요한 비용

　예 통일이 되면 국방비를 많이 줄일 수 있을 것이다.

▶ 이산가족: 같이 살지 못하고 헤어지거나 흩어져서 사는 가족

　예 이산가족이 바라는 것은 가족이 모두 모여 함께 사는 것이다.

04 〈대한민국의 경제〉 노동3권에 대한 옳은 설명 고르기

〈보기〉의 내용은 헌법에 규정된 노동3권으로서 근로자의 권리 보호를 위한 것입니다. 노동3권은 단결권, 단체교섭권, 단체행동권입니다. 그러므로 ②의 '노동3권은 헌법에 따라 근로자의 권리를 보호하기 위한 것이다'가 정답입니다.

풀이

① 근로자가 노동조합을 결성할 수 있는 권리는 단결권이다.

③ 교섭이 잘 되지 않을 때 쟁의행위를 할 수 있는 권리는 단체행동권이다.

④ 노동조합이 사용자와 근로 조건에 관해 교섭할 수 있는 권리는 단체교섭권이다.

05 〈대한민국의 법질서〉 피의자와 피고인 이해하기

〈보기〉에서 설명하고 있는 것은 피의자와 피고인입니다. 범죄가 발생하면 경찰이나 검찰이 수사를 시작하고, 이때 혐의가 있어서 조사를 받고 있지만 아직 기소되지 않은 사람을 피의자라고 합니다. 경찰에서 피의자를 조사하여 검찰에 넘기면 검찰은 범죄여부를 다시 한번 확인하고 사건을 재판에 넘길지 결정합니다. 검사가 법원에 재판을 요청하여 기소된 피의자는 피고인이라고 합니다. 따라서 (가)는 피의자, (나)는 피고인이 됩니다. 피의자와 피고인은 형사 재판 과정에서 볼 수 있으며, 피의자와 피고인은 유죄 판결이 확정되기 전까지는 무죄로 여겨지는데 이를 무죄추정의 원칙이라고 합니다. 재판이 시작되면 판사는 검사와 피고인의 변호인의 입장을 듣고 무죄인지 유죄인지 결정하고 유죄 판결이 확정되면 판사는 어느 정도의 형벌을 내릴지 결정합니다. 또한 누구나 체포나 구속이 될 경우 변호인의 도움을 받을 수 있습니다. 그러므로 ②의 '(가)와 (나)는 유죄 판결 전까지 무죄이다'가 정답입니다.

풀이

① (가)의 피의자와 (나)의 피고인은 형사 재판에서 볼 수 있다.

③ 판사는 검사와 변호인의 입장을 듣고 양형을 결정한다.

④ 누구나 체포나 구속이 될 경우 변호인의 도움을 받을 수 있다.

06 〈대한민국의 역사와 발전〉 한국의 민주주의 발전 과정 이해하기

대한민국은 1948년 정부가 수립되면서 민주주의도 시작되었지만 민주주의를 발전시키는 과정은 쉽지 않았습니다. 대표적인 사건에는 4·19 혁명, 5·18 민주화 운동, 6월 민주 항쟁 등이 있습니다. 초대 대통령인 이승만은 1960년 부정 선거로 다시 정권을 잡으려고 했으나 시민들의 4·19 혁명으로 대통령직에서 물러났습니다(②). 1980년에는 군인들이 정권을 잡으려고 하자 5·18 광주 민주화 운동이 일어났습니다(④). 그리고 1987년 6월에 일어난 국민들의 전국적인 시위로 대통령 직선제를 실시하게 되었습니다(③). 그러므로 대한민국의 민주화 발전에 기여한 사건이 아닌 것은 ①의 '6·25 전쟁'입니다.

> **풀이**
>
> ① 6·25 전쟁은 1950년 6월 25일에 북한의 남침으로 시작된 한국 전쟁이다.

07 〈대한민국의 경제〉 사유 재산권 이해하기

대한민국 경제체제의 기본은 시장경제체제이기 때문에 모든 사람이 자유롭게 경제 활동을 할 수 있습니다. 누구나 원하는 직업을 선택할 수 있고 열심히 일한 대가를 자신이 가질 수 있습니다. 또한 한국에서는 헌법으로 사유 재산권을 보장하기 때문에 국가가 개인의 재산권을 함부로 침해할 수 없습니다. 그러므로 ①의 '사유 재산권'이 정답입니다.

▶ 사유 재산권: 재산의 사유를 인정하고 이를 자유롭게 사용, 처분, 수익할 수 있는 권리

> 예 한국은 <u>사유 재산권</u>을 인정하는 나라이다.

08 〈대한민국의 국민〉 헌법 재판소의 역할 알기

헌법 재판소는 1987년에 개정된 헌법에 의해서 생겨난 기관으로 헌법을 수호하고 국민의 기본권을 보호하기 위해 만들어졌습니다. 헌법 재판소는 국회에서 만든 법률이 헌법에 어긋나지 않고 맞는지 판단하고 국회에서 대통령이나 장관, 법관 등의 고위 공무원의 파면을 요구할 때 심판하는 역할을 합니다. 또한 대한민국 국민의 기본권이 국가 권력에 의해 침해당했는지의 여부를 결정하는 일도 합니다. 그러므로 ④의 '헌법 재판소'가 정답입니다.

09 〈대한민국의 정치와 외교〉 한국과 주변 국가의 관계 알기

러시아(구 소련)는 과거에는 공산주의 국가로 6·25 전쟁 때 북한을 지원하였지만 한국과 1990년 외교 관계를 맺은 후 교류와 협력이 늘고 있습니다. 유럽연합(EU)과 한국은 1996년에 다양한 분야에서 협력하기로 약속한 후 정치, 경제, 문화 등에서 한국과의 관계가 발전하고 있습니다. 또한 EU는 한국과 정치, 경제, 안보의 3대 분야 협정을 최초로 모두 체결하였습니다. 그러므로 ②의 '(가) - 러시아, (나) - EU'가 정답입니다.

10 〈대한민국의 역사와 발전〉 대한민국의 역사 순서 고르기

한반도는 1945년 8월 15일 일제의 지배에서 벗어나 독립을 하게 되었습니다(8·15 광복). 그 후 1947년에 국제연합(UN) 총회에서는 총선거를 실시하여 한반도에 통일 정부를 세우기로 결정했으나 소련이 국제 연합이 북한 내에서 활동하는 것을 반대하여 38도선 이남(남한)에서만 총선거를 실시하기로 했습니다. 이러한 결정으로 한반도가 남과 북으로 나뉘게 될 것을 염려하여 1928년 4월에 김구가 평양으로 가서 북한의 정치인들을 만나 남북 협상을 벌였으나 좋은 성과를 거두지는 못했습니다(남북 협상). 결국 1948년 5월 10일에 남한만 총선거를 실시하게 되었고(5·10 총선거), 이 선거에 당선된 국회의원들에 의해 제헌 헌법이 만들어지고, 1948년 8월 15일에 대한민국 정부가 수립되었습니다(대한민국 정부 수립). 그러므로 ①의 '8·15 광복 – 남북 협상 – 5·10 총선거 – 대한민국 정부 수립'이 정답입니다.

다음 내용을 포함하여 '환경 보호 실천'이라는 제목으로 답안지에 200자 내로 글을 쓰시오.

- 요즘 환경 문제가 어떻습니까?
- 가장 심각한 환경 문제는 무엇이라고 생각합니까?
- 환경을 보호하기 위해 내가 할 수 있는 노력은 무엇입니까?

※ 작문시험 답안지에 제목은 생략하고 <u>본문만 쓰세요.</u>

	요	즘		환	경		오	염	이		심	해	지	면	서		기	후	가
변	하	고		자	원	이		부	족	해	지	는		등		많	은		환
경		문	제	가		발	생	하	고		있	다	.	그	중		가	장	
심	각	한		것	은		수	질		오	염	이	라	고		생	각	한	다.
물	고	기	가		떼	죽	음	을		당	하	고		사	람	들	이		마
시	는		물	도		점	점		부	족	해	지	고		있	기		때	문
이	다	.	그	래	서		나	는		환	경	을		보	호	하	기		위
해		일	회	용	품		사	용	을		줄	이	고		있	다	.	빨	대
나		나	무	젓	가	락	을		사	용	하	지		않	고		마	트	에
갈		때	는		장	바	구	니	를		꼭		가	지	고		간	다	.

- 모든 환경 문제를 다 쓰려고 하지 말고 가장 심각하다고 생각하는 문제만 씁니다.
- 환경 보호 실천 방법은 가능한 한 구체적으로 씁니다.
  예 대기 오염 문제를 줄이기 위한 노력: 대중교통 이용하기, 가까운 곳은 걸어가거나 자전거 타기 등
  토양 오염 문제를 줄이기 위한 노력: 쓰레기 분리배출 잘하기, 농약 사용 줄이기 등

[01-03] 다음 글을 읽고 구술감독관의 질문에 답하여 주시기 바랍니다.

> 한국의 무선 인터넷과 공공 와이파이는 세계에서 가장 빠르다고 알려져 있다. 공공 기관이나 가정에 인터넷이 잘 보급되어 있고 사람들이 많이 모이는 버스, 지하철, 카페 등과 같은 장소에서도 누구나 쉽게 무료 와이파이를 이용할 수 있다. 그래서 개인용 컴퓨터, 스마트폰, 태블릿 PC 등을 사용하여 언제, 어디서나 인터넷을 이용해 편리하고 빠르게 필요한 정보를 검색하거나 다른 사람과 연락을 주고받기 쉬워졌다. 또한 요즘에는 유튜브와 같은 온라인 동영상 플랫폼이 많아지면서 방송을 이용해 자신의 꿈을 실현하기도 하고 높은 소득을 올리고 있는 1인 방송 크리에이터도 많이 등장하고 있다. 1인 방송은 현재 사회에서 주목을 받고 있는 문제를 본인의 생각으로 해석하고 정리하기도 하며, 관심 있는 분야에 관한 유용한 정보를 알려주면서 다양한 재미와 볼거리를 제공하고 있다.

01 한국의 무선 인터넷과 공공 와이파이는 속도가 아주 빠릅니다.
이 밖에 어떤 장점이 있습니까?

> ▶ 한국의 빠른 인터넷 속도 이외의 다른 장점을 이야기합니다.
>
> 한국의 무선 인터넷과 공공 와이파이는 속도가 아주 빠를 뿐만 아니라 버스, 지하철, 카페 등과 같은 장소에서도 누구나 쉽게 무료 와이파이를 이용할 수 있습니다. 그래서 개인용 컴퓨터나 스마트폰, 태블릿 PC 등을 사용하여 언제, 어디서나 편리하고 빠르게 필요한 정보를 검색하거나 다른 사람과 연락을 주고받을 수 있습니다.

02 요즘 1인 방송 크리에이터들이 많아지고 있습니다.
사람들이 1인 방송을 많이 보는 이유는 무엇입니까?

> 1인 방송을 보면 현재 사회에서 주목받고 있는 문제를 크리에이터의 생각으로 해석하고 정리한 것을 볼 수 있어서 재미있습니다. 그리고 관심 있는 분야에 관한 유용한 정보를 알려주면서 다양한 재미와 볼거리도 제공하고 있어서 사람들이 1인 방송을 많이 봅니다.

03 _____ 씨는 1인 방송을 본 적이 있습니까?

_____ 씨가 시청한 1인 방송 중에서 도움이 되었던 방송에는 무엇이 있습니까?

▶ 여러분이 실제로 즐겨 보는 방송을 이야기합니다. 방송 이름이나 제목은 이야기하지 않습니다.

요즘에는 한국 사람뿐만 아니라 한국에 사는 외국인들도 1인 방송을 많이 합니다. 저는 저처럼 한국 사람과 결혼해서 한국에 오게 된 어떤 외국인이 자신의 한국 생활을 1인 방송으로 만들어서 보여주는 방송을 자주 봅니다. 그 방송을 보면 외국 사람들이 한국에 와서 어떤 점이 힘들고 또 어떻게 극복해 나가는지 알 수 있습니다. 그 방송을 보면서 '나처럼 한국 생활이 힘든 사람이 많구나, 이런 문제는 저렇게 해결할 수 있구나.'라는 생각을 합니다. 그러면서 그 방송에 공감하게 되고 친구와 이야기하는 것 같은 기분을 느낄 때가 많습니다. 나와 비슷한 생각을 하는 외국 사람들이 많다는 생각에 위로가 되어서 그런지 한국 생활을 할 때 더 힘이 나기도 합니다.

04 정치적 견해가 비슷한 사람들이 모여서 정당을 만듭니다.

정당의 목적은 무엇입니까? 그리고 여당과 야당은 어떻게 다릅니까?

정당의 목적과 여당, 야당에 대해 말해 보세요.

정당의 목적은 국민들의 지지를 받아 정권을 얻는 것입니다. 그래서 정당은 선거에서 승리하기 위해 공약과 정책을 만들고 다른 정당과 경쟁합니다. 지금 현재 정권을 잡고 있는 정당을 여당이라고 하는데 한국은 대통령제 국가이기 때문에 대통령이 소속되어 있는 정당이 여당입니다. 여당 이 외의 다른 모든 정당은 야당이 됩니다. 야당은 여당을 견제하고 다음 선거에서 정권을 얻기 위해 많은 노력을 합니다.

05 한국에서 중요하게 생각하는 생일잔치가 있습니다.

어떤 생일잔치입니까? 그 생일잔치를 중요하게 생각하는 이유는 무엇입니까?

한국의 생일잔치에 대해 말해 보세요.

▶ 한국의 생일잔치 중에서 교재에 나와 있는 돌잔치와 환갑잔치에 대해 이야기합니다.

한국에서는 첫 번째 생일인 돌과 60번째 생일인 환갑이 되면 잔치를 열어 축하합니다. 돌잔치는 아이의 첫 생일을 축하하며 앞으로도 아이가 잘 자라기를 바라는 마음으로 여는 잔치입니다. 가족과 친구들이 모여 아이의 생일을 축하하고 돌잡이도 합니다. 환갑은 회갑이라고도 하는데, 부모님이 환갑이 되면 자녀들은 부모님이 오래 사시기를 바라는 마음으로 친척과 친구들을 초대해 잔치를 엽니다. 요즘에는 평균 수명이 길어져서 환갑 잔치보다는 70살을 축하하는 칠순 잔치를 하기도 합니다.

참고자료 　**말하기 요령**

– '–아요/어요' 또는 '–습/ㅂ니다' 형식으로 말합니다.
– 두 가지를 같이 사용하지 말고 한 가지만 사용하는 것이 좋습니다.
– 면접관의 얼굴을 보고 이야기합니다. (아래나 다른 곳을 보지 않습니다.)
– 천천히 또박또박 이야기해도 괜찮습니다. 너무 빨리 말하면 실수할 수 있습니다.
– 질문을 이해하지 못했을 경우 '다시 질문해 주세요'라고 공손히 말합니다.
– 단답형이나 짧은 문장으로 말하지 말고, 질문의 문장을 이용해서 길게 대답합니다.

〈좋은 대답의 예〉
면접관: _____ 씨는 시간이 있을 때 무엇을 자주 해요?
응시자: 저는 시간이 있을 때 한국 영화를 자주 봐요.

〈좋지 않은 대답의 예〉
면접관: _____ 씨는 시간이 있을 때 무엇을 자주 해요?
응시자: 영화 봐요.

부록

제1장 원고지 작성법
제2장 문어체 사용법

합격의 공식
온라인 강의

임준 선생님의 친절한 강의를 듣고 싶다면?
YouTube 접속 → 사회통합프로그램 study 채널 검색 → 구독
→ [종합평가 실전 모의고사] 재생 목록 click!

제 **1** 장 원고지 작성법

원고지는 글을 쓸 때 사용하는 종이를 말하는데, 종합평가에서는 작문형의 답안지가 200자 원고지 형식으로 제공되므로 작성법을 알고 있어야 합니다. 띄어쓰기에 어려움을 겪는 외국인 학습자들이 낯설고 어려운 원고지 작성법을 이해할 수 있도록 예를 들어 자세히 설명하였습니다. 설명과 예시를 본 후 따라 써 보면 더욱 도움이 될 것입니다.

▌1. 한 칸에 한 글자씩 쓰기

원고지에 글을 쓸 때는 한 칸에 한 글자씩 써야 합니다.

예 저는 책임감이 강하고 추진력이 있는

	저	는		책	임	감	이		강	하	고		추	진	력	이		있	는

▌2. 숫자 쓰기

숫자가 하나일 때는 한 칸에 한 자를 쓰고, 숫자가 두 개 이상일 때는 한 칸에 두 자씩 씁니다.

예 저는 3년 전에 한국에 왔습니다.

	저	는		3	년		전	에		한	국	에		왔	습	니	다	.	

예 10월 22일에 종합평가가 있습니다.

	10	월		22	일	에		종	합	평	가	가		있	습	니	다	.	

예 이 원피스는 49,000원입니다.

	이		원	피	스	는		49	,0	00	원	입	니	다	.				

3. 알파벳 쓰기

영어 알파벳을 쓸 때는 대문자(A, B, C……)는 한 칸에 한 글자씩, 소문자(a, b, c……)는 한 칸에 두 글자씩 씁니다.

예 한국은 영어로 Korea라고 합니다.

	한	국	은		영	어	로		K	or	ea	라	고		합	니	다	.	

4. 띄어쓰기

① 띄어쓰기를 할 때는 첫째 줄, 두 번째 칸부터 쓰는데, 이것을 '들여쓰기'라고 합니다. 들여쓰기를 할 때는 한 칸을 띄어 써야 하며, 두 칸을 띄어도 안 됩니다.

예 저는 책임감이 강하고

	저	는		책	임	감	이		강	하	고		○

저	는		책	임	감	이		강	하	고		추	×

		저	는		책	임	감	이		강	하	고	×

② 들여쓰기를 할 때 첫째 줄에서만 한 칸을 띄어 쓰고, 둘째 줄부터는 한 단락이 끝날 때까지 들여 쓰지 않습니다. 즉, 둘째 줄부터는 띄어쓰기와 관계없이 첫 번째 칸부터 써야 합니다. 띄어쓰기를 해야 하는 칸이 왼쪽 첫 칸이 되면 띄어쓰기를 하지 않습니다.

예 저는 책임감이 강하고 추진력이 있는∨사람입니다. 이런 성격 때문에 어떤 일을 하든지 다른 사람에 비해 짧은 시간 안에 맡은 일을 성공적으로 끝내는

	저	는		책	임	감	이		강	하	고		추	진	력	이		있	는
사	람	입	니	다	.		이	런		성	격		때	문	에		어	떤		일
을		하	든	지		다	른		사	람	에		비	해		짧	은		시
간		안	에		맡	은		일	을		성	공	적	으	로		끝	내	는

③ 단위를 나타내는 명사 띄어쓰기

'개, 권, 년, 명, 층, 마리, 개월, 시간' 등 단위를 나타내는 명사는 '삼 년, 일 층'처럼 앞말과 띄어 써야 합니다. 하지만 숫자와 같이 쓰는 경우에는 붙여서 씁니다.

예 한국에 온 지 <u>삼 년/3년</u> 됐다.

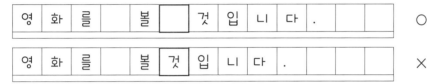

| 한 | 국 | 에 | | 온 | | 지 | | 삼 | | 년 | | 됐 | | ○ |

| 한 | 국 | 에 | | 온 | | 지 | | 3 | 년 | | 됐 | 다 | . | ○ |

④ 틀리기 쉬운 띄어쓰기

㉠ –(으)ㄹ∨것입니다.

예 영화를 볼 것입니다.

| 영 | 화 | 를 | | 볼 | | 것 | 입 | 니 | 다 | . | | | ○ |

| 영 | 화 | 를 | | 볼 | 것 | 입 | 니 | 다 | . | | | | × |

㉡ –(으)ㄹ∨수∨있다./없다.

예 수영할 수 있습니다.

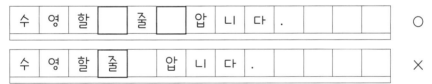

| 수 | 영 | 할 | | 수 | | 있 | 습 | 니 | 다 | . | | | ○ |

| 수 | 영 | 할 | 수 | | 있 | 습 | 니 | 다 | . | | | | × |

㉢ –(으)ㄹ∨줄∨알다./모르다.

예 수영할 줄 압니다.

| 수 | 영 | 할 | | 줄 | | 압 | 니 | 다 | . | | | | ○ |

| 수 | 영 | 할 | 줄 | | 압 | 니 | 다 | . | | | | | × |

㉣ –(으)ㄴ/는/(으)ㄹ∨것∨같다.

예 어제 비가 온 것 같다.

| 어 | 제 | | 비 | 가 | | 온 | | 것 | | 같 | 다 | . | ○ |

| 어 | 제 | | 비 | 가 | | 온 | 것 | | 같 | 다 | . | | × |

예 지금 비가 오는 것 같다.

| 지 | 금 | | 비 | 가 | | 오 | 는 | | 것 | | 같 | 다 | . | ○ |

| 지 | 금 | | 비 | 가 | | 오 | 는 | 것 | | 같 | 다 | . | | | × |

예 내일 비가 올 것 같다.

| 내 | 일 | | 비 | 가 | | 올 | | 것 | | 같 | 다 | . | ○ |

| 내 | 일 | | 비 | 가 | | 올 | 것 | | 같 | 다 | . | | × |

㉤ -(으)ㄴ∨지 (시간) 되다.

예 한국에 온 지 3년 됐다.

| 한 | 국 | 에 | | 온 | | 지 | | 3 | 년 | | 됐 | 다 | . | ○ |

| 한 | 국 | 에 | | 온 | 지 | | 3 | 년 | | 됐 | 다 | . | | × |

5. 문장 부호 사용하기

① 문장 부호[, . ! ?]는 한 칸에 한 자씩 씁니다.

② 쉼표[,]와 마침표[.] 다음에 한 칸을 비우지 않고 씁니다.

예 나는 딸기, 귤, 망고를 좋아한다. 그래서

| 나 | 는 | | 딸 | 기 | , | 귤 | , | 망 | 고 | 를 | | 좋 | 아 | 한 | 다 | . | 그 | 래 | 서 |

③ 느낌표[!]와 물음표[?]는 한 칸에 한 자씩 쓰고 다음에 한 칸을 비웁니다.

예 아름답습니다! 다음에 또 오고 싶습니

| 아 | 름 | 답 | 습 | 니 | 다 | ! | | 다 | 음 | 에 | | 또 | | 오 | 고 | | 싶 | 습 | 니 |

예 외국인입니까? 어느 나라에서 왔습니까

| 외 | 국 | 인 | 입 | 니 | 까 | ? | | 어 | 느 | | 나 | 라 | 에 | 서 | | 왔 | 습 | 니 | 까 |

④ 첫 번째 칸에는 문장 부호를 쓰지 않습니다. 마지막 칸 안에 글자와 함께 쓰거나 칸 바깥에 쓰고 다음 줄로 넘기지 않습니다.

예 저는 영화를 볼 겁니다.

	저	는		영	화	를		볼		겁	니	다	.	○

예 저는 영화를 볼 겁니다.

	저	는		영	화	를		볼		겁	니	다.		○

예 저는 영화를 볼 겁니다. 고향 친구와 가기로 했

	저	는		영	화	를		볼		겁	니	다
.	고	향		친	구	와		가	기	로		했

×

6. 띄어쓰기 연습하기

① 저는 도시에서 살고 싶습니다.

② 나는 1992년 3월 28일에 태어났다.

③ 저는 도시에서 살고 싶습니다. 도시는 교통이 편리하고 일할 곳도 많기 때문입니다. 그리고 도시는 학교도 많고 병원, 마트, 극장 등 편의시설도 많아서 생활이 편리합니다.

④ 나는 지난 휴일에 가족들과 함께 영종도에 갔다. 서울에서 영종도까지 한 시간 걸렸다. 우리
는 영종도에서 배를 타고 작은 섬에 들어갔다. 그 섬에서 산책을 하고 바다낚시도 했다. 또
숯불에 고기를 구워 먹었다. 햇빛에 파란 바닷물과 하얀 모래가 반짝이는 것이 아주 아름다웠
다. 가족이 모두 함께해서 더 즐거웠다! 기회가 된다면 다시 한번 가고 싶다.

① 저는 도시에서 살고 싶습니다.

② 나는 1992년 3월 28일에 태어났다.

③ 저는 도시에서 살고 싶습니다. 도시는 교통이 편리하고 일할 곳도 많기 때문입니다. 그리고 도시는 학교도 많고 병원, 마트, 극장 등 편의시설도 많아서 생활이 편리합니다.

④ 나는 지난 휴일에 가족들과 함께 영종도에 갔다. 서울에서 영종도까지 한 시간 걸렸다. 우리는 영종도에서 배를 타고 작은 섬에 들어갔다. 그 섬에서 산책을 하고 바다낚시도 했다. 또 숯불에 고기를 구워 먹었다. 햇빛에 파란 바닷물과 하얀 모래가 반짝이는 것이 아주 아름다웠다. 가족이 모두 함께해서 더 즐거웠다! 기회가 된다면 다시 한 번 가고 싶다.

제2장 문어체 사용법

▌문어체(文語體, literary style)

들는 사람이나 읽는 사람을 의식하지 않으며, 높이거나 낮추지 않고 중립적으로 사용합니다.
주로 글을 쓸 때 사용하며, 종합평가에서는 작문형 시험에서 문어체를 사용해야 합니다.

1. 기본형

품사＼시제	과거	현재	미래
동사	-았/었/했다	-(는/ㄴ)다	-(으)ㄹ 것이다/-겠다
형용사	-았/었/했다	-다	-(으)ㄹ 것이다/-겠다
명사	-이었/였다	-(이)다	-일 것이다

'저'는 항상 '나'로 씁니다.	
저는 → 나는	저를 → 나를
제가 → 내가	저도 → 나도
저에게 → 나에게	제 N → 내 N(예 제 책 → 내 책)

2. 연습하기

(1) 동사 · 형용사 · 명사를 문어체로 바꾸기

동사＼시제	과거 -았/었/했다	현재 -(는/ㄴ)다	미래 -(으)ㄹ 것이다
가다			
읽다			
만들다			
운동하다			
보지 않다			

형용사＼시제	과거 -았/었/했다	현재 -다	미래 -(으)ㄹ 것이다
좋다			
힘들다			
피곤하다			
맛있다			
춥지 않다			

명사＼시제	과거 -이었/였다	현재 -(이)다	미래 -일 것이다
학생			
친구			

(2) 문장을 문어체로 바꾸기

① -(는/ㄴ)다, -다

ㄱ 저는 매일 7시에 회사에 가요.

→

ㄴ 흐엉 씨는 김치찌개를 자주 먹습니다.

→

ㄷ 나라마다 직장문화가 달라요.

→

ㄹ 저는 집에서 텔레비전을 보고 제 동생은 밖에서 놀아요.

→

② -았/었/했다

ㄱ 저는 어제 일하지 않았습니다.

→

ㄴ 어제 고향 친구가 저에게 선물을 보냈어요.

→

ㄷ 제 고향은 중국인데, 작년에 한국에 왔습니다.

→

③ –(으)ㄹ 것이다, –겠다

  ㉠ 요즘 장마철이라서 내일도 비가 올 거예요.

    →

  ㉡ 이 해물탕은 정말 맵겠어요.

    →

  ㉢ 제가 내일까지 이 일을 끝내겠습니다.

    →

④ –이었/였다, –(이)다

  ㉠ 오늘은 일요일이에요.

    →

  ㉡ 이것은 제 휴대 전화가 아닙니다.

    →

  ㉢ 제가 어제 먹은 음식은 불고기였어요.

    →

(3) 글 전체를 문어체로 바꾸기

저는 베트남에서 온 후엔이라고 합니다. 저는 한국에 온 지 3년이 되었습니다. 지금 센터에서 한국어를 배우고 있습니다. 센터에 가면 한국어도 배울 수 있고, 고향 친구들도 만날 수 있어서 아주 즐겁습니다. 그리고 한국 음식도 제 입에 잘 맞고 맛있습니다. 그렇지만 힘든 일도 있습니다. 제일 힘든 것은 한국 친구들과 이야기할 때입니다. 친구들이 이야기하는 것을 저는 이해할 수 있는데, 친구들이 제 발음을 잘 알아듣지 못해서 속상할 때가 있습니다. 그리고 비자를 연장하는 일도 복잡합니다. 출입국 관리사무소에 가면 사람들이 모두 저만 쳐다보는 것 같아 더 말을 못하게 됩니다. 그래도 저는 한국에서 계속 살고 싶습니다. 그래서 앞으로 더욱 열심히 한국어를 공부할 겁니다.

3. 정답

(1) 동사·형용사·명사를 문어체로 바꾸기 정답

시제 / 동사	과거 -았/었/했다	현재 -(는/ㄴ)다	미래 -(으)ㄹ 것이다
가다	갔다	간다	갈 것이다
읽다	읽었다	읽는다	읽을 것이다
만들다	만들었다	만든다	만들 것이다
운동하다	운동했다	운동한다	운동할 것이다
보지 않다	보지 않았다	보지 않는다	보지 않을 것이다

시제 / 형용사	과거 -았/었/했다	현재 -다	미래 -(으)ㄹ 것이다
좋다	좋았다	좋다	좋을 것이다
힘들다	힘들었다	힘들다	힘들 것이다
피곤하다	피곤했다	피곤하다	피곤할 것이다
맛있다	맛있었다	맛있다	맛있을 것이다
춥지 않다	춥지 않았다	춥지 않다	춥지 않을 것이다

시제 / 명사	과거 -이었/였다	현재 -(이)다	미래 -일 것이다
학생	학생이었다	학생이다	학생일 것이다
친구	친구였다	친구다	친구일 것이다

(2) 문장을 문어체로 바꾸기 정답

① -(는/ㄴ)다, -다

㉠ 저는 매일 7시에 회사에 가요.
→ 나는 매일 7시에 회사에 간다.

㉡ 흐엉 씨는 김치찌개를 자주 먹습니다.
→ 흐엉 씨는 김치찌개를 자주 먹는다.

㉢ 나라마다 직장문화가 달라요.
→ 나라마다 직장문화가 다르다.

② 저는 집에서 텔레비전을 보고 제 동생은 밖에서 놀아요.

　　　→ 나는 집에서 텔레비전을 보고 내 동생은 밖에서 논다.

② -았/었/했다

　　㉠ 저는 어제 일하지 않았습니다.

　　　→ 나는 어제 일하지 않았다.

　　㉡ 어제 고향 친구가 저에게 선물을 보냈어요.

　　　→ 어제 고향 친구가 나에게 선물을 보냈다.

　　㉢ 제 고향은 중국인데, 작년에 한국에 왔습니다.

　　　→ 내 고향은 중국인데, 작년에 한국에 왔다.

③ -(으)ㄹ 것이다, -겠다

　　㉠ 요즘 장마철이라서 내일도 비가 올 거예요.

　　　→ 요즘 장마철이라서 내일도 비가 올 것이다.

　　㉡ 이 해물탕은 정말 맵겠어요.

　　　→ 이 해물탕은 정말 맵겠다.

　　㉢ 제가 내일까지 이 일을 끝내겠습니다.

　　　→ 내가 내일까지 이 일을 끝내겠다.

④ -이었/였다, -(이)다

　　㉠ 오늘은 일요일이에요.

　　　→ 오늘은 일요일이다.

　　㉡ 이것은 제 휴대 전화가 아닙니다.

　　　→ 이것은 내 휴대 전화가 아니다.

　　㉢ 제가 어제 먹은 음식은 불고기였어요.

　　　→ 내가 어제 먹은 음식은 불고기였다.

(3) 글 전체를 문어체로 바꾸기 모범 답안

나는 베트남에서 온 후엔이라고 한다. 나는 한국에 온 지 3년이 되었다. 지금 센터에서 한국어를 배우고 있다. 센터에 가면 한국어도 배울 수 있고, 고향 친구들도 만날 수 있어서 아주 즐겁다. 그리고 한국 음식도 내 입에 잘 맞고 맛있다. 그렇지만 힘든 일도 있다. 제일 힘든 것은 한국 친구들과 이야기할 때이다. 친구들이 이야기하는 것을 나는 이해할 수 있는데, 친구들이 내 발음을 잘 알아듣지 못해서 속상할 때가 있다. 그리고 비자를 연장하는 일도 복잡하다. 출입국 관리 사무소에 가면 사람들이 모두 나만 쳐다보는 것 같아 더 말을 못하게 된다. 그래도 나는 한국에서 계속 살고 싶다. 그래서 앞으로 더욱 열심히 한국어를 공부할 것이다.

사회통합프로그램 객관식 답안지 OMR

사회통합프로그램 기본소양 평가기답안지 □ 사전평가 □ 중간평가 □ 종합평가

외 국 인 등 록 번 호

시험지 유형	영문이름			객관식				※ 주관식(단답형) 답은 뒷면에 기입하십시오.

Ⓐ
Ⓑ

주관식 1

주관식 2

※ 감독자만 기입하십시오.

	주관식1	주관식2	구술합계점	감독 사용

감독지만 기입하십시오.

※ 이 답안지는 연습용 모의 답안지입니다.

절취선

✂

사회통합프로그램 종합평가 작문형 답안지

외국인등록번호	성 명

감독관 작성 부분

채점 관련하여 감독관이 작성하는 부분임

답안 작성 란 (※아래 원고지 부분에 작성하되 제목은 생략하고 바로 본문만 작성할 것, 수정 시 두 줄로 긋고 재기입 가능)

채점 관련하여 감독관이 작성하는 부분임

사회통합프로그램 객관식 답안지 OMR

외국인등록번호

⓪	⓪	⓪	⓪	⓪			⓪	⓪	⓪	⓪	⓪	⓪	⓪	⓪
①	①	①	①	①			①	①	①	①	①	①	①	①
②	②	②	②	②	②		②	②	②	②	②	②	②	②
③	③	③	③	③	③		③	③	③	③	③	③	③	③
④	④	④	④	④	④	―	④	④	④	④	④	④	④	④
⑤	⑤	⑤	⑤	⑤	⑤		⑤	⑤	⑤	⑤	⑤	⑤	⑤	⑤
⑥	⑥	⑥	⑥	⑥	⑥		⑥	⑥	⑥	⑥	⑥	⑥	⑥	⑥
⑦	⑦	⑦	⑦	⑦	⑦		⑦	⑦	⑦	⑦	⑦	⑦	⑦	⑦
⑧	⑧	⑧	⑧	⑧	⑧		⑧	⑧	⑧	⑧	⑧	⑧	⑧	⑧
⑨	⑨	⑨	⑨	⑨	⑨		⑨	⑨	⑨	⑨	⑨	⑨	⑨	⑨

시험지 유형
영문이름

시험지 유형 Ⓐ Ⓑ

객관식

※ 주관식(단답형) 답은 뒷면에 기입하십시오.

1	①	②	③	④	11	①	②	③	④	21	①	②	③	④	31	①	②	③	④	41	①	②	③	④
2	①	②	③	④	12	①	②	③	④	22	①	②	③	④	32	①	②	③	④	42	①	②	③	④
3	①	②	③	④	13	①	②	③	④	23	①	②	③	④	33	①	②	③	④	43	①	②	③	④
4	①	②	③	④	14	①	②	③	④	24	①	②	③	④	34	①	②	③	④	44	①	②	③	④
5	①	②	③	④	15	①	②	③	④	25	①	②	③	④	35	①	②	③	④	45	①	②	③	④
6	①	②	③	④	16	①	②	③	④	26	①	②	③	④	36	①	②	③	④	46	①	②	③	④
7	①	②	③	④	17	①	②	③	④	27	①	②	③	④	37	①	②	③	④	47	①	②	③	④
8	①	②	③	④	18	①	②	③	④	28	①	②	③	④	38	①	②	③	④	48	①	②	③	④
9	①	②	③	④	19	①	②	③	④	29	①	②	③	④	39	①	②	③	④					
10	①	②	③	④	20	①	②	③	④	30	①	②	③	④	40	①	②	③	④					

주관식 1

주관식 2

※ 감독자만 기입하십시오.

	주관식1	주관식2	구술합격수	감독서명
⓪	⓪	⓪	⓪	
①	①	①	①	
②	②	②	②	
③	③	③	③	
④	④	④		
⑤	⑤	⑤		
⑥				
⑦				
⑧				
⑨				

절취선

사회통합프로그램 종합평가 작문형 답안지

외국인등록번호	성 명	

감독관 작성 부분

채점 관련하여 감독관이 작성하는 부분임

답안 작성 란 (※아래 원고지 부분에 작성하되 제목은 생략하고 바로 본문만 작성할 것, 수정 시 두 줄로 굿고 재기입 가능)

채점 관련하여 감독관이 작성하는 부분임

사회통합프로그램 객관식 답안지 OMR

사회통합프로그램 기본소양 평가답안지 □ 사전평가 □ 중간평가 □ 종합평가

외 국 인 등 록 번 호														
⓪	⓪	⓪	⓪	⓪	⓪	—	—	⓪	⓪	⓪	⓪	⓪	⓪	⓪
①	①	①	①	①	①			①	①	①	①	①	①	①
②	②	②	②	②	②			②	②	②	②	②	②	②
③	③	③	③	③	③			③	③	③	③	③	③	③
④	④	④	④	④	④			④	④	④	④	④	④	④
⑤	⑤	⑤	⑤	⑤	⑤			⑤	⑤	⑤	⑤	⑤	⑤	⑤
⑥	⑥	⑥	⑥	⑥	⑥			⑥	⑥	⑥	⑥	⑥	⑥	⑥
⑦	⑦	⑦	⑦	⑦	⑦			⑦	⑦	⑦	⑦	⑦	⑦	⑦
⑧	⑧	⑧	⑧	⑧	⑧			⑧	⑧	⑧	⑧	⑧	⑧	⑧
⑨	⑨	⑨	⑨	⑨	⑨			⑨	⑨	⑨	⑨	⑨	⑨	⑨

시험지 유형 영문이름
ⓐ
ⓑ

※ 주관식(단답형) 답은 뒷면에 기입하십시오.

객 관 식

1	① ② ③ ④	11	① ② ③ ④	21	① ② ③ ④	31	① ② ③ ④	41	① ② ③ ④
2	① ② ③ ④	12	① ② ③ ④	22	① ② ③ ④	32	① ② ③ ④	42	① ② ③ ④
3	① ② ③ ④	13	① ② ③ ④	23	① ② ③ ④	33	① ② ③ ④	43	① ② ③ ④
4	① ② ③ ④	14	① ② ③ ④	24	① ② ③ ④	34	① ② ③ ④	44	① ② ③ ④
5	① ② ③ ④	15	① ② ③ ④	25	① ② ③ ④	35	① ② ③ ④	45	① ② ③ ④
6	① ② ③ ④	16	① ② ③ ④	26	① ② ③ ④	36	① ② ③ ④	46	① ② ③ ④
7	① ② ③ ④	17	① ② ③ ④	27	① ② ③ ④	37	① ② ③ ④	47	① ② ③ ④
8	① ② ③ ④	18	① ② ③ ④	28	① ② ③ ④	38	① ② ③ ④	48	① ② ③ ④
9	① ② ③ ④	19	① ② ③ ④	29	① ② ③ ④	39	① ② ③ ④		
10	① ② ③ ④	20	① ② ③ ④	30	① ② ③ ④	40	① ② ③ ④		

주관식 1

주관식 2

※ 감독자만 기입하십시오.

	주관식1	주관식2	구술합산	감독 자용
	⓪	⓪	⓪	
	①	①	①	
	②	②	②	
	③	③	③	
	④	④	④	
	⑤	⑤	⑤	
			⑥	
			⑦	
			⑧	
			⑨	

사회통합프로그램 종합평가 작문형 답안지

외국인등록번호	성 명

감독관 작성 부분

채점 관련하여 감독관이 작성하는 부분임

답안 작성 란 (※아래 원고지 부분에 작성하되 제목은 생략하고 바로 본문만 작성할 것, 수정 시 두 줄로 긋고 재기입 가능)

채점 관련하여 감독관이 작성하는 부분임

절취선

사회통합프로그램 객관식 답안지 OMR

사회통합프로그램 기본소양 평가답안지 □ 사전평가 □ 중간평가 □ 종합평가

※ 이 답안지는 연습용 모의 답안지입니다.

절취선 ✂

외국인등록번호

⓪	⓪	⓪	⓪	⓪	⓪			⓪	⓪	⓪	⓪	⓪	⓪	⓪
①	①	①	①	①	①	—	—	①	①	①	①	①	①	①
②	②	②	②	②	②			②	②	②	②	②	②	②
③	③	③	③	③	③			③	③	③	③	③	③	③
④	④	④	④	④	④			④	④	④	④	④	④	④
⑤	⑤	⑤	⑤	⑤	⑤			⑤	⑤	⑤	⑤	⑤	⑤	⑤
⑥	⑥	⑥	⑥	⑥	⑥			⑥	⑥	⑥	⑥	⑥	⑥	⑥
⑦	⑦	⑦	⑦	⑦	⑦			⑦	⑦	⑦	⑦	⑦	⑦	⑦
⑧	⑧	⑧	⑧	⑧	⑧			⑧	⑧	⑧	⑧	⑧	⑧	⑧
⑨	⑨	⑨	⑨	⑨	⑨			⑨	⑨	⑨	⑨	⑨	⑨	⑨

주관식 1

영문 이름	시험지 유형 Ⓐ Ⓑ		

※ 주관식(단답형) 답은 뒷면에 기입하십시오.

객관식

1	① ② ③ ④	11	① ② ③ ④	21	① ② ③ ④	31	① ② ③ ④	41	① ② ③ ④
2	① ② ③ ④	12	① ② ③ ④	22	① ② ③ ④	32	① ② ③ ④	42	① ② ③ ④
3	① ② ③ ④	13	① ② ③ ④	23	① ② ③ ④	33	① ② ③ ④	43	① ② ③ ④
4	① ② ③ ④	14	① ② ③ ④	24	① ② ③ ④	34	① ② ③ ④	44	① ② ③ ④
5	① ② ③ ④	15	① ② ③ ④	25	① ② ③ ④	35	① ② ③ ④	45	① ② ③ ④
6	① ② ③ ④	16	① ② ③ ④	26	① ② ③ ④	36	① ② ③ ④	46	① ② ③ ④
7	① ② ③ ④	17	① ② ③ ④	27	① ② ③ ④	37	① ② ③ ④	47	① ② ③ ④
8	① ② ③ ④	18	① ② ③ ④	28	① ② ③ ④	38	① ② ③ ④	48	① ② ③ ④
9	① ② ③ ④	19	① ② ③ ④	29	① ② ③ ④	39	① ② ③ ④		
10	① ② ③ ④	20	① ② ③ ④	30	① ② ③ ④	40	① ② ③ ④		

주관식 2

※ 감독자만 기입하십시오.

주관식1	주관식2	구술점수	감독 사인
⓪ ① ② ③ ④ ⑤	⓪ ① ② ③ ④ ⑤		감독 사용
⓪ ① ② ③ ④ ⑤	⓪ ① ② ③ ④ ⑤		
⓪ ① ② ③ ④ ⑤	⓪ ① ② ③ ④ ⑤		
⓪ ① ② ③ ④ ⑤	⓪ ① ② ③		
⓪ ① ② ③ ④ ⑤ ⑥ ⑦ ⑧ ⑨			

사회통합프로그램 종합평가 작문형 답안지

외국인등록번호	성 명

재정 관련하여 감독관이 작성하는 부분임

답안 작성 란 (※아래 원고지 부분에 작성하되 제목은 생략하고 바로 본문만 작성할 것, 수정 시 두 줄로 긋고 줄고 재기입 가능)

사회통합프로그램 객관식 답안지 OMR

사회통합프로그램 기본소양 평가답안지 □ 사전평가 □ 중간평가 □ 종합평가

외국인등록번호

0	0	0	0	0	0	0		0	0	0	0	0
①	①	①	①	①	①	①	—	①	①	①	①	①
②	②	②	②	②	②	②		②	②	②	②	②
③	③	③	③	③	③	③		③	③	③	③	③
④	④	④	④	④	④	④		④	④	④	④	④
⑤	⑤	⑤	⑤	⑤	⑤	⑤		⑤	⑤	⑤	⑤	⑤
⑥	⑥	⑥	⑥	⑥	⑥	⑥		⑥	⑥	⑥	⑥	⑥
⑦	⑦	⑦	⑦	⑦	⑦	⑦		⑦	⑦	⑦	⑦	⑦
⑧	⑧	⑧	⑧	⑧	⑧	⑧		⑧	⑧	⑧	⑧	⑧
⑨	⑨	⑨	⑨	⑨	⑨	⑨		⑨	⑨	⑨	⑨	⑨

시험지 유형

영문 이름

시험지 유형 Ⓐ Ⓑ

※ 주관식(단답형) 답은 뒷면에 기입하십시오.

객관식

1	① ② ③ ④	11	① ② ③ ④	21	① ② ③ ④	31	① ② ③ ④	41	① ② ③ ④
2	① ② ③ ④	12	① ② ③ ④	22	① ② ③ ④	32	① ② ③ ④	42	① ② ③ ④
3	① ② ③ ④	13	① ② ③ ④	23	① ② ③ ④	33	① ② ③ ④	43	① ② ③ ④
4	① ② ③ ④	14	① ② ③ ④	24	① ② ③ ④	34	① ② ③ ④	44	① ② ③ ④
5	① ② ③ ④	15	① ② ③ ④	25	① ② ③ ④	35	① ② ③ ④	45	① ② ③ ④
6	① ② ③ ④	16	① ② ③ ④	26	① ② ③ ④	36	① ② ③ ④	46	① ② ③ ④
7	① ② ③ ④	17	① ② ③ ④	27	① ② ③ ④	37	① ② ③ ④	47	① ② ③ ④
8	① ② ③ ④	18	① ② ③ ④	28	① ② ③ ④	38	① ② ③ ④	48	① ② ③ ④
9	① ② ③ ④	19	① ② ③ ④	29	① ② ③ ④	39	① ② ③ ④		
10	① ② ③ ④	20	① ② ③ ④	30	① ② ③ ④	40	① ② ③ ④		

주관식 1

주관식 2

※ 이 답안지는 연습용 모의 답안지입니다.

절취선 ✂

사회통합프로그램 종합평가 작문형 답안지

채점 관련하여 감독관이 작성하는 부분임

외국인등록번호	성 명

담안 작성 란 (※아래 원고지 부분에 작성하되 제목은 생략하고 바로 본문만 작성할 것, 수정 시 두 줄로 긋고 재기입 가능)

채점 관련하여 감독관이 작성하는 부분임

절취선

2025 시대에듀 사회통합프로그램
종합평가 영주용 · 귀화용 실전 모의고사

개정7판1쇄 발행	2025년 01월 15일 (인쇄 2024년 07월 01일)
초 판 발 행	2018년 05월 10일 (인쇄 2018년 03월 30일)
발 행 인	박영일
책 임 편 집	이해욱
편 저	사회통합교육연구회
편 집 진 행	구설희 · 곽주영
표지디자인	조혜령
편집디자인	채현주 · 정재희
발 행 처	(주)시대고시기획
출 판 등 록	제10-1521호
주 소	서울시 마포구 큰우물로 75 [도화동 538 성지 B/D] 9F
전 화	1600-3600
팩 스	02-701-8823
홈 페 이 지	www.sdedu.co.kr

I S B N	979-11-383-7318-0(13300)
정 가	16,000원